中国信托理论与实践丛书
CHINA TRUST THEORY AND PRACTICE SERIES

总主编 邢 成

慈善信托

THEORY AND PRACTICE OF CHARITABLE TRUST

理论与实务

邢 成　和晋予　编著

本书编委会

沈苗妙　杨晓东　韩鸣飞　崔继培

中诚信托慈善信托工作室

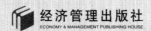

经济管理出版社
ECONOMY & MANAGEMENT PUBLISHING HOUSE

图书在版编目（CIP）数据

慈善信托理论与实务 / 邢成，和晋予编著 . -- 北京：经济管理出版社，2019.11
ISBN 978-7-5096-5381-4

Ⅰ . ①慈… Ⅱ . ①刑… ②和… Ⅲ . ①慈善事业—信托制度—研究—中国 Ⅳ . ① D632.1

中国版本图书馆 CIP 数据核字（2019）第 269783 号

组稿编辑：王光艳
责任编辑：李红贤
责任印制：黄章平
责任校对：张晓燕

出版发行：经济管理出版社
　　　　　（北京市海淀区北蜂窝 8 号中雅大厦 A 座 11 层　 100038）
网　　址：www.E-mp.com.cn
电　　话：（010）51915602
印　　刷：三河市延风印装有限公司
经　　销：新华书店
开　　本：710mm×1000mm/16
印　　张：16.25
字　　数：301 千字
版　　次：2020 年 1 月第 1 版　 2020 年 1 月第 1 次印刷
书　　号：ISBN 978-7-5096-5381-4
定　　价：98.00 元

中国信托理论与实践丛书

编委会

总序言 | FOREWORD

习近平总书记在全国金融工作会议上强调，服务实体经济、防控金融风险、深化金融改革，促进经济和金融良性循环、健康发展。进入新时期我国信托行业机遇与挑战并存，面对新形势我国信托业新的转型定位迫在眉睫。尤其是在当前严监管和经济新常态的大背景下，伴随《关于规范金融机构资产管理业务的指导意见》的颁布实施，未来我国信托行业将迎来全新的发展机遇与挑战，新的发展时期亟待系统、科学、全面确定新的行业发展定位。

当前我国信托行业定位面临着新变化，新时期对信托业的功能作用提出了更高要求、信托机构同质化业务模式已经难以为继，信托业务定位必须最大程度满足新的市场需求。为应对这些变化，今后我国信托业发展定位，应确定以独特的信托法律关系为依托，以个性化的信托制度安排为特色，以私募（和公募）工具为资金保障，以科学的净资本管理为风控基础，支持实体经济发展，促进资本市场完善，助力人民美好生活，实现社会融资结构的合理化与渠道的多元化；在信托机构方面，应将信托机构定位为以受托人为根本定位和唯一职责，逐步从传统的非标类、债权型、同质性高速度外延增长的经营模式，转型发展成为以净值化、投资型、差异化高质量内涵发展的经营模式，并以管理佣金和投资收益分成为核心盈利模式，专业化、特色化的非银行金融机构；信托业务模式，应全面实现私募投行业务向资产管理业务转型、通道业务实现向财富管理业务转型，构建专业化驱动的核心竞争力。

纵观我国信托业自2002年"一法两规"框架下以来的发展历程，结合当前信托业的现状和所处的外部环境，我国信托业已经到了转型发展的窗口期。特别是2018年相继出台的《商业银行理财业务监督管理办法》和《商业银行理财子公司管理办法（征求意见稿）》，使我国资产管理市场和金融理财市场竞争环境更加严峻，我国信托业在面对众多的市场挑战、制度挑战和监管挑战的情况下，必须重新理解并全新界定我国信托业的发展定位。谋定而动，行稳致远。要彻底改变传统僵化的思维模式、经营理念和发展道路。积极探索并发展资产配置型资金信托、家族信托和慈善信托等本源业务。未来的五年注定是信托行业实现其战略转型的关键际遇期，挑战与际遇并存，信托业应在明确未来发展定位的前提下，回归本源、开拓创新，认清资源禀赋、发挥比较优势。秉承"以信为本，谨慎忠诚"的信托文化，继往开来，不忘初心，砥砺前行，再创一个信托业黄金十年发展期。

邢成

2019.12

前言 | PREFACE

自 2016 年《中华人民共和国慈善法》颁布以来，慈善信托呈爆发式增长趋势，被称为慈善行业的"一匹黑马"，也被视为 21 世纪推动慈善事业发展的强劲力量。据中国慈善联合会统计，迄今全国已有近 50 家信托公司设立了慈善信托，占全国 68 家信托公司总数的 70%，并且仍有逐年增长的趋势。

被称为财富家族"爱心推手"的慈善信托如何操作？其业务流程如何设计？在国际与国内的发展中有着怎样的前世今生？发展慈善信托对我国社会发展和信托机构有何影响？在当前背景下，制约慈善信托发展壮大的主要因素及其未来的发展方向又是什么？这些关乎慈善信托实务操作的重大问题都在本书中得到系统的研究和深入的探讨。

本书采用理论和实务分析相结合的方法，从慈善信托的起源出发，对慈善信托的历史沿革、功能分类、业务模式、操作流程、法律法规等实务与理论均作了具体介绍。并重点从当前信托行业发展慈善信托的业务实践出发，详细介绍了慈善信托的设立、财产运用、产品模式、业务流程等实务操作。

本书理论与实践密切结合，是研究机构、信托公司、金融同业、监管部门重要的参考文献，具有较高的学术价值和实务应用价值。

目录 | CONTENTS

第一章

慈善信托的概念和分类

慈善信托起源于英国，是最早的信托形式，其发展已经有几百年的历史。对英美国家慈善事业的发展起到极大的推动作用。慈善信托因其制度的灵活性和便捷性，自其产生之日起很快就得到了世界上较多国家的认可。

第一节 慈善信托的概念

慈善信托虽起源于英国，但是运用在其他各个国家、地区时，都根据当地的社会环境和法律制度进行了改良，形成了各具特色的制度框架。

值得注意的是，在境外，慈善信托等同于公益信托，两者之间没有差别，只是翻译的不同。而在我国，慈善信托和公益信托在本质属性上是相同的，但是慈善信托的范畴要小于公益信托。

一、境外慈善信托的基本定义

慈善信托最早起源于 13 世纪英国的慈善用益制度。"1601 年慈善用益法"以列举慈善目的的形式为慈善划定了一个范围，正式确立了慈善信托的法律地位，之后英国法院依据该法所列举的慈善目的认定法律上的慈善信托。"2000 年受托人法"第三十九条规定，"慈善信托是为了慈善目的而持有财产的信托"。"2006 年慈善法"以成文法的形式进一步对慈善信托的慈善目的进行了规范，该法慈善目的的要求有两个：第一，它必须属于"2006 年慈善法"第 2 条第 2 款中所列举的 13 项慈善目的（具体包括"救助贫困，教育，宗教，医疗健康，公民和社区发展，艺术、文化、遗迹、科学，业余体育，维护人权促进平等，环境保护，老弱病残救助，动物福利，提升军队、救援服务，以及其他公益慈善事业"）；第二，必须满足公共利益的要求。英国对慈善信托设置了一系列的税收优惠，法律规定慈善信托必须是纯粹的、绝对意义上的慈善信托。

美国立法制度与英国一脉相承，主要以判例为主，同时包括一些成文法则，其慈善信托制度亦是如此。美国在其"信托法"中规定：慈善信托是关于财产的一种信赖关系，该财产是因当事人意愿而设立，同时委托他人管理该财产，并使该人负有为慈善的目的而处理该财产的权利。根据美国"国内税收条例"第501（c）（3）条的规定，符合免税要求的慈善目的包括扶贫、发展教育、促进宗教、发展科技、减轻政府负担和提升社区福利等内容。

在美国，慈善信托主要有三类：第一类是公众信托，即对某一特定范围内的居民为了该范围内人的利益而捐赠的款项进行管理而设立的信托；第二类是公共机构信托，即学校、医院及慈善组织等公共机构在接受捐款后，将款项委托给信托机构进行管理而设立的信托；第三类是利益分配慈善信托，利益分配慈善信托实际上是私益目的和慈善目的并存的信托，利益分配信托又可以进一步细分为收入集合基金信托、慈善余额信托、慈善首享信托三类。收入集合基金信托和慈善余额信托的设立者由于最终财产归属于慈善组织，因此其仍然可以获得个人所得税的抵扣以及资本利得税的减免，并可以规避高额的遗产税，慈善首享信托由于最终要将信托财产余额归还受益人，因而一般不能申请抵税优惠。

日本于1923年颁布实施"信托法"，正式引入了公益信托制度，该法中规定，公益信托即为实现公益目的而设定的信托，也即为追求广泛社会全体之利益或不特定多数人利益而设定的信托，具体而言即以学术、技术、慈善、祭祀、宗教或其他公益为目的的信托。从这个界定来看，日本的公益信托具有两个基本特征：一是服务于公益目的；二是受益人为社会全体或不特定多数人，具有不特定性。日本"信托法"第六十八条规定，就公益信托的设立，其受托者须经主管官署批准。由于公益信托的设立必须经过主管机关许可，许可的基础条件非常严格，因此日本公益信托的设立非常困难，这导致公益信托在日本的发展受限。为此，日本国会在2006年底将公益信托相关条款移出"信托法"，制定"公益信托法"草案，不过新法仍延续旧法对公益信托的解释。

二、我国慈善信托的定义

我国在2001年《信托法》出台之时就引入了公益信托制度，在公益信托的制度设计上主要是借鉴日本等大陆法系国家。但是在之后的十几年时间里，由于对公益信托在准入上实行严格的审批制，加之缺乏配套的监管及税收政策，我国公益信托的发展非常缓慢，其存在和影响力几乎可以忽略不计。2016年3月，全国人大常委会审议通过了《中华人民共和国慈善法》（以下简称《慈善法》），这是我国慈善法律制度建设的重大里程碑。《慈善法》专章对慈善信托进行了规范，这标志着我国慈善信托制度的正式确立。从国外的立法实践来看，慈善信托往往是慈善法律制度架构中的重要组成部分，此次《慈善法》将慈善信托正式纳入其中，标志着慈善信托正式成为我国慈善事业体系中的一个组成部分。基于对我国前期公益信托发展实践中的经验教训总结，如《慈善法》在慈善信托的制度设计上更多地参照英美国家慈善信托的发展经验，放宽了慈善信托的准入，更为注重委托人意愿，弱化了行政管制，意在激活慈善信托，以此为社会公众参与慈善活动提供更简便、更灵活的选择，为慈善事业的发展注入新的动能，随着 2016 年 9 月 1 日《慈善法》的正式实施，中国式慈善信托也正式登上历史舞台。

《慈善法》第五章第四十四条规定：本法所称慈善信托属于公益信托，是指委托人基于慈善目的，依法将其财产委托给受托人，由受托人按照委托人意愿以受托人名义进行管理和处分，开展慈善活动的行为。这与英国《2000 年受托人法》第 39 条规定，"慈善信托是为了慈善目的而持有财产的信托"是基本一致的。根据《慈善法》的规定，慈善信托区别于商事信托、民事信托的五个基本特征如下：

（一）慈善信托是基于慈善目的而设立的信托

慈善目的是慈善信托区别于其他信托的根本。要实现慈善目的，需要依托慈善活动的开展，《慈善法》第三条中对慈善活动进行了规定，即本法所称慈善活动，是指自然人、法人和其他组织以捐赠财产或者提供服务等方式，自愿开展的下列公益活动：①扶贫、济困；②扶老、救孤、恤病、助残、优抚；③救助自然灾害、事故灾难和公共卫生事件等突发事件造成的损害；④促进教育、科学、文化、卫生、体育等事业的发展；⑤防治污染和其他公害，保护和改善生态环境；⑥符合本法规定的其他公益活动。

在各国对慈善信托进行定义时，慈善目的都是最核心、最首要的元素。慈善目的的存在，决定了财产的转移行为和慈善信托的设立。论及具体的慈善目的，虽然各国普遍一致地将促进教育、医疗、环保、科技、文化事业发展纳入慈善目的的范畴，但在具体领域上还是存在差异。例如，英国、美国、日本及我国台湾地区都将促进宗教事业发展纳入了慈善目的之列，慈善信托与宗教的关系密切，而我国由于国情的原因，则未包含宗教事业。

（二）慈善信托的受益人是不特定的

受益人不特定是慈善信托区别于其他信托的另一个重要特征。慈善信托的合同文件仅对受益人的资格条件和范围进行规定，受托人根据相关的条件和范围筛选确定最终的受益人。受益人的不特定是为了确保慈善目的的公益性以及纯粹性，防止利用慈善信托进行利益输送。

（三）慈善信托的财产和收益必须全部用于慈善目的

虽然《慈善法》中并没有对慈善信托慈善目的纯粹性做出要求，但是由于慈善信托属于公益信托，那么《信托法》中"公益信托的信托财产及其收益，不得用于非公益目的"的规定也适用于慈善信托，慈善信托的慈善目的是纯粹的、排他的。

（四）慈善信托设立应进行备案

慈善信托除了要签订书面合同确定有关信托事项之外，受托人还应当在慈善信托文件签订之日起七日内，将相关文件向受托人所在地县级以上人民政府民政部门备案。未按照前款规定将相关文件报民政部门备案的，不享受税收优惠。

（五）慈善信托的受托人只能由慈善组织或者信托公司担任

受托人掌握着信托财产的所有权，并担负着为受益人利益而管理或处分信托财产的职责，在信托关系中居于核心地位。《慈善法》第四十六条明确规定：慈善信托的受托人可以由委托人确定其信赖的慈善组织或者信托公司担任。对受托人的资格进行明确规范是《慈善法》的一大进步，因为《信托法》并未对公益信托的受托人进行专门规范，原则上，公益信托的受托人可以是自然人，并非一定要由法人来担任。《慈善法》将受托人的范围缩窄至只包含慈善组织和信托公司这两类机构，这有助于慈善信托获得更规范的发展。

第二节 慈善信托的种类和功能

按照慈善目的、委托人数量、存续期等不同，我们可以从理论上对慈善信托的类型进行简单分类。从功能上看，信托制度的灵活性、创新性等制度优势带来了卓越的实务应用价值，使得慈善信托在实务中产生了巨大的、良好的、积极的社会效应。

一、慈善信托的种类

（一）按慈善目的不同区分的慈善信托

《慈善法》第三条对于慈善活动的范围进行了规定，涉及以下六大类：①扶贫、济困；②扶老、救孤、恤病、助残、优抚；③救助自然灾害、事故灾难和公共卫生事件等突发事件造成的损害；④促进教育、科学、文化、卫生、体育等事业的发展；⑤防治污染和其他公害，保护和改善生态环境；⑥符合本法规定的其他公益活动。

慈善信托的开展须遵守《慈善法》规定的范围，在以上领域内开展活动，此项规定也是委托人设立慈善信托时设置信托目的的必要参考。按照信托目的的不同，慈善信托可以分为扶贫济困类慈善信托、扶老救孤类慈善信托、自然灾害救助类慈善信托、促进教育类慈善信托、科研支持类慈善信托、文化促进类慈善信托、环境保护类慈善信托以及其他类慈善信托等。

（二）按照财产类型不同区分的慈善信托

根据信托财产形式的不同，慈善信托可以分为以下类型：

其一，资金型慈善信托，即委托人以货币资金出资方式设立的慈善信托；

其二，财产权型慈善信托，即委托人以股权、不动产、艺术品、知识产权等财产设立的慈善信托；

其三，混合财产型慈善信托，即委托人以两种及以上财产类型设立的慈善信托，委托人用于设立信托的财产既包括货币资金，也包括股权、不动产等财产类型。

经过30余年的财富积累，中国的企业和个人所拥有的财富形态愈加复杂多样，除货币资金外，股权、不动产、知识产权、艺术品等多类型非货币形态的财富大量存在。在现实操作中，慈善捐赠非货币资产时往往面临巨额税收、控制权转移、难以满足年度公益支出比例，以及其给受赠组织、企业管理带来难题等问题。相对来说，非货币资产更适合于以慈善信托的方式开展公益慈善事业。由受托人按照信托文件的规定进行专业管理，不必要对以上资产立刻变现，可保持原有的资产形态，委托人对于资产的管理仍有相当的控制权，可以实现以上资产价值的最大化。

（三）按照委托人数量区分的慈善信托

以委托人的数量作为分类标准，可以将慈善信托分为单一慈善信托与集合慈善信托。

单一慈善信托是由单一个人、机构将合法所有的财产拟用于慈善目的而设立慈善信托，将信托财产和收益直接用于慈善目的或是捐赠至慈善组织，作为慈善支出。单一慈善信托由委托人发起设立，委托人可根据特定慈善目的的需求要求受托人帮助实现相关信托要素的定制化，但受托人从成本费用的角度出发，可能会对单一委托人发起设立慈善信托设置一定的资金门槛。

集合慈善信托是由受托人将两个或两个以上委托人交付的信托财产集中管理、进行慈善目的的运用管理或处分的慈善信托。由于委托人数量众多，集合慈善信托宜设置监察人，由监察人代表委托人对受托人的履职情况进行监督，确保信托财产的管理和运用符合信托目的的要求。

单一慈善信托和集合慈善信托最重要的区别是委托人的数量。除此之外，如果信托财产为货币资金，则集合慈善信托同时还要根据《信托公司集合资金信托计划管理办法》的规定进行季度信息披露，同时单一慈善信托和集合慈善信托均应按照《慈善法》和《慈善信托管理办法》的要求进行年度信息披露。

（四）按照存续期不同区分的慈善信托

慈善信托借助信托制度的灵活性，可根据委托人的需要、达成慈善目的的需要等灵活设置存续期限。按照实现慈善目的的要求不同，有的慈善信托可能只需要较短时间就能达成慈善目的，有的则需要几年甚至长达十年以上的时间，有的委托人则希望能够在较长的时间内持续开展慈善目的活动，慈善信托的期限可能长至永续存在。按照存续期限的不同，也可以对慈善信托进行分类，如1年以下的为短期限慈善信托，1年以上5年以下的为中期限慈善信托，5年以上的为长期限慈善信托，此外还有永续型慈善信托。

另外，根据慈善信托在存续期间是否开放接受委托人交付信托财产，慈善信托可以分为开放式慈善信托与封闭式慈善信托。开放式慈善信托在信托存续期间，可在开放期接收委托人交付的信托财产，慈善信托的规模会随着新的委托人加入、原委托人增加交付信托财产而变动。封闭式慈善信托是在设立信托时就已经确定信托财产规模，在设立后的存续期内不会增加信托财产规模。

（五）按照是否动用本金区分的慈善信托

按照慈善信托支出是否动用本金，可以分为本金动用型慈善信托和维持本金型慈善信托。本金动用型慈善信托在进行慈善活动支出时既可以使用收益，也可以动用本金，由于本金会被逐步消耗，本金动用型慈善信托一般有固定的存续期限。维持本金型慈善信托仅以信托财产本金运用产生的收益开展慈善活动及覆盖相关费用，本金可持续留存。相比而言，维持本金型更适用于财产规模较大、永续存在的慈善信托，同时由于每年仅支出运营所得部分，因此慈善支出会倒逼维持本金型慈善信托的运用管理应有较高的投资管理水平。

（六）按照管理模式不同区分的慈善信托

按照管理模式的不同，以受托人承担的职责类型划分，可以将慈善信托区分为资助型慈善信托、运作型慈善信托和混合型慈善信托。在资助型慈善信托中，受托人负责按照合同的约定进行资金慈善支出，比如定期将信托财产给付于与信托目的具有一致性的慈善组织，由慈善组织具体负责项目的实施；在运作型慈善信托中，受托人起绝对主导作用，要同时负责信托财产的管理运用以及慈善项目的执行，承担起慈善信托运作的全部职责；在混合型慈善信托中，受托人既受托运作信托财产，又直接执行公益项目，同时也可选择将部分信托财产给付于慈善组织来执行符合信托目的要求的公益项目，这种管理模式适合可运用的信托资产规模很大的慈善信托。

慈善信托的功能突出地体现于委托人、受托人、受益人及社会等多个方面。

二、慈善信托的功能

（一）慈善信托对委托人的功能

慈善信托的委托人是有意愿开展慈善，并具有完全民事行为能力的自然人、法人或者依法成立的其他组织。慈善信托对委托人的功能主要体现于充分尊重委托人的慈善意愿并能实现委托人慈善意愿的弹性规划等方面。

慈善信托充分尊重委托人的意愿，尊重在慈善相关法律体系下的意思自治。根据《慈善法》委托人的权利包括法定权利和约定权利。其中，委托人的法定权利包括：一是选择受托人的权利；二是变更受托人的权利，受托人违反信托义务或者难以履行职责的，委托人可以变更受托人；三是知情权，慈善信托的受托人应根据信托文件和委托人的要求，及时向委托人报告信托事务处理情况、信托财产管理使用情况；四是选择信托监察人的权利并有权获得监察人关于慈善活动开展情况的报告。除以上法定权利外，慈善信托的委托人还可以在信托文件中事先约定其他的权利。

慈善信托借助信托制度的灵活性可以实现委托人慈善意图的弹性规划。一是信托财产的多样性，委托人委托给受托人设立信托的慈善信托可以是资金、股权、物权、财产权或其他合法的财产权利；二是信托目的的弹性规划，委托人的慈善目的可以是《慈善法》规定的扶贫、济困、扶老、救孤、恤病、助残、优抚、救助自然灾害、事故灾难等等几十种公益目的或其组合；三是信托利益的弹性规划，慈善信托可在信托文件中对慈善信托财产管理和运用的方式根据委托人的需求充分约定，可以在《慈善法》和《信托法》等法律范围内设置各种各样的条件。

（二）慈善信托对受托人的功能

慈善信托的受托人是委托人确定的其信赖的慈善组织或者信托公司。从实务操作来看，慈善信托的受托人模式分为慈善组织作为受托人、信托公司作为受托人和两类机构作为双受托人三种。慈善信托对受托人的功能主要体现为运作简单灵活。

慈善信托设立和管理简单，操作灵活。一是慈善信托在设立上比较容易，在书面慈善信托文件签订之日起七日内，将相关文件向受托人所在地县级以上人民政府民政部门备案即可；二是慈善信托不属于法人，无须单独设立常设机构，具体运营由受托机构负责即可，设立成本低；三是慈善信托的管理较为灵活，在受托人尽责履行忠诚、勤勉尽责、注意义务的同时，就信托财产的形式、信托期限、信托财产的管理运作等方面根据信托文件的约定操作即可。

（三）慈善信托对受益人的功能

慈善信托的受益人是不特定的社会公众。在慈善信托设定时，受益人是不确定的，仅载明对受益人范围及选定的程序和方法。慈善信托对受益人的功能主要体现于天然的慈善功能、通过设立监察人以及程序和文件规定带来的公开、公平、公正功能最终实现对受益人的权益保护功能。

慈善信托对受益人具有天然的慈善功能。信托设计在社会公益促进方面扮演着越来越重要的角色。例如英国的慈善信托，对学术、教育、医学等公益事业的助力极大。根据我国《信托法》和《慈善法》，慈善信托的信托财产最终是用在扶贫、济困、扶老、救孤等公益慈善领域。

慈善信托对受益人具有制度保护功能。慈善信托设置监察人制度，信托监察人是对慈善信托受托人的活动进行监督的人，其行为目的是保护受益人的利益。因为慈善信托的受益人是不特定的社会公众，在慈善信托设定之前并不确定，因此，受益人直接行使信托法赋予受益人监督信托之权利在操作上并不可行，需要第三人的监督以保护受益人的利益。

慈善信托对受益人具有公开、公平、公正功能。确定和变更慈善受益人的原则是公开、公平、公正，一方面，慈善信托文件应载明对受益人范围及选定的程序和方法、受益人取得信托利益的形式和方法事项；另一方面，如变更信托受益人范围及选定的程序和方法，应根据信托文件约定或者经原委托人同意才可变更等。

（四）慈善信托的社会功能

按照英美信托法理论，慈善事业是指对社会有价值或有重要社会意义的事业，受益人最终是整个社会。从我国的慈善信托来看，慈善信托目前已成为慈善事业的重要贡献力量。慈善信托调动了更多的社会力量和社会资源参与慈善事业，还充分利用信托的优势强化了慈善财产的独立性，提高了慈善事业的透明度，对慈善事业的规范性起到了重要作用。

慈善信托动员了更多的社会力量。慈善信托在信托公司积极参与后，信托公司充分发动自身、公司员工、公司客户及社会人士和社会企业参与其中，激发社会的慈善热情，募集更多的信托财产投入社会慈善事业。

慈善信托强化了慈善财产的独立性，慈善信托的设计更具有稳定性和安全性。根据信托制度的优势，慈善信托在成立后可以不会因为各种意外情况的发生而终止，慈善信托的委托人不得自行辞任，因此慈善信托的运作更加稳定；信托财产的独立性和风险隔离特征，以及法律对受托人的各种约束，使慈善信托财产的安全性更高，运作管理的规范性更高，从此更有利于保障慈善信托受益人的利益。

慈善信托提高了慈善事业的透明度。现代信托法以受托人义务为核心，慈善信托的内部治理也因此遵循受托人向受益人承担受托人义务的内核治理机制。受托人义务的主要内容是忠诚义务和注意义务。受托人忠诚义务，即受托人不得采取通过关联交易等方式损害信托财产和受益人利益。受托人注意义务，即受托人在信托财产的管理和运营中，应本着行业的审慎标准和符合公益慈善目的的做法和标准，不得将信托财产进行过高风险的投资运用等。对于违反受托人义务的，受托人除了不得担任受托人外，还要承担赔偿责任。

第三节 慈善信托的起源

早在 13 世纪，英国就产生了慈善信托的雏形，《1601 年慈善用益法》颁布，是慈善信托发展的里程碑，奠定了现代慈善信托法律基础，也成为英美法系所有与公益相关法律的参考蓝本，为公益事业管理提供了良好的示范，影响力深远。

一、慈善信托的产生

英国慈善信托的产生，主要基于两方面因素的推动：一是社会慈善事业的发展；二是用益制度的出现及衡平法院的兴起。

（一）社会慈善事业的发展

最初的慈善捐赠出现于中世纪，主要基于宗教信仰，直接将土地或者其他财物捐给教会。那时从事慈善活动的主要是宗教机构，如修道院提供的救济品，包括食物、衣物以及在住院期间的一些特殊救济物品；教堂为穷人提供一些经济上的援助，特别是在饥荒年代。中世纪后，出现了医院和救济院。除此之外，也有一些行会组织为穷人提供物资援助和帮扶。早在十二三世纪英国就出现了大量民间慈善机构，并且这些慈善组织拥有大量的社会财富。这一时期的慈善，主要基于人们对灵魂救赎的渴求，教徒们通过各种各样的善举来拯救他们自己及其所爱之人的灵魂。这一时期的慈善救济并没有形成新的社会秩序或者消除贫困的社会制度，只是通过对穷人进行救济实现多方共赢：富人们活着的时候拥有大量的财富和荣誉，他们希望死后也得到灵魂的救赎，因而通过慈善的方式来获得心灵的慰藉；穷人接受救济，其承受的痛苦和面临的生存压力得到一定程度的缓解；而政府出于责任和维护社会秩序的需要，大力支持和鼓励慈善行为。

在慈善的推动下，大量的动产和不动产捐给了教堂等教会组织。1215 年的土地法开始限制慈善组织和教堂持有土地。通过用益方式转让财产实现对教会的慈善捐赠，是滋生用益制度的一个很重要的原因。中世纪的用益最初被用来服务于宗教这一慈善目的，如维持医院和救济院，以金钱或者物品的形式给穷人发放救济，建设教堂和礼拜堂，对中学、大学的捐赠，等等。

自 14 世纪初开始，欧洲出现了人口危机并引发大饥荒，英国亦未能幸免。在 1300 年，英国的人口数量达到 600 万左右。如此数量的人口，已经超过了当时英国所能承受的负荷。在这种人口不堪重负的情况下，1315~1322 年欧洲出现了历史上最严重的大饥荒。紧接着，1348年爆发的"黑死病"对英国人来说无疑是雪上加霜。这些接连发生的不幸，使大量的贫民流离失所，穷人的数量激增，社会安定受到了严重威胁。在这期间，慈善理念发生了很大的变化，由先前宗教博爱的思想转变为一个更为现代的观念——更加重视制度化和慈善效果。

（二）用益制度的出现及衡平法院的兴起

早在13世纪，英国就产生了慈善信托的雏形，为了规避《没收法》针对向教会捐赠的禁令，捐赠通过用益的方式间接实现。早期的用益被用来使行会、教堂等非法人组织获得利益。《1536年用益法》的颁布成为信托制度发展的关键，用益开始向信托转变，而此时慈善用益已成为慈善捐赠对象获得慈善利益的唯一形式。

如前所述，中世纪的捐赠绝大部分是针对教会做出的。教会法规定赠与教会的财产属于教会所有，并且这些财产需用于它所赖以取得的目的。可见，尽管此时的捐赠不是真正意义上的慈善用益，但教会也承担着类似于用益中受托人的责任。英国慈善事务最早由教区负责，教会法院拥有对慈善事务的管辖权和裁判权。后来教会法院逐渐衰落，随着用益的出现及衡平法院的兴起，慈善用益的管辖权归于衡平法院。

二、里程碑：《1601年慈善用益法》的颁布

（一）《1601年慈善用益法》颁布的历史背景

都铎王朝（1485~1603年）历时118年，是英国历史上发展的黄金时代，现代意义上的慈善理念也在这一时期出现。《1601年慈善用益法》颁布，该法以"救济贫困、扩大社区责任，促进社会稳定性以及缩小社会各个阶层的差距"为宗旨，定义了十项慈善目的：对于年老、衰弱和贫困者的救济；对病患、残疾军人和船员生计的照顾；技术学校、义务学校和大学学者有关的事项；关于桥梁、港口、港湾、栈道、教堂、防洪堤和高速公路的修建；对于孤儿教育与辅导对于感化院的救济、资助和生计照顾；对于贫穷女仆婚姻的协助；对囚犯和战俘的救济和补偿；有关贫困居民就军人旅费和其他税负支出的资助。

该法赋予地方政府行使慈善活动的调查权，以郡为单位任命慈善专员，针对违反慈善目的的滥用行为行使向衡平法院的诉讼权，尽管后来被《1888年永久营业权与慈善用益法》取代，但其序言列举的慈善目的仍旧保留，并在判

例法中适用。该法是首部提出慈善组织规范的法规，首次提出了慈善目的的范围基准，该法强调了慈善组织必须具有公益性，并制定了民众参与慈善事业的法律框架。

《1601年慈善用益法》里程碑意义的体现：该法一方面尝试形成有效募集慈善资金的体系，更好地扶助贫困；另一方面尝试通过构建监管体制来有效约束慈善活动。该法的出台杜绝了慈善用益中存在的慈善财产被侵占的问题，通过法律制度保护慈善财产的使用，形成了积极有益的社会风气，也促使更多善心人士慷慨投身于慈善事业。该法奠定了现代慈善信托法律基础，也成为英美法系所有公益相关法律的参考蓝本，为公益事业管理提供了良好的示范，影响力深远。

《1601年慈善用益法》的颁布是都铎王朝时期英国经济、社会发展的直接产物。其中，由宗教改革带来的慈善理念转变和济贫法的发展就直接导致了《1601年慈善用益法》的诞生，下面将着重介绍这两方面的内容。

1. 宗教改革与慈善理念的改变

都铎王朝的宗教改革起源于教皇对亨利八世离婚要求的拒绝，其本质是王权对神权的挑战。英国国王轻视教义和神学，更加关注宗教和政治权力的实践意义，客观上使英国宗教世俗化。在这次改革的影响下，英国的慈善观念发生了重大转变，打破教会持有慈善财产的传统，将慈善目的世俗化。人们更加关心受捐助人的实际需要，而不是给自己带来的精神安慰。经过改革，慈善观念开始变得世俗化，现代意义上慈善观念开始出现。慈善用益或者说其他形式的慈善捐赠已经成为社会慈善事业中很重要的一个方面，而不再纯粹作为一种基督教道德上的要求。

2. 济贫法的发展

十四五世纪，人口危机、"大饥荒""黑死病"和战争等社会问题导致大批民众的贫困，加速了社会的动荡。为了解决这些社会问题，都铎王朝时期先后颁布和实施了多部济贫法，国家采取积极的行动救济贫困、开展教育以及惩罚游手好闲的人，同时还鼓励私人通过慈善信托的形式捐赠财产。就这样，从宗教改革开始，都铎王朝历经100多年的时间，最终搭建起慈善信托的法律框架。可以说，济贫法的发展孕育了《1601年慈善用益法》，并为之后几个世纪英国政府解决贫困问题奠定了基础。

（二）《1601 慈善用益法》的意义

1601 年是英国慈善信托发展史上具有里程碑意义的一年。《1601 慈善用益法》意图建立一个有效的慈善信托监管机制，增强了法律对慈善信托的约束力。另外，该法力图杜绝慈善用益财产的滥用，通过在序言中列举慈善目的种类和建立慈善用益监管制度来实现。

1. 建立慈善用益财产的保障机制

英国政府意识到，仅仅通过鼓励私人以慈善用益的形式进行捐赠来解决救济贫困的问题远远不够。慈善用益存在的一个最大的问题是慈善用益财产可能会被私人所占有，这与赠与人的意愿完全背道而驰。因此，保证慈善用益财产获得有效利用对坚定捐赠者持续进行捐赠的信心及鼓励更多人放心地将自己的钱通过用益的形式用于慈善事业是非常必要的。这就需要建立一个有效的法律体制来保护慈善用益财产的使用。这就是英国政府制定《1601 年慈善用益法》的初衷。

在《1601 年慈善用益法》颁布之前，尚未有一套完整的法律机制来保障慈善用益的有效运行，该法就试图建立这样一种机制。该法规定国家可以启动和维持对一个慈善用益彻底的调查权，以保证赠与物可以根据捐赠者的意图被使用。另外，该法还将调查慈善用益财产滥用的权力赋予地方政府，要求以郡为单位任命 5 个慈善专员，对任何违反用益的行为，包括虚假报告、闲置、隐匿和改变慈善用益财产用途等行为进行调查。一旦慈善专员发现了上述行为，慈善委员会就会提请地方政府注意，并宣布慈善用益财产已被滥用，紧接着还会发布一道命令纠正该行为或者向衡平法院提起诉讼。如果一个慈善用益的目的不包括在序言中所列举的慈善目的中，那么这种被指出的滥用就会以英国皇家检察总长的名义或者由具有诉讼资格的人向普通法院提起诉讼。

2. 列举慈善目的

《1601 年慈善用益法》在序言中列举了慈善目的种类，其大致可以分为两类：救济贫困和完善公共设施。主要包括：救济年迈、体弱以及贫困的人们；照顾病人和伤残军人；建设免费学校以及在大学设立奖学金；修建桥梁、港口、教堂、堤坝以及公路；资助教育和抚养孤儿；等等。可见，该法并没有穷尽所有的慈善目的，法院在判例中只是将其作为一种索引并灵活地加以运用。如果某个新出现的慈善信托对公众或者部分公众有利，并且符合该法的精神和意图，那么就可以认定其为慈善信托。不过，什么样的信托目的符合慈善信托的精神和目的在司法实践中一直存在变化。

该法有意识地在序言中通过列举慈善目的为"慈善"划定一个通常的范围。尽管后来其被《1888年永久营业和慈善用益法》代替，但序言中列举的慈善目的却被保留下来。在该法颁布后4个多世纪的司法实践中，法院不断地重申慈善信托的目的必须属于该法序言所列举的范围或者符合该法序言的精神和意图，赋予了该法长久的生命力。这种分类和列举也构成了现代慈善法的基础。

第四节 慈善信托的发展与沿革

17世纪由于战争的原因，慈善信托财产的滥用问题普遍存在。18世纪英国开始工业革命以后，慈善信托数量迅速增长。到了19世纪后，慈善信托的法律制度也得到了不断完善。

一、慈善信托在十七八世纪的发展

（一）17世纪慈善信托的发展

17世纪，都铎王朝后期伊丽莎白时期的立法——《1601年慈善用益法》及相关的济贫法在斯图亚特王朝时期结出了丰硕的果实，英国慈善信托增长迅速。另外，由于1642年英国内战的爆发，各类志愿者组织开始呈爆发式增长，他们以募捐方式，从其成员或者公众筹集大量资金。由于这些组织不具备法人资格，根据法律无法拥有财产，因此其财产均采用委托人受托的方式进行管理，即以信托方式持有和运作资产。

在英国内战期间，战争成为人们关注的焦点，慈善信托财产是否合法使用的问题被人们忽视，慈善专员的权力不断衰落，导致慈善信托财产的滥用问题普遍存在。

（二）18世纪慈善信托的发展

18世纪英国开始了工业革命，生产力水平高速发展，社会捐赠总量和慈善信托数量迅速增加。英国内战后，慈善组织的数量在飞速增长。

1.《1736年永久营业权和慈善用益法》

1688年英国"光荣革命"后，君主立宪制在英国建立，英国国会进一步推动慈善信托法律体系建设，《1736年永久营业权与慈善用益法》解决了此前《没收法》剥夺慈善信托继承人权利的问题，规定某项捐赠如被认为具有慈善性质，那么立遗嘱人的合法继承人有权以遗嘱设立慈善信托的程序不合法为由，请求法院确认该赠与无效，并将遗产转移给继承人。该法规定了一个遗赠的程序，要求立遗嘱人将其遗产用于慈善目的应当出于其完全真实的意思表示，只有在两个或两个以上证人在场作证，并且在赠与人死亡之前的12个月里为慈善目的设立的信托才能有效，否则遗嘱中所列遗产转由遗赠人合法的继承人继承。该法的立法目的是保护继承人的权利，使其免受快要死去的人为了使其灵魂得到安息而将其财产全部或者部分捐赠教堂的不利影响。此外，该法明确了慈善信托所持有的任何受赠的土地都是有效的。

2. 慈善信托的登记

内战时期，民众对慈善监管重视度有所降低，导致慈善专员权力开始衰落，皇家检察总长开始行使监督权，慈善信托财产滥用再度露头，英国为了应对这一问题，开展了针对慈善信托的全国调查，并要求公开慈善信托条款，同时慈善捐赠强制登记制度开始建立，出现慈善信托登记制度。

3.《1786年慈善捐赠报告法》

为了鼓励更多的私人设立慈善信托救济贫困，国会通过了《1786年慈善捐赠报告法》，对各个教区的贫困数据、简单的捐赠信息和使用情况进行了统计和上报工作，为后续的慈善信托信息披露制度埋下伏笔，也是英国在国家层面开始对慈善信托进行监管的重要标志。

二、慈善信托在19世纪的变革

19世纪，英国发生司法制度改革，向现代法治社会迈出坚实的一步。随着英国慈善信托的迅速发展，慈善信托法律制度也参与到这场法律改革中。

（一）慈善委员会的建立

随着英国社会对慈善信托需求的日渐增长，慈善信托管理过程中的矛盾也日益突出，同时，19世纪出现了大量慈善信托被作为逃税工具而滥用，受托人违反受托义务和财产管理失当的问题使慈善信托制度建设进入关键时期。为了扭转局面，英国国会于 1816 年成立了社会底层人员教育专门委员会，专门负责调查和收集底层人民受教育情况，发现了大量教育类慈善信托财产使用管理不当的现象，在其倡导者布鲁姆推动下，该委员会的职能逐步扩充，拓展到对教育机构和其他慈善组织掌握的土地财产调查，但由于委员会并没有发起法律程序的权限，而英国议会赋予了拥有监察人的慈善信托和大学机构调查豁免权，所以该委员会实际权限受到诸多限制。在布鲁姆等人的争取下，议会将委员会变更为布鲁姆委员会，归属于内政部，成为具有独立财政权的委员会，开始对英国各地慈善信托进行调查，梳理慈善信托财产情况，具体包括财产数量、财产类型、运行管理情况和应急管理能力，旨在当外部环境生变时，慈善信托仍能有效完成慈善目的。布鲁姆委员会运行的 20 年间，对英国近 3 万个慈善信托进行了全面检查，提高了慈善信托财产运营的透明度，发现了诸多不合规操作行为，督促慈善财产的合规经营，使慈善财产获得妥善对待，使得受托人更加关注受托义务，提高了慈善信托的运营效率；委员会还对受托人提供技术上的帮助、调解争议及评价客观情况发生变化对慈善信托可能产生的影响，并提出建议。经过委员会的调查处理，慈善信托开始规范化，并每年进行信息披露，慈善信托重建诚信制度。布鲁姆委员会很好地发挥了对慈善信托的监管作用，并且在其工作报告中首次建议英国建立常设性的慈善委员会，该提议最终于 1853 年被国会采纳，并写入 1853 年正式颁布的《慈善信托法》，该法提出了四大慈善目的，即扶贫济困、发展教育、促进宗教发展和任何惠及社区的其他目的，首次在慈善事业中讨论了税收问题，并在政府机构中专门设立慈善委员会作为慈善信托的监督机构。《慈善信托法》在 1935 年被废止之前，历经了10 次修正，是当时英国规范慈善事业活动最重要的法规。

（二）慈善信托登记制度的完善

英国慈善信托登记制度始于 18 世纪，但缺少强有力的执行力，登记的数量寥寥无几。19 世纪这一情况有了一定改善：《1812 年慈善捐赠法》颁布，要求慈善信托必须在衡平法院进行登记，旨在预防慈善信托财产被滥用的问题。

（三）多部成文法的规范

19 世纪，英国出台了多部具有针对性的成文法规范慈善信托，除颁布《1812 年慈善捐赠法》《1834 年新济贫法》《1853 年慈善信托法》及 1855 年、1860 年对这部法律的修订外，还有《1888 年永久营业权与慈善用益法》，该法废止了《1736 年永久营业权与慈善用益法》，其立法旨意仍然是不允许以慈善的名义随意剥夺立遗嘱人的继承人权利，最重要的是它明确重申了 1601 年法律的序言。除此之外，英国在 19 世纪积极推动教育改革，为了发展各个阶段的教育，先后于 1854 年颁布了《1854 年牛津大学法》《1856 年剑桥大学法》《1868 年公立学校法》以及《1870 年教育法》，这些法律对推动发展教育目的的慈善信托意义重大。

（四）慈善信托制度的传播

19 世纪，英国处于对外殖民发展的黄金时期。伴随着英国的殖民统治，慈善信托制度也被传入海外殖民地。这一时期英国的慈善信托在其殖民地的影响也越来越大。随着各殖民地社会的发展，其对慈善信托制度也逐渐产生需求，纷纷效仿这一有效的慈善制度。以美国为例，从 19 世纪中叶开始，美国人逐渐开始接受这种制度。而且，从 19 世纪末期开始，英国的宗教组织对非洲等其他殖民地开始进行慈善援助，这对慈善信托的传播也起到了积极的推动作用。

三、20 世纪以来慈善信托的发展

进入 20 世纪后，英国慈善信托数量持续增长，为促进慈善信托合理化，明确受托人范围职责，最大化慈善的辐射作用，英国政府先后出台了《1906 年公共受托人法》和《1925 年受托人法》。《1906 年公共受托人法》诠释了公共受托人概念，规定公共受托人只有权管理价值在 1000 英镑以内的资产，而无法管理涉及宗教和慈善目的的信托财产；后者则是对《1893 年受托人法》进行了全面修改，尤其是对受托人信托财产转移和处分细节进行了法律规范，也对受托人的责任作了极为详细的规定：一是管理信托财产的责任，受托人应当诚信、谨慎地管理信托财产，并负有向受益人说明财产管理状况的义务，除非信托文件中明确授权共同受托人可以按照多数人的意见执行信托财产，否则，必须经全体受托人同意才能行使；二是受托人的投资义务，受托人未经授权，既不得利用其受托人的地位取得利益，也不得以受托人的身份与自己发生交易，购买信托财产；三是受托人违反信托义务时要承担相应的责任，尽管慈善受托人与私益信托的受托人相比会承担一些特殊的义务，但是慈善信托作为英国信托制度的一部分，慈善信托的受托人也受到该法的调整。随后，在《1972 年慈善受托人法》中，慈善委员会可以授予慈善信托受托人法人资格证书，从而使该受托人持有财产变得非常简单，完善了慈善信托的受托人制度。

为促进慈善信托合理化，更好地发挥慈善功能，英国国会于 1950 年设立慈善信托法制与运营委员会，全面研究传统慈善信托，并负责研究提出改进意见，国会根据其建议，完善慈善信托相关法律体系。如 1954 年出台了《慈善信托确认法》，该法将既可能用于慈善目的的赠与以及也可能用于私益目的的信托条款称为"非完美信托条款"，同时该法规定在 1952 年 12 月 16 日之前依据非完美条款成立的信托，如果该信托财产被用于慈善目的，那么该信托在该法生效之前被认为具有"绝对的慈善性质"，而在该法生效之后信托财产只有为了法律意义上的慈善目的才能成为一个有效的慈善信托。该法案并不适用于在慈善信托和私益信托之间分配资金，它仅仅适用于完全具有慈善目的的信托。还有，《1958 年娱乐慈善法》指出，如果提供消遣娱乐设施是为了社会福利事业，则将会被认为有慈善目的，同时该法提出了"社会福利"的最低要求。此外还制定了更为完备的《1960 年慈善法》，该法重点包括以下内容：

第一，规定了慈善活动主体。慈善活动主体并不局限于传统慈善信托，包括法人组织在内均可以成为慈善活动主体。

第二，规定了政府监督机构。将政府行政监督组织纳入慈善委员会，形成完整的监督体系，即包含了登记、监督、提交资讯信息和必要的援助。

第三，采用登记制。为掌握慈善信托现状及便于监督，要求设立时进行登记，其主要作用是以有无登记作为该慈善信托是否合法的认定标准，同时登记与否也将作为是否享有税收优惠的基准。

第四，近似原则扩大适用。只要确认慈善信托的慈善目的无法实现，即可从宽认定其适用范围，其结果就是促使英国很多经营效果不佳的小规模受托人合并，或慈善信托设定条件变更，使得慈善信托的运用更具灵活性。

第五，保护慈善工作。该法采用公营保管受托人和公营慈善基金促进慈善事业发展，前者是以协助受托人为目的，替他人管理财产但不收取酬劳，后者是一种以提高资产投资效率为目的的公营投资信托制度。

在《1960 年慈善法》后，英国慈善信托发展进入新阶段，但由于慈善委员会登记和审查过程被慈善组织诟病过于拖延，在一定程度上限制了慈善活动发展，为此，英国预算委员会专门展开调查，提出慈善委员会应当将慈善信托登记程序系统化，财务报告标准化，提高效率。1976 年，社会公益服务国家委员会组建了古德曼委员会，对《慈善法》实施情况和慈善组织活动进行深入调研，该委员会对慈善委员会工作成果给予了肯定，同时也指出英国应该针对信托的申请和登记建立一套完善的监管制度。随后，英国审计监察总长对慈善委员会工作做出了监管报告，并得到 1988 年英国议院的认同，议会指出尽管慈善委员会人手不足，但仍应对慈善信托加以监管，并履行调查权。随后的《伍德费尔德报告》也肯定了慈善委员会对慈善活动的贡献，指出其不但节约了大量法律成本和时间成本，在加强监管慈善活动的过程中，更是维护了慈善的声誉，保证了受托人权利，并进一步建议慈善委员会应当对慈善组织财务报表进行审计，运用调查权和监管权加强对慈善财产的监管，这些建议在随后的立法改革中，都获得了采纳。英国先后于 1987 年、1993 年和 2006 年完成 3 次慈善法修改，目前仍在进一步修订中。其中，《1993 年慈善法》吸纳了各个调研报告的建议，进一步明确了慈善委员会的核心工作，即"通过鼓励更好的管理方法，给慈善信托受托人提供有利于慈善信托运行的建议和调查滥用慈善组织财产的行为，从而促进慈善组织财产的有效利用"。该法具体规定了慈善委员会对慈善组织进行管理过程中的登记、问责、监管、支持和强制执行五项主要职能，并延续了《1900 年慈善法》中规定的慈善委员会没有直接管理信托的权力。慈善委员会的组成队伍也壮大了，由原来的 3 名成员增加到 5 名，即主任 1 名、法律专员 2 名（全职、兼职各 1 名）、兼职会计 1 名和来自志愿者组织的兼职人员 1 名，上述人员由内政大臣任命。慈善委员会的经费从公共资金中拨款，由于获得了政府额外资金支持，慈善委员会地位得到巩固。随后《2006 年慈善法》明确了慈善委员会是具有特殊独立性的慈善事业主管机关的地位，扫清了此前慈善委员会法律地位模糊的尴尬，使其能够全面发挥对慈善活动的监管作用。该法也明确了慈善信托受托人的权利和义务，为保护慈善组织的权益，特别设立了慈善申诉法庭，创建了严格规范募捐活动的募捐许可制。《2006 年慈善法》结合了《1601 年慈善用益法》的序言和马克莱顿对慈善目的的分类，将慈善目的分为 13 种。该法试图代替《1601 年慈善用益法》的序言，在定义"慈善"一词时指出，1601 年法律的序言涉及的慈善目的都可以在《2006 年慈善法》之下被理解。同时为了维护法律的稳定性，该法对旧的案例法认可的慈善目的持续有效地接受。

可以看到，为了适应慈善信托实践需要，英国慈善信托相关法规体系在不断演进完善，最终将慈善信托设立、运行、终止等全部环节都纳入法律的有效监管之下，最大限度地避免了慈善滥用的可能性，有效规范和促进了慈善信托的发展。

第二章

慈善信托的现状和发展趋势

在英美法系的西方发达国家中，慈善信托的发展已经较为成熟，各国结合自身的法律制度和国情，形成了各具特色的慈善信托法规及监管体系。而在大陆法系的日本和我国台湾地区，也充分借鉴英美国家慈善信托发展经验，形成了具有本土特色的慈善信托制度。

慈善信托属于社会公益慈善事业，往往涉及公共利益和税收优惠，大部分国家对于慈善信托的认定和管理比较严格，要求慈善信托的慈善目的具有唯一性、排他性和绝对性，不得包含其他非慈善目的，我国亦是如此。

第一节 境外慈善信托的现状

从组织形式、慈善信托运作和慈善信托监管等方面来看，境外慈善信托由于起步较早，模式已经较为成熟。

一、英国慈善信托的现状

作为慈善的发源地之一，早在 13 世纪，公益慈善组织的雏形就首现于英国社会，主要用于宗教捐赠方面。17 世纪，英国颁布了《慈善用益法》，这是世界上首个对慈善活动进行规范的法规。英国慈善组织的组织形式多元化，包括民间公益组织和多种形式的互益性组织，这些组织是因广泛的公共利益而设立，非营利、非政府、从事各种慈善性公益活动的组织，大致可分为法人结构和非法人结构两大类。

（一）英国慈善事业主要组织形式

英国慈善组织通常采用法人结构和非法人结构两种组织形式。

1. 法人结构

法人结构包括慈善法人组织、担保有限公司和工业及互助会。

（1）慈善法人组织。慈善法人组织适合收入水平较高，拥有一定不动产，需要雇用员工和签署合同的中小型慈善组织。其成立步骤比慈善公司稍简单，根据《慈善法》规定，慈善法人组织须在慈善委员会登记，慈善法人能够签署合同协议，仅承担债务的有限责任或者无须承担责任。

（2）担保有限公司形式的慈善公司。担保有限公司适合根据合同提供慈善服务，规模较大，需要雇用员工及拥有不动产或其他财产的大中型慈善组织，根据《慈善法》和《公司法》相关规定，慈善公司的所有资产必须全部应用于慈善，并且必须每年上报会计报表。

（3）工业及互助会（IPS）。工业及互助会适合住房协会、合作社和照料领域的慈善组织，所有的 IPS 都必须在慈善委员会登记，必须是非营利的社区利益团体，受英国金融服务管理局（FSA）管理。

2. 非法人结构

非法人结构包括慈善信托和非法人社团。

（1）慈善信托。《2000 年受托人法》第 39 条规定，慈善信托是为了慈善目的而持有财产的信托。慈善信托是受益人不特定的信托，并且慈善信托可以实现永续。慈善委员会是慈善信托的登记、管理和监督机构，经登记认定后慈善信托将享有税收优惠。

（2）非法人社团。非法人社团是英国慈善组织和非营利组织最常见的组织形式，结构采用会员制。英国的非法人社团须遵守法律规定，在组织债务中需承担连带责任。但非法人社团既不能与他人签署合同，也不能以社团名义开展借贷。

（二）英国慈善信托的运作

与慈善法人相比，英国慈善信托设立方式更为简便，设立门槛也较低，运作资金要求较低，受托人甚至可以是非法人、非慈善组织和营利性机构。慈善委员会审核信托满足慈善目的、符合公共利益和绝对公益性等条件后，即可予以确认慈善信托的法律地位。

1. 慈善信托设立

在 18 世纪英国就已经建立了慈善信托登记制度，只是由于并未强制执行，鲜有慈善信托主动进行登记，直到《1812年慈善捐赠法》中才要求慈善信托必须在衡平法院进行登记，以此预防慈善信托遭到滥用。

《1960年慈善法》颁布后，慈善委员会被赋予了慈善组织的审批权，凡设立慈善信托都必须在慈善委员会进行登记，并接受委员会严格审查，慈善委员会判定慈善信托是否成立的三个基准条件：是否为了慈善目的而设立、是否满足公共利益要求以及慈善信托的目的是否具有绝对的公益性。只有慈善委员会认可其慈善地位才能对其进行登记。此外，慈善信托参与人可以针对慈善委员会的决定，向高等法院提出申诉。

英国在慈善信托的司法实践和立法中，形成了独特的判例法和成文法并行的法规体系。在判例法中，法院强调慈善信托受益人的公众性（救济贫困的慈善信托除外），以及受益人与委托人不存在私人关联性。在成文法下，《2006年慈善法》对慈善目的和公共利益给予了详细规定，慈善委员会具有慈善信托的指导权。在该法规定下，慈善目的包括：救助贫困，教育，宗教，医疗健康，公民和社区发展、艺术、文化、遗迹、科学、业余体育，维护人权促进平等，环境保护，老弱病残救助，动物福利，提升军队、援救服务，以及其他公益慈善事业。在实践中，当一个信托具有多个目的，信托文件中关于信托目的的描述性连接词不能使用"或"等具有选择性的词语，若该信托的主要目的具有公益性，而次要目的是促进完成主要慈善目的，则法院仍会认定其为慈善信托。

2. 慈善信托变更与终止

（1）慈善信托变更。在《1985年慈善法》中，慈善信托变更包括三种情况：第一种是当存续时间超过50年，原慈善目的与社会发展进程不再适应，此时慈善信托可以变更慈善目的以适应新的社会环境；第二种是慈善财产规模较低（少于200英镑），则慈善组织可以将财产转交给其他规模较大的慈善组织，此外，慈善委员会也可以行使强制权，要求进行受托人的变更；第三种就是慈善财产规模过低（捐款低于25英镑，年度净收益低于5英镑），这类慈善组织无须慈善委员会同意，只需报送决议即可变更信托条款将本金花费。

（2）信托终止。慈善信托终止的情况：第一种是信托文件规定的终止条件发生；第二种是善信托的存续违背了公共利益要求；第三种是慈善目的已经达成。如是因为第三种情况慈善信托终止，则需要遵从力求近似原则将剩余财产用于其他慈善目的事业中。如果慈善信托目的未完成就被终止，若可以符合力求近似原则条件则将其用于其他目的，若不符合条件则慈善信托彻底终止。

3. 受托人相关规定

英国《1993 年慈善法》规定以下几类人不能担任慈善信托受托人：一是曾涉及违反诚信或欺诈者；二是曾被宣告破产或财产被扣押，且仍未达成和解协议和解除责任者；三是由于管理不当被慈善委员会或高等法院解除受托人职务者；四是不具备担任公司董事资格者。

根据《1925 年受托人法》，慈善信托受托人可以多人，无须遵循"共同受托人全体一致采取行动"原则，且慈善信托可以不受该法第 34 条关于土地财产持有者不超过 4 人的限制。此后，在《2000 年受托人法》中，提出了受托人在慈善信托投资、获取土地、处理债务、归还权益等过程中必须遵循谨慎义务。

4. 慈善信托的信息披露

英国对于慈善信托和慈善组织的信息披露有非常详细的要求，其慈善机构的作用都高度透明，这对于其慈善组织公信力的树立和调动公众参与慈善事业的积极性具有很大的帮助，英国登记注册的慈善机构（包含慈善信托、慈善法人）数量超过 16 万个，除了那些收入低于 10000 英镑的机构外，都需要向慈善委员会定期披露其运作信息并向社会公众公开，委员会可以要求对其盈利报告进行审计，对于规模较大的慈善信托还会要求其年报中阐述风险管理事宜。慈善委员会要求登记的慈善信托和慈善机构每年定期向其提交年度收入报告、年度财务报告，其报告基于慈善委员会《慈善组织报表推荐惯例》的指导原则进行编制。

（三）英国慈善信托的监管

根据《2006 年慈善法》规定，慈善委员会是慈善信托的主管机关，直接向英国议会负责。慈善委员会的职责是促进英国慈善事业、为慈善捐赠人提供便利条件、促进慈善事业的组织运行、保障慈善捐赠的正当使用。慈善委员会的权力包括：慈善信托设立和变更的登记，即对慈善信托地位的认定权；慈善信托调查权，即随时可以要求提供相关账目信息，并可要求以书面报告形式据实回答委员会提出的问题，这种调查权既可以由委员会直接行使，也可以委托他人，但须再向委员会报告；财务监督权，即要求受托人提交年度财务报告，并检查信托财产使用合理性，委员会与法院可以在力求近似原则下更改慈善信托目的，也有权解任和任命新的受托人。虽然《慈善法》将慈善事业相关的一系列管理权限都转移至慈善委员会，但高等法院、国内税务署和遗嘱事务署也有权对慈善信托进行监管，同时，地方政府保留了对辖区内慈善信托受托人的适当监督权。

（四）英国慈善信托税收政策

英国慈善信托享有诸多税收优惠，《收入与公司税法》《个人所得税法》《遗产税法》《增值税法》《利润税法》《财政税法》《信托（收入与资本利得）税法》等法规都对慈善信托的相关税收优惠进行了规定。尽管具体表述有所不同，但所有法条均要求慈善目的具有唯一性，必须通过慈善委员会的审核才有权享受税收优惠。同样，个人或法人只有向这些具有法定资格的慈善信托进行捐赠才能申请税收减免。具体来看，慈善信托主要享有以下优惠政策。

1. 英国慈善信托委托人享有的税收优惠

企业作为委托人时，根据《公司税法》规定，企业"符合相关规定的慈善捐助"，可以享受所得税抵扣。企业可申请将向慈善信托捐赠的全部款项从应税所得中扣除，捐款的抵扣最高额是其应税利润额。同时，慈善信托无权获得企业捐赠的税收返还。此外，企业捐赠人不需要提供货物资助的申报文件。将股票和证券捐赠或以低价转让给慈善信托的，以抵扣的形式获得税收优惠。

个人作为委托人时，根据《个人所得税法》和《小额慈善捐赠法》，个人以慈善目的捐赠款项（不包括会员费）要按照较低的所得税基础税率纳税，与企业捐赠不同的是，慈善信托有权获得该部分的税收返还部分，即慈善信托将会获得捐款的全额；对于捐赠人而言，若其收入税基较高，则可以获得较高税基与捐款数额税基差额的税收减免，例如，捐款人收入水平较高，税基比例为40%，其捐款 10000 英镑则只需按照基础税基的 22% 缴税 2200 英镑，若不进行捐赠，则需缴纳 4000 英镑所得税，即捐款人获得了 1800 英镑的税收减免。为了鼓励低收入群体进行慈善捐赠，《财政法》只要求捐赠人缴纳的所得税不低于慈善组织从捐赠获得的税收返还额度即可。个人进行的股票和证券捐赠也将享受税收抵扣优惠。此外，为了鼓励长期捐赠，英国《所得税法》规定个人与慈善组织持续至少 3 年的协议捐赠，可以获得一定的所得税抵税权。在遗产税方面，《遗产税法》规定，土地继承税减半征收，对于以遗嘱形式设立的慈善信托而言，在保证捐赠者未从受捐方获取利益的前提下，永久性慈善信托免征遗产税，而有期限的慈善信托只在慈善信托有效期内享受税收优惠。如果慈善信托并非以遗嘱形式设立，则只能免征财产转让税和所得税。此外，委托人将不动产转移给慈善信托时，可以免缴印花税。

2. 英国慈善信托运作中享有的税收优惠

根据《所得税法》和《信托（收入与资本利得）税法》规定，慈善组织从个人和企业获得的收入，多数情况下是可以免税的。本国慈善信托从国内外获得的收入享有免税资格，但法院规定外国慈善信托在英国并不享受这种免税资格。慈善信托在运作过程中，信托财产获得的不动产、利息、专利、版税、养老金和扣税捐赠物品等多种收入均可以享受所得税免税优惠，即便已经部分缴税，仍可以由慈善信托组织提出申请要求退税。但是，如果慈善信托的交易活动中存在部分活动与受益人无关，则该部分交易将被与慈善目的相关部分分离，该部分收入仍需缴纳所得税。《增值税法》中则明确指出，凡是满足慈善是其唯一目的的慈善组织（包含慈善信托），自有资产的资本利得全部免税，慈善信托开展的非商业活动可以获得相应的增值税退税。《财政法》和《信托（收入与资本利得）税法》也规定，只要保证收益只用于慈善，则慈善组织的贸易收入也可以获得税收减免，包括促进慈善团体主要宗旨目的的活动和主要由慈善团体的受益者举办的活动（如举行受益人活动、发行小额的或社会彩票、小规模募捐组织捐款活动收入等）。

二、美国慈善信托的现状

（一）美国的慈善组织

根据《美国国内税法典》第 501（c）（3）条对非营利组织的规定，非营利组织有两种组织形式，分别为私有基金会与公共慈善组织。

美国《国内税收条例》第 501（c）（3）条中，慈善包括扶贫、发展教育、促进宗教、发展科技、减轻政府负担和提升社区福利等内容，美国的慈善范围大于一般国家的定义。

1. 公共慈善组织

公共慈善组织是指符合《美国国内税法典》第 501（c）（3）条和第 509（a）条规定的组织。一个组织要成为公共慈善组织，必须符合如下几个条件：

一是宗教组织、学校或者学院、医疗卫生机构或者医药研究机构，或者国会决定的其他符合非私有基金会的组织。

二是符合两种公众支持测试的任何一种。

三是其实质收入来源为会费、入场费、提供服务的报酬，或者其他与该组织免税目的相符的收入；或并不是由公众支持的，但是由公共慈善组织控制并与之有紧密联系。

四是仅仅为公共安全而设立。

目前公共慈善组织大体有六类：第一类是教会、医院及其附属医疗研究机构、学校等法定的公共慈善组织；第二类是公众资助的慈善组织，它们是开展募集资金活动且资金来源多元化的慈善组织，需要接受公众资助率测试；第三类是有免税活动收入的公共慈善组织；第四类是支持型公共慈善组织；第五类是公共安全慈善组织；第六类是捐款人建议基金。

公共慈善组织是以捐款、项目资金为自身资金的主要来源，以开展特定目的慈善活动为主要活动方式的慈善组织，其能够凭借特殊的慈善地位而享受到《美国国内税法典》授予的免税优惠，而且向公共慈善组织捐款的人也凭此享受到一定的抵税优惠。因此，公共慈善组织并非基金会，而是公益组织，一般采用基金会形式或社团形式，其职能不在于输送资金，而在于开展活动，每年须填报 990 表格向美国国税局披露年度报表，以此获得慈善地位的确认。

2. 私有基金会

美国私有基金会规模和影响力巨大，在美国社会发展中发挥了很大的促进作用。根据美国"全国慈善信托基金"统计，截至 2014 年末，美国共有 8.2 万家私有基金会，总资产达到近 7000 亿美元，约为美国 GDP 的 4%。尽管基金会影响力深远，但是美国并未针对基金会制定专门法，相关法律规范零散于美国法律体系的各个角落。由于慈善相关组织与活动可以获得税收优惠，所以税法成为对基金管理和界定的主要法规。《美国国内税法典》第 501 条指出了慈善组织包括公共慈善组织和私有基金会，如前文所述能够满足 509（a）四种类型的条件则为公共慈善组织，否则即被归为私有基金会。私有基金会需要每年向美国国税局填报 990-PF 表格，定期披露其资产和运营情况，以获得免税地位的确认。相对于拥有广泛资金来源和深度参与公共事业的公共慈善组织，私有基金会资金来源主要是家庭和企业捐赠，而未获得公共部门的资助。税法中将私有基金会分为运作型基金会、非运作型基金会和利益分成信托基金会。

美国基金会中心将私有基金会定义为：非政府的、非营利的、自有资金并自设董事会管理工作规划的组织，其创办目的是支持或援助教育、社会、慈善或其他活动以服务于公共福利，其参与慈善活动的主要路径是赞助其他非营利机构。从美国基金会中心官方定义上来看，在保障公益性前提下，私有基金会首先是非官方的，故政府设立的慈善组织除非能够完全摆脱政府政治控制，且接受私人公司捐赠，否则不能归于私有基金会范围。其次，私有基金会必须经过政府认证注册，接受法律法规的规范。再次，私有基金会管理运作完全独立，不受政府操纵；此外，基金会还需要拥有一定的自有资产作为本金，并且具备一定的资产保值增值运作能力；最后私有基金会必须为符合条件的申请人或组织提供资助，或由旗下机构直接进行慈善活动。

美国基金会中心根据基金会资金来源、运作决策机制和资助方式的不同，将基金会分为四大类：第一类是独立基金会，一般资金来源于个人或某个家族，通过向各类慈善组织进行项目捐款达到慈善目的，基金会资助方向的决策者可以是捐赠人（家族）、董事会或受托人组成的独立委员会，也可以是代表捐赠人的银行和信托，独立基金会是美国私有基金会最重要的组织形式，规模和数量约占总量的 80%，知名的有洛克菲勒基金会、卡耐基基金会等；第二类是企业基金会，资金来源主要是企业，企业基金会作为企业以外的独立机构运作，一般倾向于向其从事的相关业务领域进行捐赠，相较独立基金会资助项目虽多，但平均金额较小，企业基金会主要也是通过对外捐赠开展活动，所以这类仅对慈善组织提供资金的基金会形式，一般属于非运作型基金会；第三类是社区基金会，相对前两种类型，其资金来源广泛，包括个人、企业、组织捐赠、地方政府拨款等，董事会成员包含社区中各界代表人士，资金一般由银行或信托公司托管，主要职责包括调查社区需求，提供资金支持，根据税法规定大多数社区基金会获得了公共慈善组织认定，未得到认定的则被自然归于私有基金会；第四类为运作型基金会，其资金来源一般为单个人或家庭，主要以研究、促进社会福利为目的，不仅仅资助慈善团体，而且也亲身从事宗教、慈善或教育活动，其具体运作由独立的委员会进行决策，按照规定其每年资助其他基金会的资金不得超过收入的 15%，所以运作型基金会将主要精力和资源倾注于直接服务慈善事业，基金会中心对运作型基金会的定义与税法基本相同，根据税法，运作型基金会每年净收入的 85% 以上须直接用于慈善项目，并需要接受严格的资产、资助和基金底数检查，因此在税法中，向运作型基金会捐赠将获得更大的税收优惠激励。

（二）美国的慈善信托

美国从英国引入了慈善信托，但由于殖民时期公共设施贫乏，亟待民间投资参与建设，所以美国早期慈善信托目的偏重于社区事务和增进地区整体繁荣，与英国早期偏重于救济贫困的目的有所不同。

《美国信托法》规定，慈善信托是委托人将财产委托给受托人进行管理，受托人按照协议将财产用于慈善目的的事业的慈善方式。与英国一样，美国慈善信托时限可以排除"禁止永久权原则"，并且慈善信托享有税收优惠权。

在美国，慈善信托主要有三种类型：第一类是公众信托，即居民为某一特定范围人群利益而捐赠，信托对该笔资金进行管理和运用；第二类是公共机构信托，即学校、医院和慈善组织等公共机构，将获得的慈善捐赠委托给受托人进行管理和运用；第三类是利益分成慈善信托，是收入和资产并非完全用于《美国国内收入法典》第170（c）（2）（B）条规定的宗教、慈善或类似目的的信托，利益分成信托本身不具有第501（a）条规定的免税地位，但如果部分资金被用作慈善捐款，则捐款可以享受抵税待遇，但是该信托用于非慈善目的的利益部分是不能申请抵税的，比如用于分配私人收入部分的利益不能要求抵税。利益分成慈善信托实际上是私益目的和慈善目的并存的信托，利益分成信托可进一步细分为收入集合基金信托、慈善余额信托、慈善首享信托三类。

1. 收入集合基金信托

收入集合基金信托是由第509（a）（1）条下的组织创设和运营，由个人家庭或公司通过捐赠现金或证券注资的形式建立的互益性慈善基金，通过投资的方式获取收益，并根据基金整体收入情况，按既定比例在捐款者和负责运营的慈善组织之间完成分配收益。同时，基金本身将保留本金不用于分配。在捐赠人死后，其本金余额将全部归负责运营的慈善组织所有。捐赠人的捐赠是不可撤销的，捐赠的必须是动产（含现金），可以申报抵税，如果捐赠的是证券，则该捐赠人可通过该基金享受资本利得税的优惠。所以，捐赠人通过收入集合基金信托可享受三方面的便利：①获得抵税优惠；②获得常年稳定收入；③预定未来的捐赠。

2. 慈善余额信托

慈善余额信托是指捐赠人将自己的收入捐给某慈善组织，但自己或指定受益人依旧享受信托收益，在特定时间后再将余额捐给该慈善组织的信托形式。该信托是不可撤销的，但捐赠人对资产有一定的控制权，甚至可以变更管理信托的慈善组织，信托终结时，余额必须悉数捐给慈善组织。捐赠人可以享受所得税抵扣，以及避免缴纳资本利得税和遗产税。所以，在处理养老金或者父母解决未成年残疾子女未来的生活来源时多数采用此类信托。

慈善余额信托可以通过年度定额付款或年度定比付款的方式来支付信托利益。其中，慈善余额定额付款信托每年必须将本金价值的至少5%支付给个人，但信托收益超过该笔支付款项时，则超额部分需被用于慈善目的。慈善余额定比付款信托每年必须将其当年资产公平市价的至少5%用于慈善目的，甚至可动用本金。此外，税法还规定了一类迷你型慈善余额定比付款信托，可以按照信托收入相应减少当年付款，但在此后收入超过当年所需付款额时须补齐所欠款项。

3. 慈善首享信托

慈善首享信托是每年将一定资金（定额或定比）用于慈善目的，但在慈善目的之余，捐赠人还可以规定每年将一定资金用于其他个人目的，并在经过一段时间后，再将余额交还给受益人的信托形式。慈善首享信托的余额将交还给受益人，而收入集合基金信托和慈善余额信托余额将归慈善组织所有。

慈善首享信托一般不能申请享受抵税优惠（除非符合税法的特别规定），但由于可减少遗产数额，将能减少遗产税。

（三）美国慈善信托法规与监管

1. 慈善信托的设立

美国信托设立文件包括信托契约、信托声明和信托遗嘱，慈善信托的设立要求必须明确表述慈善目的，受托人必须是有民事行为能力者，设立文件中必须包含相应的内容。慈善信托的设立文件形式较为灵活，但是内容结构较为复杂，必须详细说明目的、权利范围、义务、受益人范围、受益方式等内容，根据《统一公益目的受托人监督法》规定，信托基金6个月内需向总检察长提交登记申请，并附上信托设立文件的副本。

根据美国《信托法》第349条规定，慈善信托设立方式包括：财产所有人声明将其财产设立慈善信托；财产所有人将其财产转移给他人从而设立慈善信托；财产所有人以遗嘱转移其财产于他人而设立慈善信托；由有权指定之人指定其他一人就特定财产设立慈善信托；依照对于某人的承诺，就其权利设立慈善信托。美国慈善信托的成立仅需委托人有创立慈善信托的意愿，并且将其财产权转移即可。目前，在美国现存慈善信托案例中，以遗嘱信托方式设立的最多。

2. 慈善信托监管

《美国统一信托法》授予司法部长提起强制执行慈善信托诉讼的权利，美国各州的信托法律也授予本州司法部长同等权利。2000年修订的《美国统一信托法》中确认了捐赠者作为慈善信托的委托人也获得此权利。

《统一慈善信托受托人监督法》将慈善信托的监督权赋予州检察长。实践中，财税部门也依法监督慈善信托运行情况的职责，如果受托人是金融机构，美联储也需履行部分监管职责。

检察长依法被赋予的权限包括：要求受托人提交账册；撤换受托人；命令公益法人解散；强制转移法人财产；请求法院命令受托人上报因违反受托义务所发生的损失或利用职务便利获取的不当利益；禁止受托人继续特定行为或不

当目的；对于受托人违反忠诚义务的交易，当检察长判断该交易与慈善无关时有权决定该交易无效；有权会同受托人请求法院适用近似原则，变更信托条款或信托目的。

3. 近似原则

美国大多数州均承认慈善信托的近似原则，《信托法重述二》要求委托人具备一般公益意图，规定如果捐赠用于特定公益目的，当该目的完全实现但有剩余财产，近似原则是不可适用的，此时将成立剩余财产的回复信托，这一规定有利于捐赠人；如果有一些捐赠人无法确定，剩余财产归国家，同样产生回复信托。

4. 信息披露

美国税务机关强制要求具有免税地位的慈善信托依法定期披露其运营情况，信息披露的对象是联邦税务局和公众。披露的方式包括：向税务局日常申报，并通过税务局公开；按照法律规定主动将文件公布于网站；按照当事人的申请进行公开。

（四）美国慈善信托税收政策

为了鼓励慈善事业的发展，美国针对慈善组织制定了非常详细的税收优惠政策，无论是个人捐款、基金会捐款还是企业捐款，根据美国税法规定都可以享受一定的税收优惠。美国税法规定繁多且细致，对于个人、企业和团体的抵税规定各不相同。捐款者若想享受税收优惠，首先必须将善款捐给国税局认定的非营利机构、组织、团体，包括宗教机构、科学、文学团体、社会福利机构、劳工组织、社交俱乐部、联谊社团、雇员福利协会、退伍军人组织、政党及其竞选委员会等。由于这些机构、组织、团体中的大部分在申请国税局认可时，填写的是"501（c）表格"，因此这些机构、组织、团体在募款时，只要宣称自己具有"501（c）表格"，就比较容易吸引捐款者。对于个人来说，每年申报"1040税表"时，可以将一年来捐给非营利机构、团体、组织的数额列出，并将这部分钱从年收入中扣除，由于扣除后的年收入减少，相应的交税额也就减少，得到定比例的抵税优惠。此外，美国个人所得税适用累进税率，因而便会出现所谓"逆向补贴"的现象，也就是收入越高，适用税率越高的人，慈善捐赠实际上得到的补贴越多。

美国税法针对不同的捐赠对象、捐赠物类型和捐赠人（自然人或法人）均制定了详细的税收优惠条款。根据《美国国内税法典》501（C）（3）的规定，捐款对象不同，抵扣额度也有所区别。向公共慈善机构捐赠现金，则捐赠额在个人收入 50% 以内的部分都可以享受税前扣除；向公共慈善机构捐赠非货币财产时，捐赠额在个人收入 30% 以内的部分都可以享受税前扣除。向私有基金会捐赠现金的抵扣限额一般为 30%，但有的基金会的抵扣率也为 50%，如运作型私有基金会和私有过桥基金会（必须在收到捐款 2.5 个月内将全额捐款用于适合的用途）；如果向私有基金会捐赠非货币财产，则捐赠抵扣限额最高为本人毛收入所得的 20%，超过限额部分可以递延至 5 年内转结；需要注意的是，这里的纳税人仅限于个人。对于企业来说，捐款抵税的规定原则上与个人是相同的，但有一个限制条件，即每年的捐款抵税额不能超过年收入的 10%，超过部分，可以放到下一年计算，5 年内有效。

根据《美国国内收入法典》第 501（C）（3）条款规定，慈善信托可以申请获取免税资格，可享有 501（C）条规定的多项税收优惠，可以比照公共慈善组织享有相应的税收待遇，如果委托人是自然人，每年最多可扣减应纳税收入的 50%。但如果委托人设立的慈善信托是包含了私益目的的利益分配慈善信托，则适用私有基金会的限制性规定，自然人每年可扣减限额为应纳税收入的 30%，一般公司法人每年最多可扣减应纳税收入的 10%，超过部分，可以放到下一年计算，5 年内有效。利益分配慈善信托自动适用私有基金会的税收规则，无须专门申请。另外，自然人如果以遗产捐赠设立慈善信托，允许将其从应税遗产中全额抵扣，没有扣除的上限。

根据美国法律，慈善组织收到的捐赠都可享受所得税减免，慈善组织开展与其免税目的一致的业务活动获得的收入，免缴纳所得税。对于慈善组织最重要的税收优惠则是投资所得免征所得税，前提是确认这些慈善机构善款投资收益最终再投入慈善活动。而慈善组织从事与其慈善目的无关的经营活动需要纳税，不过鉴别过程目前仍无明确法规，所以慈善组织拥有一定的裁量空间。

另外美国税法规定，可以在税前扣除的捐赠物包括两类：一是货币捐赠，若捐赠物类型为现金，捐赠现金的数额就是以捐赠时的实际价值来进行计量。二是非货币财产捐赠，美国联邦税法中明确列举了允许享受税收优惠的非货币财产捐赠项目，包括衣服、家具、设备、艺术作品、珠宝、汽车等在内的实物捐赠；向慈善组织或其代理人转移不动产生效契约的不动产捐赠；股票、债券以及其他证券的证券捐赠；不可撤销转让的债券捐赠；所有权人将其全部利益捐赠给慈善组织的专利捐赠；企业向大学转移技术使用权甚至所有权的知识产权捐赠。美国拥有一套相对完整成熟的实物价值专业资格评估体系，非货币捐赠的数额测算设置了详细的要求，捐赠财产出售产生的普通所得或短期资本利得可以根据财产捐赠当日的公允价格确定捐赠额，或是计算其财产价值的基础值确定捐赠额，最终确定原则是两者取其低者；如果财产获得长期资本利得收益，则按照市场公允价格确定捐赠额。值得注意的是，虽然美国税法中非货币财产捐赠范围相对广泛，但企业代表慈善组织提供的服务却被排除在外，不享受税收优惠。

三、日本慈善信托的现状

（一）日本的公益法人制度

日本公益法人历史渊源悠久，早在 1896 年，日本民法第 34 条就对公益法人作出明确定义，2006 年，日本颁布了《一般社团法人和一般财团法人法》《公益社团法人和公益财团法人认定法》，构建了全新的非营利组织法律体系，并成立了隶属内阁的公益法人委员会（PICC），对非营利法人提出的公益认定申请进行审查，履行监管职责。日本公益法人包括一般社团法人和一般财团法人、公益社团法人和公益财团法人、特定非营利活动法人、依据特别法律设立的其他各种公益法人。

1. 一般社团法人和一般财团法人

《一般社团法人和一般财团法人法》规定公民成立一般非营利法人，无须中央或地方政府的任何审批，须在登记办公室注册，法律对一般非营利法人的目标或活动没有限定，即使不是为了公共利益也可以成立，只要它的盈利不用于分配即可。一般社团法人至少应有 2 名成员、有 1 名理事和 1 名审计员，对资金也没有要求。一般财团法人的最低资金要求是 300 万日元。一般社团法人和财团法人在注销时，资产应转交给章程规定的组织；如果章程没有指定资产处置方式，应由会员大会或理事会决定；如果会员大会或理事会也不能指定资产处置方式，将由政府接管该组织的资产。

2. 公益社团法人和公益财团法人

《公益社团法人和公益财团法人认定法》第四条规定，公益社团法人和公益财团法人是通过公益认定核准的一般社团法人和一般财团法人，他们可以从事公益活动以外的活动，只要这些活动不妨碍公益活动，此外，在变更与公益资格相关的活动时，必须由 PICC 对其进行公共利益评估。

具体成立条件包括：公共目标活动须符合法律中列举的范围；主要从事以公共利益为目标的活动；有能力实施合理的会计工作和项目管理；公益活动获

得的收入不超过活动支出；以公益为目标的活动支出应超过总体支出的 50%；负债不能超过特定的数额；在理事会或审计员中，来自一个家庭或公司的人不能超过 1/3；理事会成员的酬金不能过高；不能拥有可以使其影响其他实体的财政资源。公益财团法人的最低资金要求是 300 万日元，至少有 3 名理事、1 名审计员、一个负责监督的委员会。

3. 特定非营利活动法人

《特定非营利活动促进法》要求特定非营利活动法人应推动多数人的共同利益，且只能是社团，不包括财团。要求至少有 10 名成员，至少有 3 名理事和 1 名审计员，由主要办公场所当地的县政府进行登记管理。特定非营利活动法人可以从事法律列举的非营利活动以外的活动，只要它们不妨碍非营利活动；不能以获取利润为目的；不能传播教义、执行宗教仪式或培养宗教信徒；不能参与政治相关活动；不能从事为了特定个人、公司或其他组织利益的活动；不能向 1/3 以上的官员提供报酬。在经济活动中获取的收入，应被使用于非营利活动，对于具有免税资格的特定非营利活动法人，利润分配的限制更加严格。特定非营利活动法人在注销后，资产只能转移给以下法人类型：国家政府或地方公共机构、公益法人、私立学校法人、社会福利法人、更生保护法人，以及与各部委相联系的公益法人。

4. 特定公益法人

特定公益法人是第二次世界大战后，依据《民法》第 34 条颁布的一系列特别法律，所设立的若干类型的公益法人。包括：宗教法人（《宗教法人法》）、私立学校法人（《私立学校法》）、医疗法人（《医疗法》）、社会福利法人（《社会福利服务法》），这些公益法人的建立都要得到政府相关部门的批准或许可它们的剩余资产应用于公共利益目标或转交给政府。

（二）日本公益信托概况

1. 日本公益信托的发展历程

日本 1922 年实施的《信托法》对公益信托进行了定义：公益信托是为了实现公益目的而设定的信托，是为了追求广泛社会全体的利益或不特定多数人利益而设定的信托，具体而言即为学术、技术、慈善、祭祀、宗教或其他公益目的设立的信托。此后由于多种原因，日本公益信托发展并不顺遂，直到 20 世纪 70 年代公益法人屡屡发生违规事件，公益信托才开始受到重视。1973 年，日本委托公益法人协会成立公益信托制度研究会赴英美考察，发布了《公益信托制度调查研究报告》和《英美两国调查资料》，提出公益信托与公益法人具有相似的社会机能，都是推动民间公益活动的主要工具，两者可以发挥相辅相成的作用，有助于公益活动的推进，并指出公益信托受托人除信托银行外，个人或法人均可担当。与英美制度相似，日本制定了细致的税收优惠政策，鼓励和促进公益信托的发展。直到 1977 年，日本才推出了首单公益信托。20 世纪 80 年代后，日本公益信托的发展才逐步有了一些起色。随着时代进步，美国和英国先后修改信托法，日本也不断借鉴西方经验对相关法律进行修改，特别是 1993 年后，信托银行和地方金融机构开始大量推广公益信托，民众和企业对公益信托的认识逐步加深，使得日本公益信托步入发展正轨。此后，日本政府进一步深入研究公益信托改革路径，于 2006 年出台了《公益信托法》草案，此后，在 2015 年初正式启动了公益信托改革。由于日本的非营利法人制度在 2008 年经历了大刀阔斧的改革，改革后，原本就已经在公益领域占据主流的非营利法人获得了更多优势。关键性改革措施包括：非营利法人设立将会更为简便，设立初期的审批过程精简使得非营利法人的监管方式由事前监管转变为事中、事后监管，此外，对于非营利性法人的行政裁量得到有效限制，更尊重组织自治，使其获得了更大的发挥空间。在非营利法人制度改革后，获得 30 年黄金发展的公益信托再次式微，比较优势进一步被削弱，加之日本经济持续低迷，公益信托数量持续下滑，这直接导致日本政府于 2015 年初正式启动了公益信托改革。日本立法改革组专家指出，日本公益信托下一步将朝着公益信托设立更加便捷发展，但是若要获得税收优惠，必须和其他非营利法人一样接受公益认定委员会的公益认定；同时鼓励信托银行和信托公司以外的公益组织担任受托人，公益信托从资助型扩展为运作型，项目的执行方式更为多元。

除普通公益信托外，日本还有一种独特的公益性质信托——特定赠与信托，该信托是专门针对残疾人免征赠税而开办的一种福利信托业务，专门用于补贴残疾人生活费和医疗费或其他赠与用途。特定赠与信托通常由赠与者（委托人）将所赠与的财产或金钱委托给信托银行（受托人）代为管理和运用，残疾人作为受益人享受信托财产带来的收益。信托收益由信托银行按照委托人在信托合同中规定的支付方式执行。特定赠与信托不仅让残疾人能有稳定可靠的生活来源，减轻家人的负担，还可以避免该笔赠与被他人挪用或遭欺诈，确保信托目的的实现。

2. 日本公益信托相关法规

《信托法》和《公益信托法》下，日本公益信托具有以下特征：

（1）必须经主管官署审批。明确了由对应事业主管官署审批，1977年后各个主管机构多制定了公益信托许可及监督办法，在1994年公益法人等指导监督联络会议中，决定设立许可统一标准，命名为"公益信托设立许可审查基准"，内容包括：公益信托的目的、收益行为、名称、信托财产、信托报酬、信托监察人、运营委员会、受托人等。

（2）永久信托禁止原则的排除。日本承认永久信托的公益信托形态，《信托法》第2条第2项中规定公益信托不受第259条的20年时间限制。

（3）可及的近似原则。当信托终止时，若信托财产归属权利人不存在，主管机关为谋公益，根据信托本旨从事与类似目的相同的信托行为（旧《信托法》第73条、《公益信托法》第9条）。在近似原则下，即使公益信托的目的已经转换，仍可以存续。

（4）必须设置信托监察人。公益信托由于受益人为不特定多数人，《信托法》第123~130条、《公益信托法》第8条中规定选任信托监察人需先于信托契约或遗嘱的制定，可以由主管机关选任。根据《信托法》第8条和第72条规定，信托监督人为荣誉，所以无须给予报酬，但若是主管机关以其职权任命监察人，则需给予一定的报酬。由于选任信托监察人是日本公益信托主管机关许可申请的基准要求，因此目前日本公益信托必须设置信托监察人。

（5）强化公益信托监督。公益信托必须服从主管机关的监督，在设立阶段必须有主管机关许可，设立后，预算和决算书应向主管机关提出报告；信托管理变更可以由主管机关依职权加以变更，也可依职权解任受托人，选任新受托人（《公益信托法》第8条）。因此，主管机关不违反信托主旨时，可能全盘变更信托条项。主管机关也可以随时检查公益信托，公益信托受托人应每年定期公告一次信托事务及其财产状况（《公益信托》第4条）。

（6）设置运营委员会。运营委员会是为实现信托目的，代受托人进行实际运营的委员会，一般由具有高度专业知识的人员担任，旨在协助公益信托适当经营，在审查基准中虽不是必需项，但在实操过程中，日本信托业普遍认为原则上应当设置，以保证公益信托适当经营。运营委员会的委员通常由受托人聘请对于该公益具有专门知识且经验丰富的人士担当，多数无须报酬，其任期、开会时间及决策方式等事项，一般在公益信托契约中已明文规定。

（7）信托终止分为相对终止和绝对终止。相对终止指受托人死亡、发生失格事件、丧失特别资格、辞任、解任、法人受托人解散等，相对终止效果对公益信托和私益信托均相同，需移交事业并将信托财产的权利义务由新的受托人继承。绝对终止指信托所定事由发生、信托目的的完成或不能达成，导致信托终止等情形，公益信托发生这种情况时，需受托清算受托事务，经信托管理人承认，若有剩余财产，交由信托行为所定的权利归属者，或为公益目的而继续利用。

3. 公益信托监管机关

日本公益信托的主管机关因公益信托公益目的不同而有所不同。比如，向学生给付奖学金为目的的公益信托，主管机关是各级教育主管部门（文部科学省和地方教育委员会），对于银行担任受托人的公益信托，则需受到金融厅长官和公益目的所属主管机关的双重监督。

根据日本信托法规定，主管机关有许可权和一般监督权（《信托法》第67条、第68条、第72条），可以随时检查公益信托事务运行和财产状况，并有命令其提存财产和其他必要处分权（《信托法》第69条），如果发生不可预见的特殊情况时，主管机关有权在不违背公益原则的基础上变更信托条款（《信托法》第70条），也拥有受托人辞任许可权（《信托法》第71条）、解任及选任新受托人的权限（《信托法》第47条、第49条）。此外，各主管机关也有权针对公益信托制定相应管理法规。

4. 日本公益信托的设立与运营

日本公益信托设立与运营包含十个基础环节：

（1）委托者（出捐者）与受托人（信托银行等）之间，首先就公益目的具体选定、达到目的的方法、公益信托契约书内容，事先进行周密的洽商。

（2）受托人向政府主管部门申请公益信托的受理许可。

（3）主管机关审查通过后，给予许可证。

（4）公益信托获得许可后，出捐者和信托银行等签订公益信托契约。

（5）主管机关对公益信托处理事务的检查，有权对受托人或对必要事宜发出处分命令。

（6）信托管理人行使信托法赋予的权限，这也是受托人的责任。

（7）在与受托人协商的基础上，运营管理委员会和其他机构需要对信托提供法律援助支持和慈善信托执行等咨询意见，以便公益信托达成公益性目的。

（8）受托人根据运营委员会的建议，根据其公益信托目的进行受益人的资金发放。

（9）受托人每年一次，向信托管理人报告信托财产的状况。

（10）受托人在每一个事业年度终了后的3个月内，将公益信托事业状况报告书向主管机关提交。

（三）日本公益信托税收政策

1. 税收政策概述

在《视为公益法人案》和《信托财产课税主体案》中，日本公益信托的信托财产被视为"非人格社团"，虽非法人，但作为一种课税主体，税法上视为公益法人，适用公益法人税收优惠规定。

2. 公益信托委托人享有的税收优惠

日本公益信托在税法上的优惠仅适用于货币捐赠，其他物质财产或不动产捐赠未被纳入优惠范畴。日本采用部分扣除政策，纳税人必须向"公共利益法人"中的"特定公共利益促进法人"捐赠方能享受扣除。此外，日本还对捐赠进行了划分，特定捐赠可以享受全额扣除的待遇，其他捐赠按规定进行部分扣除，日本企业的社会捐赠按其捐赠的公益性质享受不同的税收减免优惠：

（1）法人捐款时，根据《法人税法》，对于"认定特定公益信托"，纳税义务人支出 2000 日元以上特定捐款数额时，有一定扣除额度（最多为总所得金额 ×40% – 2000），这里特定捐款金额是指对国家或地方自治团体的捐款金额、对公益法人的捐款、指定捐款金、对特定公益增进法人的捐款和对特定政治团体的捐款。

（2）根据《法人税法》，公司设立公益信托时，其信托财产转移被视为在公平市场销售，需缴纳资本利得的所得税。但是，企业对政府的捐赠和指定组织的捐赠全部计入免税额。

（3）委托人向公益信托受托人转移信托财产免征消费税（即增值税）。

（4）对于具有资本额或出资者的普通法人、协同合作社和社团等，税费扣除公式为：税前扣除限额 =（资本金 × 当期月数 ÷12×2.5% + 所得额 ×2.5%）×1/2。

（5）没有资本额或出资者的普通法人、协同合作社以及没有法人资格的社团等，税费扣除公式：税前扣除限额 = 所得额 ×2.5%。

在遗产税方面，因继承、遗赠所取得金额成为特定公益信托支出时，该金额不算入遗产税课税计算基础，免征遗产税，如委托人死亡，只要继承人不产生与信托财产相关的经济利益，其信托权利被视为"零"价额，受益人不特定或委托人发生继承时，确认免课遗产税。

3. 日本公益信托运作享有的税收优惠

日本公益信托与公益法人使用相同的税收政策规定，根据《所得税法》规定，公益信托所得被视为非课税所得，属于公共政策的优惠；《法人税法》附则规定，企业设立特定公益信托的信托财产在运作过程中获得的收入不征收所得税。

4. 日本公益信托受益人的税收政策

因受益人和委托人性质不同，公益信托受益人也需承担一定的纳税义务。

当受益人为个人：委托人为个人时，可征赠与税；委托人为法人时，作为临时所得可征所得税。作为税制上的特例，有关来自财务大臣指定的学术贡献表彰或以学术研究奖励为目的的特定公益信托的金钱物品、来自财务大臣的指定和以学费资助为目的的特定公益信托的金钱物品，不课征赠与税和所得税。

当受益人为法人：如果公益信托受益人为税法所规定的法人课税对象，如公益法人和无法人人格的社团或财团，则受益人可免征法人税。

四、中国台湾地区慈善信托的现状

（一）中国台湾地区非营利组织概况

根据台湾相关文件规定，台湾地区非营利组织包括公益社团法人、财团法人和社会团体。

1. 公益社团法人

公益社团法人被定义为以文化、学术、宗教、慈善等性质的公益事业活动为目的的法人。根据台湾《社会团体许可立案作业规定》，公益社团法人的发起人户籍或工作地分布于七个直辖市、县（市）以上者需向内政部申请筹组"全国性"团体，内政部为其主管机关，其他则由"地方政府"的社会科、局负责管辖。社团法人以人为设立基础，所以没有最低创设基金的限制。

2. 财团法人

台湾地区财团法人分为公益财团法人（如基金会）、特别财团法人（如私立学校、私立医院、福利组织和研究机构等）、宗教法人（如宗教团体、寺庙等）。设立全台湾性的财团法人的主管机关为"中央部委"，若为地方性财团法人则为地方政府民政部主管。设立财团法人具有最低现金总额门槛，具体金额根据不同主管部委规则而定，不同服务目的的门槛各不相同，总的来说，设立全台湾性的财团法人门槛最高，地方性的门槛相对较低。根据要求，创设基金的最低现金总额的本金是不可动用的，仅能使用其利息部分。

3. 社会团体

根据"人民团体法"描述，台湾地区社会团体是指以推展文化、学术、医疗、卫生、宗教、慈善、体育、联谊、社会服务或其他以工艺为目的所组成的团体。社会团体因未向法院登记，所以未取得法人资格，但也是合法的非营利组织。同时，这类社会团体无任何保障，既不能享受政府给予非营利组织的税费优惠，也无法成为政府采购对象。

（二）台湾地区公益信托的主要特征

"台湾地区信托法规"（1996 年）考察了英国、美国、日本、韩国的信托制度，综合考量台湾社会实际需求，设专章阐明了公益信托相关法规条文。"台湾信托法"第八章第 69 条规定，"称公益信托者，谓以慈善、文化、学术、技艺、宗教、祭祀或其他以公共利益为目的之信托"。公益信托必须是为公众或相当多数人的利益而创设，受托人创设信托时有无个人动机并非关键，只要信托目的具有公益效果即可，但不得以委托人、受托人或其他个人的利益为目的。公益性判断标准如下：

一是必须有具体的利益存在。公益信托以公益为信托目的，所以必须有具体可证明的利益存在，如果利益过于抽象而无法证实，则不能认为有利益的存在。

二是该利益必须合法。公益信托设立不得以不法为目的，如果信托条款制定的实行方法虽属不法，但目的本身合法，且采用其他合法方法可以实现信托目的，该公益信托仍视为合法有效。

三是需满足"重大公共利益"。公益信托的利益需要满足"重大公共利益"，利益的内容需要有助于社会安全与文明发展，即该利益的存在对于公众具有实用性与便利性。

四是受益对象为不确定多数。公益信托受益对象必须是不确定的，但这里不确定并非不明确，不特定人是针对"最终"受益者而言，如果受益对象未达到社区充分的多数，仅限于少数人时，则不具有公共性。

根据台湾法规，公益信托是一种特定公益资产，以公共利益为目的，是一项公益行为，所以公益信托的定位是公益意图，而非信托商品。公益信托属于民事信托，其对象为不特定的多数人，目的是增进社会利益，所以政府为了鼓励社会大众支持社会公益活动，对社会公益的捐款具有租税奖励的规定。从形式来看，台湾公益信托可分为宣言信托和其他公益信托，不过台湾税法并未对宣言信托有租税免征的规定，宣言信托以外的公益信托则有机会享有赠与税、遗产税、营业税、所得税、地价税、房屋税、契税、土地增值税等方面的税收减免。

有台湾学者提出，公益范围甚为广泛，公益信托除列举 6 项公益目的之外，为适应时代快速发展与生活的实际情况，应将公益的概念加以扩大，凡教育卫生、自然环境、史迹维护、绿化及社区公共设施等的增进与对社会福利事业的赞助、司法的改良、人权的促进、自然灾害与疾病的预防等，只要有助于人类福祉的项目，均应涵盖在内。

（三）台湾地区公益信托相关法规

1. 公益信托的主管机关

根据"台湾地区信托法规"第 70 条规定，设立公益信托，应经目的事业主管机关的许可；第 71 条第 2 项规定宣言信托在对公众宣言前，应经目的事业主管机关的许可。目的事业主管机关根据公益信托性质而定，如果涉及两个机关时，则均为主管机关。此外，根据规定，目的事业主管机关可以将其对公益信托的许可和监督等权限委由直辖市或县（市）政府或其他行政机关，受托人应向该受委托机关提出公益信托设立申请。已有"内政部冶""金管会冶""教育部冶""体委会冶""文建会冶""法务部冶""原能会冶""环保署冶"与"消费者保护委员会冶"九个部会依其主管业务制定不同公益目的的公益信托设立监督办法。

2. 公益信托的设立

根据"台湾地区信托法规"第 2 条规定：信托，除法律另有规定外，应以契约或遗嘱为之；第 71 条第 1 项规定：法人为增进公共利益，得经决议对外宣言自为委托人和受托人，并邀公众加入为委托人，在向公众宣言前，应先经事业主管机关许可。所以台湾公益信托成立方式大体可分为契约方式、遗嘱方式和法人经决议成立的宣言信托方式三类。

"台湾地区信托法规"规定公益信托成立必须经主管机关许可，根据第 83 条规定如未经许可就使用公益信托名称，或使用让人误认为其为公益信托的文字，目的事业主管机关可处以 1 万元新台币以上 10 万元新台币以下罚款。

此外，根据"台湾地区信托法规"第 75 条规定，公益信托应设置信托监察人，法院可以选任一人或数人为信托监察人。

3. 公益信托终止与继续

（1）公益信托终止后的财产归属。当公益信托发生"台湾地区信托法规"第62条、第77条、第78条规定的终止消灭事由后，并未对公益信托财产如何归属做特别规定。根据该法第79条规定，当公益信托关系消灭，而信托行为所订信托财产无归属权利人时，目的事业主管机关得为类似目的使信托关系存续，或将信托财产转移于各级政府、有类似目的的公益法人或公益信托，可以享有税法上的优惠。

（2）公益信托的继续。"台湾地区信托法规"第73条规定，当发生公益信托不能预见的事情时，主管机关可以参考信托公益性旨意，变更信托条款。根据该法第79条规定，当信托关系终结且无归属人时，按照近似原则将信托财产转移给公益法人或公益信托。

4. 公益信托的监督

公益信托因涉及公共利益，难以由特定受益人主张权利，为能有效监督信托事务执行，并不妨碍受托人管理处分信托财产，除监督人外，设立目的事业主管机关主管公益信托的许可和设立，同时作为其监督者。"台湾地区信托法规"赋予事业主管机关对公益信托的监督权，具体规定包括以下几项：

（1）检查或其他相关处置的权利。根据"台湾地区信托法规"规定，主管机关认为公益信托的受托人可能发生财务危机或出现违反义务情节重大时，任何时期都可以行使检查权利，并可以实施必要限制措施或解任受托人。

（2）变更信托条款的权利。根据"台湾地区信托法规"规定，当公益信托实现遇到无法预料的妨碍时，主管机关根据公益信托目的，可以变更信托财产管理处分方法、信托事业经营范围等，以保证公益信托尽可能地存续，保证社会公益事业。

（3）撤销公益信托许可和其他相关处置的权利。根据"台湾地区信托法规"规定，公益信托如违反设立许可条件，违反主管机关监督命令，进行了其他有害公益的行为，或无正当理由连续三年不进行活动，主管机关可以撤销公益信托许可。在处分前，主管机关需通知委托人、信托监察人及受托人在限期内表示意见。

（4）其他监督权限。根据"台湾地区信托法规"规定，公益信托主管机关其他权限包括：拥有许可受托人将信托财产转为自有财产的权限，允许受托人辞任的权限，解任受托人和选任新受托人的权限，裁定酌情给信托监察人报酬的权限，许可监察人辞任、解任监察人和选任新监察人的权限。

台湾地区公益信托现有环境保护公益信托、文化公益信托、银行相关业务公益信托、体育业务公益信托、法务公益信托、内政业务公益信托、消费者保护公益信托、教育公益信托、原子能业务公益信托共九种类型。各个事业主管机关均制定了相应的公益信托管理办法。

（四）台湾地区公益信托税收政策

1. 公益信托委托人享有的税收优惠

根据台湾地区的相关法规规定，成立、捐赠或参与公益信托适用捐赠的优惠规定。"台湾地区所得税法规"第6条规定，个人和营利事业成立、捐赠或加入符合该法第4条规定的公益信托，享受该法第17条中综合所得税扣除优惠，申报捐赠扣除享受最高抵扣额为总额的20%，但对政府的捐赠不受金额限制。"台湾地区所得税法规"第36条规定，申报的捐赠费用，除对各政府捐赠和经财政部专案核准的捐赠不受金额限制外，营利事业所得税的扣除上限为10%。

根据"台湾地区所得税法规"第89条规定，信托受托人为所得税扣缴义务人，须依法办理扣缴，同时第88条规定，除短期期票利息所得、政府举办的奖券中奖奖金外，公益信托财产发生的收入无须缴纳所得税。

委托人提供财产成立、捐赠或加入符合规定的公益信托，受益人享有信托利益，该笔赠与享受赠与税免除的优惠。

2. 公益信托受益人享有的税收优惠

根据"台湾地区所得税法规"第4条规定，公益信托受益人享有该信托利益的权利价值，免征所得税。同时规定，受托人须为信托业法所规定的信托业；该公益信托除为设立目的开展事业而必须支付费用外，不得以任何方式对特定或可得特定之人给予特殊利益；信托关系解除、终止或消灭时，信托财产转移于各级政府、类似目的的公益法人或公益信托。

3. 公益信托运作享有的税收优惠

根据"台湾地区房产税法规"第15条规定，经主管机关许可设立的公益信托，因该信托关系取得的房产，若直接供办理公益活动使用，则免征房产税。

"附加型及非加值型营业税法"第8条规定，受托人因公益信托而出售或义卖货物与举办义演，其收入除支付相关必要费用外，全部用于公益事业时，免征营业税。同时该笔收入不计入受托人的销售额。

第二节 我国慈善信托的现状及特点

我国慈善信托起步较晚,首个具备公益元素的信托产品起源于 1999 年 6 月。自 2016 年 9 月《中华人民共和国慈善法》正式颁布施行以来,我国的慈善信托业务已经基本实现了从业务实践试点阶段向业务持续创新阶段的跨越式发展。

一、我国慈善信托的发展现状

(一)我国公益信托发展情况

国内首个具备公益元素的信托产品始于 20 纪末。1999 年 6 月,华宝信托开展了由宝钢教育基金会作为委托人,指定投向的单一资金信托,信托资金主要用于宝钢教育奖学金的发放。

2001 年,《信托法》颁布实施,其中对“公益信托”专列一章,强调“国家鼓励发展公益信托”,为公益信托的开展奠定了法律基础。同时,《信托法》明确了公益信托必须满足四大要件:一是为公共利益目的设立;二是经公益事业管理机构批准;三是信托财产及其收益不得用于非公益目的;四是须设置信托监察人。自此,信托公司正式开始尝试公益信托这一信托类型。

2001~2008 年,共有 6 家信托公司推出了将部分信托财产或信托收益用于公益的集合资金信托计划,也称为类公益信托,如云南信托的“爱心成就未来——稳健收益型集合资金信托计划”,该项投资计划的财产净收益中超过 2.178% 以上的收益全部捐赠给“爱心成就未来”特别助学活动,用于资助困难学生。重庆信托的“爱心满中华集合资金信托计划”也是收益捐赠型,公益目的为用于白内障患者的复明手术费用。但上述信托均不具备完整的公益信托要素,属于在原属于理财产品的集合资金信托计划中融入了公益的元素。在“公益事业管理机构”不明确以及税收优惠制度缺失的条件下,这是信托公司尝试开展公益信托业务的有益探索。

直到 2008 年 6 月,长安信托发行的“5·12 抗震救灾公益信托计划”才完全满足了《信托法》规定的公益信托所有要件。此后不久,中国银监会发布了《关于鼓励信托公司开展公益信托业务支持灾后重建工作的通知》(以下简称《通知》),以鼓励信托公司依法开展公益信托,支持灾区的救灾和重建。该《通知》明确了公益信托的文件要求和受托人的履职要求,以及信托公司管理费和信托监察人的报酬等问题，对《信托法》的规定作了细化，使得公益信托的落地具备了一定的可操作性，但由于这仅仅是中国银监会层面的政策，仍无法解决制约公益信托发展的"公益事业管理机构"审批机构主体不明的问题，公益信托获批困难。因此，在实践中，从 2008 年至今，国内完全符合法律要件的公益信托数量很少，仅仅十余个，更多的是准公益信托或是具有公益内涵的类公益信托。

（二）慈善法颁布后我国慈善信托发展情况

自 2016 年 9 月《慈善法》正式颁布施行以来，我国的慈善信托业务经过 2016 年、2017 年、2018 年三个年度的实践发展，已经基本实现了从业务实践试点阶段向业务持续创新阶段的跨越式发展。

2016 年是慈善信托的"开元之年"，《慈善法》的颁布实施为慈善信托业务的实践落地奠定了基本法律框架。2016 年共有 23 单慈善信托产品成功备案落地，初始资金规模达 2.01 亿元，为全国慈善信托业务广泛开展开启了一个良好的开端。

2017 年是慈善信托业务实现跨越式发展的一年，慈善信托的业务规范和业务实践均实现新的突破。《慈善信托管理办法》及各地地方性慈善信托管理规范的相继出台，标志着我国慈善信托以《信托法》为一般法，《慈善法》为特别法，《慈善信托管理办法》和地方性慈善信托管理办法为配套操作规范的规则体系基本构建。2017 年，全国共成功备案 44 单慈善信托产品，信托财产规模达 6.95 亿元，信托目的涵盖了扶贫、济困、救灾、养老、教育、生态环境等领域，全年慈善支出金额达 1.05 亿元[①]，慈善目的更加精准，慈善效果更加突出。经过 2016 年、2017 年连续两个年度的不断探索，我国慈善信托制度体系不断完善，参与主体不断丰富，受托管理不断规范，创新模式不断突破，为慈善信托今后的发展和作为提供了多元的范式和丰富的经验。

2018 年是慈善信托业务开展的第三年，是见证过往设立慈善信托的执行年，也是新一批慈善信托登记备案的拓展年。这一年，慈善信托的财产规模和设立数量均呈现显著增长，全年共备案 87 单慈善信托，合计信托财产规模达到 11.28 亿元。

---

① 中国信托业协会：《中国信托业 2017 年度社会责任报告》。

二、我国慈善信托的主要
特点

2016 年以来，我国慈善信托的发展特
点[①]如下：

（一）规模数量显著增长

根据"慈善中国"平台公开信息整理，2016~2018 年，全国共成功备案慈
善信托 23 单、44 单和 87 单，合计达到 154 单，慈善信托财产规模分别为 2.01
亿元、6.95 亿元和 11.28 亿元，备案数量和规模均保持高速增长。

（二）期限结构多样化

从期限结构上看，2016~2018 年备案发行的 154 单慈善信托的期限设置非
常灵活，呈多样化特点。其中，1 年期的 8 单，2 年期的 13 单，3 年期的 17 单，
5 年期的 23 单，10 年及以上期限的 34 单，永续期限的 32 单，其他期限的 27 单，
占 比 分 别 为 5.19%、8.44%、11.04%、14.94%、22.08%、20.78% 和 17.53%。
总体来看，5 年期及以上的慈善信托占比已远超半数，体现了慈善信托的长期
慈善意图，如图 2-1 所示。

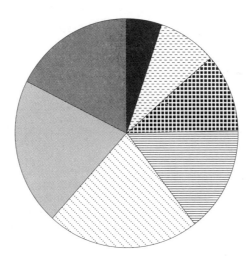

■1年　☲2年　▦3年　☰5年　▫10年及以上　▨永续　▨其他

图 2-1　2016~2018 年已备案慈善信托期限分布[②]

---

①② 资料来源：慈善中国网站。

（三）区域分布广泛

根据"慈善中国"信息平台公开数据显示，2016~2018 年备案的 154 单慈善信托共涉及 21 个省、直辖市、自治区。其中，北京市、浙江省、广东省分别以 22 单、17 单、16 单新增备案数量位列前三（见表 2-1）。

表 2-1　2016~2018 年已备案慈善信托区域分布

省份	备案数量
北京市	22
浙江省	17
广东省	16
陕西省	13
江苏省	11
青海省	10
江西省	9
天津市	8
四川省	7
上海市	6
河南省	6
重庆市	5
甘肃省	5
福建省	4
山东省	4
安徽省	3
内蒙古自治区	2
贵州省	2
辽宁省	1
黑龙江省	1
山西省	1

从各地区备案慈善信托产品的财产规模来看,浙江省以 9.03 亿元领跑全国,广东省以 6.15 亿元排名第二,北京市以 1.19 亿元排名第三。

另外,无论从慈善信托产品的整体数量还是从财产规模来看,东部地区和西部地区均显著多于中部地区。东部地区依托其优越的地理位置、开放的地缘优势和人才、信息、环境等各方面的良好条件,无论是慈善资金的获取能力还是慈善信托的管理经验都相对丰富,因此慈善信托的分布比较集中,且整体和平均规模较大。

（四）信托公司积极参与

根据"慈善中国"信息平台公开数据,至 2018 年底,已有 43 家信托公司、18 家慈善组织担任了 154 单慈善信托的受托人,其中信托公司作为单独受托人的慈善信托共 127 单,慈善组织作为单独受托人的慈善信托共 9 单,由信托公司和慈善组织作为双受托人的慈善信托共 18 单,占比分别为 82.47%、5.84% 和 11.69%,信托公司作为受托人的参与度合计达 94.16%,且信托公司担任单一受托人模式仍在当前慈善信托设立过程中占主导地位。由于慈善组织在设立信托专户方面仍然存在一定的难度,加之开设信托专户的机构须与备案机构统一,以便利慈善信托的监管与运营,因此目前大多数的慈善信托仍然采取由信托公司作为单一受托人或在共同受托人中担任主要受托人的业务模式(见表 2-2)。

表 2-2　2016~2018 年已备案慈善信托受托人列表

受托人	备案慈善信托（单）
安信信托	1
百瑞信托	6
北京信托	3
大业信托	1
光大信托	5
国投泰康信托	4
国元信托	1
杭工商信托	1

受托人	备案慈善信托（单）
华宝信托	1
华能信托	2
华润信托	2
华信信托	1
建信信托	2
金谷信托	4
昆仑信托	3
民生信托	1
平安信托	2
厦门信托	3
山东信托	4
山西信托	1
陕国投	4
上海信托	3
四川信托	6
苏州信托	3
天津信托	8
外贸信托	1
万向信托	11
五矿信托	10
西部信托	1
新华信托	4
兴业信托	1
粤财信托	6
长安信托	9

受托人	备案慈善信托（单）
浙金信托	1
中诚信托	4
中航信托	8
中建投信托	1
中江信托	1
中融信托	2
中铁信托	1
中信信托	6
重庆信托	1
紫金信托	5
宁波市善园公益基金会	1
北京市企业家环保基金会	2
中国扶贫基金会	2
广东省何享健慈善基金会	1
上海市慈善基金会	1
中华环境保护基金会	1
江苏省瑞华慈善基金会	1
深圳市社会公益基金会	2
天津市福老基金会	6
苏州高新区（虎丘区）狮山街道社区发展基金会	1
深圳壹基金公益基金会	1
广东省一心公益基金会	1
中国青年创业就业基金会	1
北京联益慈善基金会	1
阿拉善生态基金会	2

续表

受托人	备案慈善信托（单）
天津市慈善协会	1
南京市慈善总会	1
广州市慈善会	1

对比 2016~2018 年各信托公司慈善信托财产规模，万向信托以 9 亿元力压群雄，拔得头筹，中信信托和中航信托分别以 5.37 亿元和 1.03 亿元位列第二和第三。

对比 2016~2018 年各信托公司慈善信托设立数量，2016~2018 年，万向信托共新设立了 11 单慈善信托，名列首位；五矿信托新设立了 10 单慈善信托，排名第二；长安信托新设立了 9 单慈善信托，排名第三。

（五）配套监管逐渐系统、全面

2016 年 9 月 1 日，慈善信托陆续落地实施后，经过一段时间的发展，至 2018 年，已有较多慈善信托产品逐渐由项目设立转入项目执行及后续运营管理阶段，此时慈善信托的受托管理及系列配套监管成为保障慈善信托健康规范运行的关键。

为进一步规范慈善信托受托行为，促进慈善事业健康发展，《慈善法》实施后，国家和地方陆续出台了配套监管规范，慈善信托的管理规范体系更加系统全面。一是国家层面对慈善活动信息公开制度和慈善财产专业管理的监管规范逐步完善，包括 2017 年 7 月 10 日《慈善信托管理办法》发布实施，2018 年 8 月 6 日和 10 月 30 日《慈善组织信息公开办法》和《慈善组织保值增值投资活动管理暂行办法》也先后发布实施，均成为指导慈善信托规范开展的重要依据。二是地方性区域性管理规范积极推动。各省立足各地发展实际，陆续出台了相关的慈善信托管理规范，对慈善信托备案及相关监管工作进行指导。三是慈善信托作为信托的本源业务和转型方向，得到了金融监管的大力支持。在金融监管方面，在资管新规下，2018 年 8 月 17 日，中国银行保险监督委员会信托监督管理部发布的《信托部关于加强规范资产管理业务过渡期内信托监管工作的通知》明确指出，公益（慈善）信托不适用《关于规范金融机构资产管理业务的指导意见》，表明了监管机构对于慈善信托业务类型特殊化的充分考虑，也体现了对通过慈善信托助力慈善事业发展的业务创新的积极鼓励与大力支持。

三、慈善信托的典型案例

蓝天至爱 1 号慈善信托

"蓝天至爱 1 号慈善信托"预设规模 1 亿元，首期到位资金 3200 万元，慈善信托的委托人为上海市慈善基金会，委托人设立信托的资金来源于包括安信信托、绿地控股、上海徐汇副食品等几家企业的捐赠。安信信托作为"蓝天至爱 1 号"的受托人，将为实现信托资金的保值增值进行组合投资操作。上海市慈善基金会既是慈善信托委托人，同时也是慈善项目顾问，负责向某信托推荐慈善项目，筛选确定的慈善项目及制定捐助方案等，并向他们提供专业指导与建议。该慈善信托由上海市联合律师事务所作为监察人，对信托运作进行全程监督。

这是一类慈善组织担任委托人、信托公司担任受托人的典型慈善信托模式。在这种业务模式中，慈善组织负责募集善款，募资完成后，由慈善组织作为委托人，委托信托公司设立单一型慈善信托，信托公司作为受托人，具体负责按照信托合同的约定将信托资金运用于相关公益项目并履行其他所有事务管理职责。这种模式最大的优势是，可以通过慈善组织开具捐赠发票，给予捐赠者税收优惠，以及借助慈善组织可以公开募集善款的资格面向社会公众募集善款。

真爱梦想 1 号教育慈善信托

国投泰康信托作为受托人，接受三名自然人的委托，发起设立"国投泰康信托 2016 年真爱梦想 1 号教育慈善信托"，信托规模 82 万元，信托期限三年，信托目的是促进中小学校素质教育。该慈善信托由上海真爱梦想公益基金会担任项目执行人，由其推荐教育慈善项目，并确定符合慈善信托目的的受益人。

这是一类信托公司担任受托人、慈善组织担任项目执行人或公益顾问的典型慈善信托模式。这一模式的主要特点是，信托公司主导，与合适的慈善组织开展深度合作,信托公司和慈善组织在慈善信托的运作中,各自发挥所长,合作共赢。信托公司作为受托人根据委托人的意愿设立慈善信托,信托公司主要负责信托财产的管理运作以及包括资金拨付、资金使用监管以及项目实施效果评估等在内的期间管理;公益项目的运作执行则由信托公司根据慈善目的的需要选择合适的慈善组织来负责具体落实。另外,信托公司也可以直接来负责公益项目的执行,同时邀请合适的慈善组织担任公益执行顾问。

北京市企业家环保基金会 2016 阿拉善SEE 公益金融班环保慈善信托

"北京市企业家环保基金会 2016 阿拉善 SEE 公益金融班环保慈善信托"的信托财产规模为 100 万元,信托期限 10 年,资金将用于支持初创期的环保公益组织。慈善信托的委托人为阿拉善 SEE 公益金融班代表张泉,信托监察人为中伦律师事务所。

这是一类慈善组织担任独立受托人的典型慈善信托模式。在这一业务模式下,慈善组织独立担任受托人,直接接受委托人的委托设立慈善信托,慈善组织可以像信托公司一样,在银行开设慈善信托专户,负责信托账户的管理,同时也负责信托资金的使用和运作,并直接负责执行公益项目。

中信北京市企业家环保基金会 2016阿拉善 SEE 华软资本环保慈善信托

"中信北京市企业家环保基金会 2016 阿拉善 SEE 华软资本环保慈善信托"总规模 100 万元,期限为 5 年,其委托人为华软资本管理集团股份有限公司,信托监察人为中伦律师事务所,该信托未来将资助致力于荒漠化防治、绿色供应链与污染防治、生态保护与自然教育、环保公益行业发展等领域的初创期中国民间环保组织。该信托合同约定每年用于资助的信托财产金额合计不低于 20 万元,但前四年累计不超过 100 万元,最后一个自然年度的支出不受金额限制。

"中信北京市企业家环保基金会 2016 阿拉善 SEE 华软资本环保慈善信托"是北京市备案成功的首单双受托人慈善信托。这是一类慈善组织和信托公司担任共同受托人的典型慈善信托模式。在这一模式下,信托公司和慈善组织同时接受委托人的委托，担任慈善信托的共同受托人，在信托合同中明确约定各自的权利和义务。在双受托人模式中，一般信托公司和慈善组织各自发挥所长，如由信托公司专门负责信托财产的账户管理、资产保值增值、信息披露等期间管理事务，由慈善组织负责公益项目的策划和执行，这样能够发挥慈善组织和信托公司各自的优势，更好地实现委托人的需求和慈善目的。

第三节　我国慈善信托的发展趋势

在不断增长的慈善需求和《慈善法》颁布实施的背景下，发展慈善信托，发挥慈善信托的优势，对于促进我国慈善事业的发展具有重要意义。

一、慈善信托的优势

从国际经验来看，公益慈善事业以信托的方式开展比较普遍。慈善信托的重要优势是慈善事业与信托制度的结合。基于信托所具有的制度优势，作为一种独立开展慈善活动的方式，慈善信托主要有如下优势：

（一）慈善信托设立简单，运作成本低

基金会等慈善组织的设立需要经民政部门的批准，需要具备一定数额的注册资金、需要有自己的章程、住所、组织机构和负责人以及与其业务活动相适应的专职工作人员，只有满足监管部门规定的所有条件才能获批设立。而慈善信托的设立只需要签订书面信托合同并备案，设立门槛低，不存在资金门槛要求，无须设置专门的工作场所和工作人员，运营成本低。

（二）慈善信托可以更好地体现委托人的意愿

慈善信托可以由一个或多个委托人发起设立，委托人可以通过信托合同与受托人就慈善目的、信托存续期限、信托财产的使用及管理运用方向、受益人筛选方式及范围、财产使用、委托人的权利以及受托人的义务等要素进行明确约定，确保慈善目的的实现。除此之外，通过设立慈善信托，委托人可以更好地实现财富与慈善事业的结合，尤其是当委托人具有大额捐赠需求时，设立慈

善信托更有利于实现委托人的意思自治。

（三）慈善信托可以实现财产独立和风险隔离

根据信托制度的优势，慈善信托财产既独立于委托人的财产，也独立于受托人的固有财产和其他信托财产，能够有效实现与委托人和受托人的财产独立和风险隔离。除此之外，慈善信托需要设立专门的信托账户对信托财产进行管理，信托账户之间相互独立，委托人可以清楚地了解信托财产的使用及管理运用情况。

（四）慈善信托运作非常灵活

慈善信托用于慈善目的的财产运用遵循合法、安全、有效的原则，投资运用没有明确的限制，对于慈善信托财产的管理运用也不存在限制，慈善信托财产可以进行更多保值增值的投资运用，以期实现更多的慈善支出。由于民政部对于传统基金会每年的支出比例存在明确要求，如果没有持续的捐赠收入，基金会很难实现留本和长期持续运作。由于慈善信托不存在上述限制，可根据慈善目的的需要设定存续期和灵活设置慈善支出比例，慈善信托的存续期可以短至一年，也可长至几十年或是永续存在。

（五）慈善信托管理规范

信托作为一种制度安排和法律关系，在《信托法》颁布实施以来，已经在我国规范运作了近 20 年。《信托法》对信托当事人的权利和义务、对信托受托人的尽职履责进行了规定，这些约束机制的存在使得慈善信托在信托财产的管理及使用上更为规范透明。此外，委托人设立慈善信托既可选择慈善组织作受托人，也可选择信托公司作受托人，这两类机构各有专长，通过引入适当竞争机制可以促进专业化分工，有助于提高慈善财产的管理运用效率，更好地实现慈善财产的保值增值，实现更大的慈善价值。

综上，慈善信托是一种可与慈善捐赠并行的开展慈善事业的新方式，可为社会公众参与慈善事业提供一种新的选择。

二、发展慈善信托所面临的问题

发展慈善信托将有效促进慈善事业的发展。通过动员社会力量共同参与慈善事业有助于改善民生、促进社会和谐，在全社会弘扬正能量的价值观，保障社会稳定。

慈善事业是传递社会爱心和正面价值观的事业。一个社会慈善事业的发达程度也是其经济及社会文明发达程度的体现。在美国，慈善事业非常发达，其慈善组织体系庞大，具有很强大的社会影响力，慈善组织与政府部门、企业部门并列为"第三部门"。

近些年，我国的慈善事业取得了较好的发展。一方面，受国家政策大力支持以及民间开展慈善事业积极性提高的刺激，从事公益慈善事业的公益慈善组织数量持续扩张。截至2017年底，全国社会组织的数量达到76.2万个，其中社会团队35.5万个，民办非企业单位为40.0万个，基金会达6307个。另一方面，随着社会经济的不断发展和社会财富的不断积累，企业、个人的慈善需求日益增长，越来越多的企业和个人通过慈善捐赠的方式参与到慈善事业的发展中来。根据民政部《2017年社会服务发展统计公报》的数据，官方统计的社会慈善捐赠额整体呈增长的态势，2013年为566亿元，2014年为604亿元，2015年为654.6亿元，2016年为827.0亿元，2017年为754.2亿元。但是，我国的慈善事业发展与发达国家相比，还存在较大差距，具体表现为以下几个方面：

（一）慈善捐赠的供给远不能满足需求，慈善事业的发展面临瓶颈

国际上，过去相当长的一段时间内，美国慈善捐赠总额占GDP的比重维持在2%的水平，英国的慈善捐赠额占GDP比重则呈现稳步上升的趋势。而根据民政部发布的社会服务发展公报数据统计，2013~2017年，国内慈善捐赠占GDP的比重平均只有0.1%。2008年汶川地震后，国内掀起了慈善捐赠的高潮，当年社会捐赠达到1070亿元左右，企业掀起亿元捐赠潮。但是，2011年受"郭美美"等事件的影响，公益慈善组织的公信力受到质疑，社会公众对公益慈善组织的信任度剧减，社会慈善捐赠热情明显下滑，当年捐赠额大幅下降至490多亿元。近些年来，国内社会捐赠额有所恢复，但经历十年之久尚未恢复至2008年的水平，这与我国GDP持续增长和社会财富总量的增长趋势完全失去了相关性，凸显现有的公益慈善事业的制度体系、组织模式已经难以适应慈善事业的发展。

（二）个人捐赠占比低，公众慈善意识有待提升

在国内的社会捐赠中，企业捐赠占据绝对主导。在志愿服务方面，经测算实际共有6093万名活跃志愿者通过131万家志愿服务组织参与了志愿服务活动，在我国人口中的占比未超过5%。这与美国个人捐赠占主导是明显不同的。

美国社会公众支持慈善事业的主要方式为慈善捐赠和志愿服务。美国公众参与慈善捐赠的比例达到 67%，而提供志愿服务的公众人数占比也达 25.4%。可见美国公众的慈善意识扎根广泛，不仅富人乐于做慈善，普通公众也热心慈善，慈善呈现大众化的特点（见图 2-2）。

图 2-2　我国慈善捐赠情况

资料来源：民政部：《2017 年社会服务发展统计公报》。

（三）慈善开展方式以及慈善捐赠财产类型单一

目前，国内拥有慈善意愿的个人和企业一般通过向慈善组织捐赠或者直接向受益人捐助的方式开展慈善活动，少数具备实力的个人和企业也可以自行发起设立非公募基金会，这种方式可以更好地实现自身的慈善意愿，但基金会的设立运作成本高，管理难度大，专业化要求高，一般的个人或企业通过这种方式来开展慈善事业在操作上难以实现。另外，由于税收优惠政策的不健全，非货币财产和财产权利形式的捐赠非常少，目前慈善捐赠以资金为绝对主导。社会财富已经以多种资产类型存在，同时随着证券化程度的不断提升，股权资产的占比持续提升，股权捐赠的需求也日益增多。21 世纪以来，我国从不允许捐赠股权到捐赠股权视同股权转让需补缴税款，到财政部、国家税务总局于 2016 年 4 月 20 日发布了《关于公益股权捐赠企业所得税政策问题的通知》文件，股权境内捐赠视同转让，但可以按历史成本计价，非货币捐赠在税务政策中已经取得了巨大的进步。

（四）税收优惠问题亟待明确

《慈善法》在第九章促进措施中，明确了慈善捐赠者、慈善组织及其取得的收入、受益人接受慈善捐赠依法享受税收优惠，但是对于慈善信托的委托人、受托人及受益人的税收优惠，《慈善法》仅在第四十四条中表示，未按规定将慈善信托设立相关文件报民政部门备案的，不享受税收优惠。据此条反推，如果不备案，则慈善信托无法享受税收优惠。但是慈善信托可以享受哪些税收优惠，在哪些环节享受税收优惠，除备案以外享受税收优惠还需满足哪些条件，以及具体业务中应当如何操作，财税部门尚未出台具体的政策。

（五）非货币财产登记仍面临问题

与常规的信托业务类似，慈善信托也面临着非货币财产登记难题。设立慈善信托的财产既可以是货币资金，也可以是股权、证券、不动产等非货币财产。由于社会财富的存在形态越来越多样化，不动产、股权占比逐年提升，现实中也将存在大量以不动产、股权进行慈善捐赠或是设立慈善信托的需求。不过，目前落地的慈善信托在财产类型上全都是资金信托，信托财产类型非常单一，这主要是因为目前以非货币财产设立慈善信托存在两个方面的障碍：一方面，因为我国尚未建立信托财产登记制度，以不动产、股权等非货币财产设立信托尚无明确的信托登记办法，无法有效实现信托财产的独立性和风险隔离，这也是我国营业信托中资金信托占据绝对主导地位的重要原因；另一方面，慈善信托的税收优惠政策尚未推出，以非货币财产尤其是股权设立慈善信托涉及的非交易过户在税费和登记机关审批上都遇到了很多障碍。

三、我国慈善信托发展趋势

（一）慈善信托影响力不断加深

在目前已经落地的慈善信托中，受托人主动发起占主导，信托财产主要还是通过受托人及关联方、内部员工等渠道募集。比如"中国平安教育发展慈善信托计划"的受托资金全部来自平安集团、下属子公司及内部员工捐赠，平安信托也投入自有资金 200 万元；国投泰康设立的"国投慈善 1 号慈善信托"的委托人为国投集团，长安信托设立的"长安慈——山间书香儿童阅读慈善信托"资金主要来自公司员工捐赠。由于资金来源渠道还不够广泛，已经落地的慈善信托普遍规模较小，这主要是因为慈善信托作为一种新的慈善方式，社会公众认知度和接受度还比较低，尤其是对于以信托公司担任受托人来开展慈善信托的社会认知度更低。未来信托公司还需要加强向社会公众的宣传力度，吸引、动员更广泛的社会力量来参与到慈善信托中来。

在信托报酬方面，受托报酬较低，普遍为 0.2%~0.7%，部分受托人、监察人甚至不收信托报酬。过去，信托公司在开展公益信托的实践中，绝大多数都不收取信托报酬，这主要是因为公益信托开展数量少，规模普遍较小，即使收取报酬，收取的规模也非常有限，所以很多公司更多的是将公益信托作为公司践行社会责任、回报社会以及宣传企业品牌形象的一种方式。相比于公益信托，慈善信托已经有所进步，约定收取一定比例信托报酬的慈善信托数量逐步增加，表明信托公司在以理性、可持续的思路来开展慈善信托业务，希望建立可持续的商业模式。

（二）慈善信托业务模式不断创新

设立慈善信托的财产既可以是货币资金，也可以股权、证券、不动产等非货币财产，由于社会财富的存在形态越来越多样化，不动产、股权占比逐年提升，现实中也将存在大量以不动产、股权进行慈善捐赠或是设立慈善信托的需求。不过，目前落地的慈善信托在财产类型上全部都是资金信托，信托财产类型非常单一，这主要是因为目前以非货币财产设立慈善信托存在两个方面的障碍：一方面，因为我国尚未建立信托财产登记制度，以不动产、股权等非货币财产设立信托尚无明确的信托登记办法，无法有效实现信托财产的独立性和风险隔离；另一方面，慈善信托的税收优惠政策尚未推出，涉及以非货币财产设立慈善信托的税收优惠政策更无从谈起。考虑到越来越多的富人财富将以上市公司股权形态存在，大额股权捐赠潜在需求旺盛，未来应尽快出台支持以不动产、股权等设立慈善信托的相关配套政策，包括非交易过户、设立环节的税收优惠等，以此推动信托公司积极挖掘客户以非货币财产设立慈善信托的需求，做大慈善信托影响力。

在慈善信托的税收优惠政策没有落地、信托公司作为受托人不能开具捐赠抵税凭证之前，慈善组织作为委托人、信托公司作为受托人的业务模式仍然将是信托公司和慈善组织合作的主流模式之一，未来一旦信托公司具备开具捐赠发票的资格，就无须再借助慈善组织的通道来募集善款，慈善组织作为委托人的业务模式运用将减少。

不过，即便信托公司作为受托人可以直接开具抵税凭证，信托公司和慈善组织仍然有广泛的业务合作空间，但在业务模式上，未来信托公司作为受托人、慈善组织作为公益项目执行人或公益顾问的模式将占据更主导的地位。这主要是因为信托公司虽然拥有成熟的组织构架、管理制度、受托管理经验，并具有专业的资产管理能力，但信托公司毕竟是营利性金融机构，在慈善项目运作能力及经验方面较为缺乏；而慈善组织具有丰富的捐赠资源、慈善项目运作能力及经验，长期致力于慈善事业发展，未来在慈善信托的发展中，信托公司还是需要与慈善组织分工合作，优势互补，并以此建立可持续的长期战略合作关系，共同推动慈善和信托的融合，促进慈善信托的发展。

（三）慈善信托应用领域不断拓展

由于地区经济发展不平衡，政府社会服务功能还不完善，一方面，我国需要通过大力发展慈善事业、发动社会力量来弥补上述不足，以此促进社会公平及和谐发展。另一方面，随着社会财富的积累和文明程度的提高，整个社会的慈善意愿也越来越强。为了更好地匹配慈善供给和需求，推动慈善事业发展上台阶，需要积极发挥慈善信托这一新的慈善方式的作用。

基于信托的制度优势，慈善信托具有安全、灵活、高效、透明、规范等特点，能够更好地满足个人及机构参与支持慈善事业发展的意愿。由于民政部和银监会联合发布的《关于做好慈善信托备案有关工作的通知》也明确鼓励慈善信托的实践创新，加之信托公司在运用信托制度优势进行业务创新方面具有非常丰富的经验，预计未来信托公司将根据委托人的意愿和需求，围绕慈善目的的细分领域、信托财产类型、信托财产的运用方式、运作模式等进行创新，提供更加丰富的慈善信托产品，更好地实现委托人的慈善意愿和满足社会公众利益诉求。

随着经济的发展和社会财富的持续积累，我国已经进入了财富传承需求爆发的初期，目前信托公司承载财富传承功能的家族信托业务需求旺盛。不少具有社会责任意识的企业家、高净值个人客户在向后代传承物质财富的同时，也希望向下一代传承家族的精神财富，由此产生了在家族信托中嵌入慈善意愿的需求。从短期来看，由于信托公司不是专门从事慈善事业的机构，慈善信托作为一项独立的业务还缺乏有力的支撑点，但是由于信托公司有着大量高净值客户资源，信托公司可以在开展家族信托业务的同时，积极挖掘客户的慈善需求，通过"家族信托＋慈善信托"或是包含慈善目的的家族信托等模式来帮助客户实现物质和精神财富的传承需求，这将是信托公司区别于其他家族财富管理机构的独特优势。

（四）慈善信托运行制度将不断完善

虽然《慈善法》的颁布对慈善信托的发展具有重要的促进作用，解决了《信托法》中公益事业管理机构不明确的缺陷，但税收优惠、信托登记等法律法规制度的制定和完善，是促进慈善信托业务发展的一项首要的改革任务。

发达国家的公益信托或公益性的私人基金会的一个重要特点，就是对于企业和个人而言，具有十分重要的避税功能，特别是面对高遗产税，公益捐赠自然就成了公民的捐赠目的。而我国尚无遗产税，也没有对公益信托提供税收优惠政策。相反，中国信托业务税收制度中，甚至存在重复征税的问题，特别是在不动产的信托设立转让过程中。

从发达国家的情况来看，19世纪，英国政府设立公益委员会，作为公益信托的监督、检查与辅导机关。第二次世界大战后，公益信托法制与营运委员会成立，1960年通过《公益法》，之后历经多次修正，对于公益活动的主体（包含公益法人与公益信托）、主管机关权限的强化、确立登记制度与免费财产管理机制等都有详尽规定。英国的公益信托制度经过几百年曲折发展，如今已经形成了一个十分成熟而又完备的运作体系。当前，英国的公益信托事业在现代社会中十分活跃，可以说社会生活的方方面面都受到公益信托的影响。英国于2005年初便拥有超过20万家注册的慈善组织，仅2009年注册的慈善机构已超过7000家。据英国公益委员会报告显示，英国注册的公益机构，总资产超过了1700亿英镑，年总收益超过530亿英镑。另外，在英国有超过800万的雇员是职业养老金项目的成员。美国在独立革命之前，完全继受了英国的公益信托制度。时至今日，美国各州均已承认公益信托的有效性。此外，美国有相当多的州均制定了信托法典，而且美国国会也颁布了关于信托的一些单行成文法规。如1939年的《信托合同法》、1940年的《投资公司法》，这两部法律一直沿用至今。在日本，受托人以信托银行居多。日本对公益信托的税法规范，对个人与法人采取不同的办法，且税法上的优惠措施仅适用于金钱捐赠，其他如物质财产或不动产捐赠尚未被纳入此优惠范围。委托人为个人时，可享有免征捐赠部分之所得税、遗产税，若委托人为法人时，其捐赠金额可列入费用认列额度中。

总体而言，为了推动慈善信托业务的发展壮大，未来还需要集行业之力，站在更高的角度去认识慈善信托，并积极地开展慈善信托业务，让更多的社会公众了解慈善信托，了解信托公司的慈善信托业务，汇聚更多慈善资源来设立或参与慈善信托。

第三章

我国慈善信托相关法规

我国积极推动慈善信托的发展。《慈善法》出台后，各地相继出台相应的慈善信托管理办法，2017 年，银监会、民政部联合印发了《慈善信托管理办法》，成为慈善信托重要的实施准则，这也标志着我国慈善信托的法规体系得以确立。当前，我国慈善信托主要遵循《信托法》《慈善法》及民政部和财政部的相关规范。

第一节 信托法中的公益信托

《信托法》于 2001 年 4 月 28 日第九届全国人民代表大会常务委员会第二十一次会议通过。《信托法》中对于公益信托的规定是我国最早对于公益信托的法律界定。

一、信托法关于公益信托的界定

《信托法》就公益信托进行了专章规定。按照《信托法》的规定，《信托法》所规范的信托活动包括民事信托、营业信托、公益信托三类。其中，《信托法》第六章全章第五十九条至第七十三条专门规范公益信托。

（一）《信托法》对公益信托范围的界定

公益信托关系到公共利益，因此，公益信托的范围应有严格的界定。根据《信托法》第六章第六十条的规定，为了下列公共利益目的之一而设立的信托，属于公益信托：①救济贫困；②救助灾民；③扶助残疾人；④发展教育、科技、文化、艺术、体育事业；⑤发展医疗卫生事业；⑥发展环境保护事业，维护生态环境；⑦发展其他社会公益事业。《信托法》通过列举式和概括式两种方式的结合对公益信托的范围作了规定，这一范围与我国公益事业捐赠法规定的公益事业的范围基本一致。

（二）《信托法》对公益信托绝对公益的界定

根据《信托法》第六十三条规定，公益信托的信托财产及其收益，不得用于非公益目的。本规定即要求，公益信托在实施过程中，应严格按照《信托法》和信托文件的规定，将信托财产及其收益用于公益目的。《信托法》规定的公益目的为绝对公益，信托财产及收益不得用于非公益目的，以确保公益目的的实现。

（三）《信托法》对公益信托当事人界定

根据《信托法》第六十四条的规定，公益信托应当设置信托监察人。即按照《信托法》的规定，公益信托的当事人包括委托人、受托人、受益人、监察人等，其中对设置信托监察人的要求为《信托法》中对于公益信托的特别规定，且明确了信托监察人享有的权利。根据《信托法》第六十四条的规定，信托监察人有权以自己的名义，为维护受益人的利益，提起诉讼或者实施其他法律行为。

与私益信托不同，公益信托成立时并没有明确的受益人，同时，在公益信托的执行中，受益人为不特定的社会公众，范围比较广泛，因此受益人对受托人的信托活动进行监督难以操作，所以《信托法》要求在公益信托中设置信托监察人，以更好地加强对公益信托的监督，更有利于保证公益信托目的的实现。

（四）《信托法》对公益信托实施中公益事业管理机构重要性的规定

由于公益信托涉及社会公共利益，因此对公益信托的管理和监督较严。在公益信托的设立实施中，除符合《信托法》规定的信托设立要求，包括必须要有合法的信托目的和确定的信托财产（且该信托财产必须是委托人合法所有的财产）、采取书面形式、办理信托登记等之外，基于对公益信托的严格管理，为确保公益信托目的的实现，《信托法》对公益事业的管理机构在公益信托的设立和实施中的角色进行了多处规定，体现了公益事业的管理机构在公益信托中的重要性。一是对公益信托的设立规定了审批制，要求经有关公益事业的管理机构批准；二是对公益信托受托人的确定、辞任、责任的履行等也规定了审批制，包括受托人的确定要经公益事业管理机构批准，受托人的辞任必须经公益事业管理机构批准，受托人违反信托义务或者在无能力履行职责的情况下，由公益事业管理机构变更受托人；三是未经公益事业管理机构的批准，不得以公益信托的名义进行活动；四是变更信托文件的权力在公益事业管理机构，公益信托成立后，发生设立信托时不能预见的情形，公益事业管理机构可以根据信托目的，变更信托文件中的有关条款；五是公益信托终止时规定了审批制，公益信托终止时，受托人作出的处理信托事务的清算报告，经信托监察人认可后，应报公益事业管理机构核准。

二、《信托法》对公益信托界定的不足

尽管《信托法》对公益信托进行了专章规定，但公益信托的法律基础还是比较薄弱，《信托法》对公益信托界定不足，主要包括以下两点：

其一，未就公益事业管理机构进行明确。《信托法》强调公益事业管理机构对于公益信托的行政监管，且公益事业管理机构对公益信托实施审批制，但是由于其并未对公益事业管理机构进行明确规定，实践中相关监管部门因自身并未获得明确的审批权限而不愿意接受公益信托的设立申请，公益信托审批非常困难。

其二，对公益信托的运行规定不够明确。从国际经验来看，公益信托是促进社会公益慈善事业发展的重要制度，但是对于公益信托的规定过于原则化、过于笼统，且不够明确，造成在实际操作中遇到了较多障碍，阻碍了公益信托的发展。

第二节　慈善法中的慈善信托

《慈善法》于 2016 年 3 月 16 日第十二届全国人民代表大会第四次会议通过。《慈善法》首次对慈善信托进行法律界定，掀开了慈善事业新的篇章。

一、慈善法关于慈善信托的界定

根据《慈善法》第五章第四十四条：本法所称慈善信托属于公益信托，是指委托人基于慈善目的，依法将其财产委托给受托人，由受托人按照委托人意愿以受托人名义进行管理和处分，开展慈善活动的行为。这与英国《2000 年受托人法》第 39 条规定的"慈善信托是为了慈善目的而持有财产的信托"是基本一致的。根据《慈善法》的规定，慈善信托区别于营业信托、民事信托的五个基本特征如下：

（一）慈善信托是基于慈善目的而设立的信托

慈善目的是慈善信托区别于其他信托的根本。要实现慈善目的，需要依托慈善活动的开展，《慈善法》第三条中对慈善活动进行了规定，即本法所称慈善活动，是指自然人、法人和其他组织以捐赠财产或者提供服务等方式，自愿开展的下列公益活动：①扶贫、济困；②扶老、救孤、恤病、助残、优抚；③救助自然灾害、事故灾难和公共卫生事件等突发事件造成的损害；④促进教育、科学、文化、卫生、体育等事业的发展；⑤防治污染和其他公害，保护和改善生态环境；⑥符合本法规定的其他公益活动。

在各国对慈善信托进行定义时，慈善目的都是最核心、最首要的元素。慈善目的的存在，决定了财产的转移行为和慈善信托的设立。论及具体的慈善目的，虽然各国普遍一致地将促进教育、医疗、环保、科技、文化事业发展纳入慈善目的范畴，但在具体领域上还是存在差异。例如，英国、中国都将扶贫济困列为慈善目的，但是日本、我国台湾地区则没有将其纳入慈善目的范畴；英国、美国、日本及我国台湾地区都将促进宗教事业发展纳入了慈善目的之列，慈善信托与宗教的关系密切，而我国由于国情的原因，则未包含宗教事业。

（二）慈善信托的受益人是不特定的

受益人不特定是慈善信托区别于其他信托的另一个重要特征。慈善信托的合同文件仅对受益人的资格条件和范围进行规定，受托人根据相关的条件和范围筛选确定最终的受益人。受益人的不特定是为了确保慈善目的的公益性以及纯粹性，防止利用慈善信托进行利益输送。

（三）慈善信托的财产和收益必须全部用于慈善目的

虽然《慈善法》中并没有对慈善信托慈善目的的纯粹性做出要求，但是由于慈善信托属于公益信托，那么《信托法》中"公益信托的信托财产及其收益不得用于非公益目的"的规定也适用于慈善信托，慈善信托的慈善目的是纯粹的、排他的。

（四）慈善信托设立应进行备案

慈善信托除了要签订书面合同确定有关信托事项之外，受托人还应当在慈善信托文件签订之日起七日内，将相关文件向受托人所在地县级以上人民政府民政部门备案。未按照前款规定将相关文件报民政部门备案的，不享受税收优惠。

（五）慈善信托的受托人只能由慈善组织或者信托公司担任

受托人掌握着信托财产的所有权，并担负着为受益人利益而管理或处分信托财产的职责，在信托关系中居于核心地位。《慈善法》第四十六条明确规定慈善信托的受托人可以由委托人确定其信赖的慈善组织或者信托公司担任。对受托人的资格进行明确规范是《慈善法》的一大进步，因为《信托法》并未对公益信托的受托人进行专门规范，原则上，公益信托的受托人可以是自然人，并非一定要由法人来担任。《慈善法》将受托人的范围缩窄至只包含慈善组织和信托公司这两类机构，这有助于慈善信托获得更规范的发展。

二、慈善法与信托法的关系

《慈善法》与《信托法》因慈善信托而互相关联、相互补充，是构成我国慈善信托法律体系的两大支柱。《信托法》出台后，到 2019 年一直没有进行修订，未来《信托法》的修订还需要充分考虑与《慈善法》中慈善信托的相关规定进行衔接，并可对《慈善法》中尚未考虑全面的问题进行补充，以此不断完善慈善信托的监管法律体系。

《慈善法》规定慈善信托属于公益信托，但《慈善法》第五章仅用了较少篇幅对慈善信托的定义、设立要求、受托人资格及义务、监管等进行了专章规范，相比于《信托法》中对公益信托做出了 15 条的专章规定，慈善信托运作的很多细节还有待进一步明确。正因为如此，《慈善法》第五十条规定：慈善信托的设立、信托财产的管理、信托当事人、信托的终止和清算等事项，本章未规定的，适用本法其他有关规定；本法未规定的，适用《信托法》的有关规定。《慈善法》没有规定，需要适用《信托法》的地方包括慈善信托的纯公益性问题以及适用近似目的原则问题。《信托法》规定公益信托的信托财产及其收益，不得用于非公益目的，《慈善法》对此没有明确规定，由于慈善信托属于公益信托，所以慈善信托应适用《信托法》的规定，慈善信托的财产及其收益不得用于非公益目的。此外，《慈善法》没有对慈善信托终止时的剩余财产安排进行明确，因此，当慈善信托终止时，其剩余财产处置应遵循《信托法》第七十二条中所规定的适用近似目的原则。

《慈善法》与《信托法》存在较多不一致的地方。根据《中华人民共和国立法法》（以下简称《立法法》）的精神，对于《慈善法》和《信托法》规定不一致的条款，在法律适用方面遵循上位法优于下位法、特别法优于一般法、新法优于旧法的原则，由于《慈善法》是新法，新的规定与旧的规定不一致的地方，应适用《慈善法》。主要不一致的地方，我们已经在前文中进行了讨论，这些其实都是《慈善法》相比《信托法》进步的地方，体现了《慈善法》的立法精神。

由于《慈善法》对慈善信托进行规范的条款较少，对于慈善信托财产管理、信托终止、清算等事项都没有提及，因此还是需要参照《信托法》中的有关规定。但如果直接适用《信托法》，又可能存在与《慈善法》立法精神及某些条款不太衔接的地方，具体来说，主要存在以下几个方面的问题：

（一）关于信托条款的变更

《信托法》规定，公益信托成立后，发生设立信托时不能预见的情形，公益事业管理机构可以根据信托目的，变更信托文件中的有关条款。《慈善法》并未对同样情形下信托条款变更权归属问题进行明确规定，从其立法精神来推断发生设立信托时不能预见的情形时，如果委托人在信托合同中事先约定了解决方式，则应该遵循合同约定，如果没有相关约定，则应该适用《信托法》的规定。由于《信托法》中的公益事业管理机构未专指民政部门，是否赋予民政部门在特定情形下变更信托文件中有关条款的权力还需要明确。

（二）关于慈善信托终止的事项

《慈善法》中对于信托终止时的剩余财产如何处置没有做出相应的规定。但《信托法》第七十二条规定：公益信托终止，没有信托财产权利归属人或者信托财产权利归属人是不特定的社会公众的，经公益事业管理机构批准，受托人应当将信托财产用于与原公益目的相近似的目的，或者将信托财产转移给具有近似目的的公益组织或者其他公益信托。由此可见，慈善信托也应适用近似目的原则，但是对于其适用近似目的是否需要经民政部批准则有待监管政策明确。

（三）关于慈善信托的清算

《慈善法》中没有对慈善信托清算报告的信息披露做出规定，如果按照《慈善法》中"本法未规定的，适用《信托法》的有关规定"原则，慈善信托的清算应适用《信托法》中公益信托的相关规定。根据《信托法》第七十一条：公益信托终止的，受托人作出的处理信托事务的清算报告，应当经信托监察人认可后，报公益事业管理机构核准，并由受托人予以公告。如果按此执行，这意味着慈善信托的清算报告还需要报民政部门核准，这与《慈善法》简化信息披露的行政监管意图不相符合（见表3-1）。

表3-1　《慈善法》与《信托法》的冲突与互补

要素	《信托法》	《慈善法》
慈善信托目的	不适用	扶贫济困；扶老、救孤、恤病、助残、优抚；救助自然灾害、事故灾害和公共卫生事件等突发事件造成的损害；促进教育科学、文化、卫生、体育等事业的发展；防治污染和其他公害，保护和改善生态环境；符合本法规定的其他公益活动
慈善信托设立	不适用	信托合同签订后7日内向民政部门备案；不备案不可享受税收优惠
受托人辞任及变更	公益信托的受托人未经公益事业管理机构批准，不得辞任	慈善信托的受托人违反信托义务或者无能力履行其职责的，由委托人变更受托人
纯公益性	公益信托的信托财产及其收益，不得用于非公益目的	没有明确规定
慈善信托终止时的近似目的原则	公益信托终止，没有信托财产权利归属人或者信托财产权利归属人是不特定的社会公众的，经公益事业管理机构批准，受托人应当将信托财产用于与原公益目的相近似的目的，或者将信托财产转移给具有近似目的的公益组织或者其他公益信托	没有明确规定

续表

要素	《信托法》	《慈善法》
信托条款变更	公益信托成立后，发生设立信托时不能预见的情形，公益事业管理机构可以根据信托目的，变更信托文件中的有关条款	没有明确规定
慈善信托清算	公益信托终止的，受托人作出的处理信托事务的清算报告，应当经信托监察人认可后，报公益事业管理机构核准，并由受托人予以公告	没有明确规定

第三节　慈善信托管理办法

为贯彻落实党中央决策部署，规范慈善信托，保护慈善信托当事人的合法权益，促进慈善事业发展，2017 年 7 月，银监会、民政部联合印发了《慈善信托管理办法》。《慈善信托管理办法》标志着我国慈善信托规制体系基本建立。《慈善信托管理办法》共九章 65 条，涵盖了总则、慈善信托的设立、慈善信托的备案、慈善信托财产的管理和处分、慈善信托的变更和终止、促进措施、监督管理和信息公开、法律责任、附则九个方面的内容。

一、慈善信托管理办法对慈善信托设立的要求

《慈善信托管理办法》第二章整章第七条至第十四条规定了对慈善信托设立的要求，具体包括：

（一）信托目的要求

设立慈善信托，必须有合法的慈善信托目的。同时，慈善信托慈善目的范围包括：①扶贫、济困；②扶老、救孤、恤病、助残、优抚；③救助自然灾害、事故灾难和公共卫生事件等突发事件造成的损害；④促进教育、科学、文化、卫生、体育等事业的发展；⑤防治污染和其他公害，保护和改善生态环境；⑥符合《慈善法》规定的其他公益目的。

（二）信托当事人要求

慈善信托设立时的当事人包括委托人、受托人、受益人、监察人等。其中，慈善信托的委托人应当是具有完全民事行为能力的自然人、法人或者依法成立的其他组织。慈善信托的受托人可以由委托人确定其信赖的慈善组织或者信托公司担任。慈善信托的委托人不得指定或者变相指定与委托人或受托人具有利害关系的人作为受益人。慈善信托的委托人根据需要，可以确定监察人。

（三）信托财产要求

设立慈善信托时，必须有确定的信托财产和财产权利，并且该信托财产必须是委托人合法所有的财产和财产权利。

（四）设立形式要求

设立慈善信托、确定受托人和监察人，应当采取书面形式。书面形式包括信托合同、遗嘱或者法律、行政法规规定的其他书面文件等。

（五）信托文件要求

慈善信托文件应当载明下列事项：①慈善信托名称；②慈善信托目的；③委托人、受托人的姓名或者名称、住所，如设置监察人，监察人的姓名或者名称、住所；④受益人范围及选定的程序和方法；⑤信托财产的范围、种类、状况和管理方法；⑥年度慈善支出的比例或数额；⑦信息披露的内容和方式；⑧受益人取得信托利益的形式和方法；⑨信托报酬收取标准和方法。除前述所列事项外，可以载明信托期限、新受托人的选任方式、信托终止事由、争议解决方式等事项。

二、慈善信托管理办法对慈善信托备案的要求

《慈善信托管理办法》第三章整章第十五条至第二十二条规定了对慈善信托设立的要求，具体包括：

（一）备案时限要求

受托人应当在慈善信托文件签订之日起 7 日内，将相关文件向受托人所在

地县级以上人民政府民政部门备案。未按照此规定将相关文件报民政部门备案的，不享受税收优惠。

（二）备案部门要求

信托公司担任受托人的，由其登记注册地设区市的民政部门履行备案职责；慈善组织担任受托人的，由准予其登记或予以认定的民政部门履行备案职责。

同时，如采用双受托人模式或多受托人模式，即同一慈善信托有两个或两个以上的受托人时，委托人应当确定其中一个承担主要受托管理责任的受托人按照规定进行备案。

（三）备案申请材料要求

慈善信托的受托人向民政部门申请备案时，应当提交以下书面材料：①备案申请书；②委托人身份证明（复印件）和关于信托财产合法性的声明；③担任受托人的信托公司的金融许可证或慈善组织准予登记或予以认定的证明材料（复印件）；④信托文件；⑤开立慈善信托专用资金账户证明、商业银行资金保管协议，非资金信托除外；⑥信托财产交付的证明材料（复印件）；⑦其他材料。

如后期发生增加新的委托人、增加信托财产、变更信托受益人范围及选定的程序和方法等事项，慈善信托的受托人应当在变更之日起7日内向原备案的民政部门申请备案，并提交发生变更的相关书面材料。

如发生变更受托人事项，则变更后的受托人应当在变更之日起7日内，将变更情况报原备案的民政部门重新备案。申请重新备案时，应当提交以下书面材料：①原备案的信托文件和备案回执；②重新备案申请书；③原受托人出具的慈善信托财产管理处分情况报告；④作为变更后受托人的信托公司的金融许可证或慈善组织准予登记或予以认定的证明材料（复印件）；⑤重新签订的信托合同等信托文件；⑥开立慈善信托专用资金账户证明、商业银行资金保管协议，非资金信托除外；⑦其他材料。

三、慈善信托管理办法对慈善信托财产的管理和处分的要求

《慈善信托管理办法》第四章整章第二十三条至第三十六条规定了对慈善信托财产的管理和处分的要求，具体包括：

（一）管理和处分信托财产的原则

管理和处分信托财产的原则有两点：一是绝对公益，即慈善信托财产及其收益，应当全部用于慈善目的；二是受托人管理和处分慈善信托财产，应当按照慈善信托目的，恪尽职守，履行诚信、谨慎管理的义务。

（二）合理报酬要求

受托人除依法取得信托报酬外，不得利用慈善信托财产为自己谋取利益。

（三）托管要求

信托财产为货币形式的慈善信托，应当委托商业银行担任保管人，并且依法开立慈善信托资金专户；信托财产为非货币形式的慈善信托，当事人可以委托第三方进行保管。

（四）亲自管理要求

受托人应当自己处理慈善信托事务，但信托文件另有规定或者有不得已事由的，可以委托他人代为处理。受托人依法将慈善信托事务委托他人代理的，应当对他人处理慈善信托事务的行为承担责任。受托人因依法将慈善信托事务委托他人代理而向他人支付的报酬，在其信托报酬中列支。

（五）分别管理、分别记账要求

受托人必须将慈善信托财产与其固有财产分别管理、分别记账，并将不同慈善信托的财产分别管理、分别记账。

（六）谨慎投资要求

慈善信托财产运用应当遵循合法、安全、有效的原则，可以运用于银行存款、政府债券、中央银行票据、金融债券和货币市场基金等低风险资产，但委托人和信托公司另有约定的除外。

（七）信息披露要求

受托人应当根据信托文件和委托人的要求，及时向委托人报告慈善信托事务处理情况、信托财产管理使用情况。

（八）文件保管要求

受托人应当妥善保存管理慈善信托事务的全部资料，保存期自信托终止之日起不少于 15 年。

（九）禁止性行为要求

慈善信托财产与受托人固有财产相区别，受托人不得将慈善信托财产转为其固有财产。

任何组织和个人不得私分、挪用、截留或者侵占慈善信托财产。

慈善信托的受托人应严格按照有关规定管理和处分慈善信托财产，不得借慈善信托名义从事非法集资、洗钱等活动。

受托人不得将其固有财产与慈善信托财产进行交易或者将不同委托人的信托财产进行相互交易，但信托文件另有规定或者经委托人同意，并以公平的市场价格进行交易的除外。

委托人、受托人及其管理人员不得利用其关联关系，损害慈善信托利益和社会公共利益，有关交易情况应当向社会公开。

（十）赔偿责任要求

受托人违反法律、行政法规和信托文件的规定，造成慈善信托财产损失的，应当以其固有财产承担相应的赔偿责任。

四、慈善信托管理办法对慈善信托的变更和终止的要求

《慈善信托管理办法》第五章整章第三十七条至第四十三条规定了对慈善信托变更和终止的要求，具体包括：

（一）变更受托人

慈善信托的受托人违反信托文件义务或者出现依法解散、法定资格丧失、被依法撤销、被宣告破产或者其他难以履行职责的情形时，委托人可以变更受托人。

值得注意的是，慈善信托的受托人不得自行辞任，信托文件另有规定的除外。

（二）慈善信托终止情形

慈善信托终止的情形包括：①信托文件规定的终止事由出现；②信托的存续违反信托目的；③信托目的已经实现或者不能实现；④信托当事人协商同意；⑤信托被撤销；⑥信托被解除。

（三）慈善信托终止后的程序要求

终止事由发生后的备案要求。自慈善信托终止事由发生之日起15日内，受托人应当将终止事由、日期、剩余信托财产处分方案和有关情况报告备案的民政部门。

终止后的信息披露要求。慈善信托终止的，受托人应当在30日内作出处理慈善信托事务的清算报告，向备案的民政部门报告后，由受托人予以公告。慈善信托若设置信托监察人，清算报告应事先经监察人认可。

终止时剩余信托财产使用要求。慈善信托终止，没有信托财产权利归属人或者信托财产权利归属人是不特定的社会公众，经备案的民政部门批准，受托人应当将信托财产用于与原慈善目的相近似的目的，或者将信托财产转移给具有近似目的的其他慈善信托或者慈善组织。

五、慈善信托管理办法对监督管理和信息公开的要求

《慈善信托管理办法》第七章整章第四十七条至第五十八条规定了对慈善信托监督管理和信息公开要求，具体包括：

（一）监督管理部门及职责

银行业监督管理机构负责信托公司慈善信托业务和商业银行慈善信托账户

资金保管业务的监督管理工作。县级以上人民政府民政部门负责慈善信托备案和相关监督管理工作。

民政部门和银行业监督管理机构根据各自法定管理职责，对慈善信托的受托人应当履行的受托职责、管理慈善信托财产及其收益的情况、履行信息公开和告知义务以及其他与慈善信托相关的活动进行监督检查。

民政部门和银行业监督管理机构根据各自法定管理职责，联合或委托第三方机构对慈善信托的规范管理、慈善目的的实现和慈善信托财产的运用效益等进行评估。

民政部门和银行业监督管理机构根据履行职责的需要，可以与受托人的主要负责人和相关人员进行监督管理谈话，要求就受托人的慈善信托活动和风险管理的重大事项作出说明。

（二）行业自律要求

行业组织应当加强行业自律，反映行业诉求，推动行业交流，提高慈善信托公信力，促进慈善信托事业发展。

（三）接受社会监督

任何单位和个人发现慈善信托违法违规行为的，可以向民政部门、银行业监督管理机构和其他有关部门进行投诉、举报。民政部门、银行业监督管理机构和其他有关部门接到投诉、举报后，应当及时调查处理。

国家鼓励公众、媒体对慈善信托活动进行监督，对慈善信托违法违规行为予以曝光，发挥舆论和社会监督的作用。

（四）信息披露要求

受托人信息披露要求。慈善信托的受托人应当在民政部门提供的信息平台上，发布以下慈善信息，并对信息的真实性负责：①慈善信托设立情况说明；②信托事务处理情况报告、财产状况报告；③慈善信托变更、终止事由；④备案的民政部门要求公开的其他信息。慈善信托的受托人应当于每年3月31日前向备案的民政部门报送慈善信托事务处理情况和慈善信托财产状况的年度报告。

监督管理部门信息披露要求。民政部门和银行业监督管理机构应当及时向社会公开下列慈善信托信息：①慈善信托备案事项；②慈善信托终止事项；③对慈善信托检查、评估的结果；④对慈善信托受托人的行政处罚和监管措施的结果；⑤法律法规规定应当公开的其他信息。

信息披露禁止性规定。涉及国家秘密、商业秘密、个人隐私的信息以及慈善信托的委托人不同意公开的姓名、名称、住所、通信方式等信息，不得公开。

第四节　慈善信托相关法律概念的比较

在慈善事业中，慈善信托与慈善捐赠、公益信托等都属于以慈善为目的、有相近但又有区分的概念。简单来说，慈善信托与慈善捐赠最大的不同在于法律关系不同，由此导致的涉及主体、书面文件、行为实施等有所区别；慈善信托从属于公益信托，但较公益信托在操作上更为明确，因而也更容易落地实施。

一、慈善信托与慈善捐赠

在慈善事业较为发达的英美国家，慈善捐赠和慈善信托是开展慈善事业的两种不同方式。在英国，1960 年的《慈善法》确立了慈善法人与慈善信托为慈善活动中互为补充的形式，且这种形式一直延续至今。英国的慈善信托经历了多个世纪，信托制度始终在英国慈善事业的发展中占据主导地位。美国很早引入了英国的慈善信托制度，慈善信托也获得了一定的发展，但在 20 世纪初，钢铁大王卡耐基创建了私人基金会模式，此后基金会逐步成为美国民间开展慈善事业的主要组织形式，向基金会、公共慈善组织进行慈善捐赠成为美国公众参与慈善的主要方式，设立慈善信托并不那么普遍。在日本，虽然其很早就引入了公益信托制度，但其公益信托的发展一直非常缓慢，社会影响力非常有限，公益法人在慈善事业的发展中占据主导地位。

在我国，慈善捐赠是公众参与慈善事业最主要的方式。1999 年，为了鼓励捐赠，规范捐赠和受赠行为，保护捐赠人、受赠人和受益人的合法权益，促进公益事业的规范发展，我国颁布了《中华人民共和国公益事业捐赠法》。此后，随着我国经济的持续增长和居民财富的不断积累，企业及个人进行公益捐赠的意识和积极性逐步提高，我国的公益捐赠事业也不断发展，尤其是在 2008 年，受汶川地震的影响，全社会的公益捐赠热情达到了高峰，当年社会捐赠额首度超过 1000 亿元。目前，我国的慈善捐赠主要是向基金会、慈善会、社会团体及社会服务机构等社会公益性机构以及政府部门进行捐赠，仅少数是直接向受益人进行捐赠。

根据《慈善法》第四章第三十四条对慈善捐赠的定义，慈善捐赠是指自然人、法人和其他组织基于慈善目的，自愿、无偿赠与财产的活动。慈善捐赠是一种以慈善为目的的赠与活动。在法律上，"赠与"是指赠与人将自己的财产无偿给予受赠人、受赠人表示接受的一种行为，这种行为的实质是财产所有权的转移。慈善捐赠主要涉及两方当事人，即捐赠人与受赠人。《慈善法》第三十五条规定：捐赠人可以通过慈善组织捐赠，也可以直接向受益人捐赠。捐赠人可以是自然人、法人及其他组织，受赠人既可以是慈善组织，也可以是直接的受益人，前者是间接捐赠，后者为直接捐赠。捐赠人通过慈善组织进行间接捐赠的，可以与慈善组织签订书面的捐赠协议，对捐赠财产的种类、数量、用途、交付时间等内容进行约定。

按照捐赠意图，捐赠人向慈善组织进行捐赠，可以采取限定性捐赠、非限定性捐赠和专项基金三种形式。限定性捐赠是指捐款人与受赠慈善组织签订专门的捐赠协议，约定捐赠款物的使用方向、地区或具体项目，由慈善组织按照捐赠人的意向将捐赠资金全部用于指定的慈善事业。非限定性捐赠是指捐赠人不规定捐赠款物的具体使用方向和用途，交由受赠慈善机构来具体运用于公益慈善活动。专项基金是指发起人以支持公益事业为目的，在基金会的基本账户下，设立专项基金科目，按照捐赠者的意愿使用的专项资金，专项基金一般由捐赠者与基金会成立管委会共同管理。

慈善信托和慈善捐赠都是为了慈善目的而将财产所有权转移出去，用于开展慈善事业，慈善捐赠财产、慈善信托财产都只能用于慈善目的。慈善信托区别于其他民事、商事信托的根本在于其慈善目的，慈善捐赠区别于其他赠与的根本也在于它是以慈善为目的的。但是，慈善信托与慈善捐赠又是两种完全不同的行为，因为它们是基于不同的法律关系进行的，法律关系的不同造成了两者的很多差异，这主要体现在以下几方面：

（一）法律关系不同

信托法律关系由委托人、受托人和受益人三方当事人构成。慈善信托的特点是设立时受益人不是特定的，但这并不意味着慈善信托当事人缺少受益人，受益人在慈善信托的运行过程中可予以确定，所以慈善信托仍然是三方当事人形成的信托法律关系。慈善捐赠属于赠与合同，是一种合同法律关系。合同的受赠方既可以是慈善组织，也可以是直接受益人，慈善捐赠只涉及两方当事人。

（二）设立要式不同

慈善信托必须采用书面形式设立。《慈善法》第四十五条规定，设立慈善信托、确定受托人和监察人，应当采取书面形式。而慈善捐赠作为赠与行为的一种，可以采用书面或者口头以及其他形式进行。《慈善法》并未要求慈善捐赠必须签订书面捐赠协议，而只是规定慈善组织接受捐赠时，捐赠人要求签订书面捐赠协议的，慈善组织应当与捐赠人签订书面捐赠协议。

（三）财产的独立性不同

在慈善信托中，虽然受托人在法律上是该财产的所有权者，但是信托财产是独立于受托人的自有财产和受托人管理的其他财产的。在慈善捐赠中，将财产捐赠出去后，财产所有权将完全转移给受赠人，成为受赠人的固有财产，该慈善捐赠财产一般无法独立于受赠人的其他捐赠财产，即便是捐赠人要求设立专项基金，在法律上，专项基金无法实现与受赠人其他财产的风险隔离。

（四）当事人权利不同

慈善信托可充分体现委托人的意思自治。法律上对于受托人的义务具有明确规定，而且《慈善法》第四十五条规定，慈善信托的受托人违反信托义务或者难以履行职责的，委托人拥有变更受托人的权利。委托人还可以选择设置信托监察人，对受托人管理运用慈善信托财产的情况进行监督，防止善款被滥用。在慈善捐赠中，捐赠人虽然可以通过书面的捐赠协议对捐赠财产的种类、数量、用途、交付时间等内容进行约定，但是在捐赠行为发生后，捐赠人对于受赠人是否按照约定使用慈善捐赠财产只拥有监督权和有限的制约手段。《慈善法》第四十二条规定：捐赠人有权查询、复制其捐赠财产管理使用的有关资料，慈善组织应当及时主动向捐赠人反馈有关情况。慈善组织违反捐赠协议约定的用途，滥用捐赠财产的，捐赠人有权要求其改正；拒不改正的，捐赠人可以向民政部门投诉、举报或者向人民法院提起诉讼。相比于进行慈善捐赠，在善款使用方面，设立慈善信托可以更好地体现委托人的意愿和保障委托人慈善目的的实现。

（五）受益人不同

慈善捐赠可以向慈善组织进行捐赠，由慈善组织选择最终受益人。慈善捐赠的受益人既可以是不特定的，也可以是特定的。根据《慈善法》规定，捐赠人可以与慈善组织约定受益人，但不得指定捐赠人的利害关系人作为受益人。而慈善组织确定慈善受益人，也不得指定慈善组织管理人员的利害关系人作为受益人。慈善捐赠也可以直接向特定受益人进行捐赠，而慈善信托在设立时，只对受益人的范围和筛选条件进行约定，受益人是不特定的，受益人的不特定性是慈善信托设立的要件之一。

另外，在我国目前的政策环境下，慈善捐赠享有税收优惠。捐赠人向慈善组织捐赠时，慈善组织可向捐赠人开具捐赠票据，捐赠人可以据此申请税收的优惠待遇。而《慈善法》中尚未对委托人设立慈善信托享有的税收优惠进行明确规定。

慈善信托是区别于慈善捐赠的一种开展慈善事业的手段和方式，是一种可独立的慈善行为，相比于慈善捐赠，慈善信托拥有自身很多制度上的优势，发展慈善信托可为社会公众提供一种新的选择，有助于调动更多的社会资源参与到慈善事业的发展中来，引导社会资源更有效地服务于社会公共利益提升的需要（见表3-2）。

表3-2　慈善信托与慈善捐赠的比较

要素	慈善信托	慈善捐赠
法律关系	信托法律关系	合同法律关系
设立要式	书面形式	书面或口头形式
财产独立性	慈善信托财产独立于委托人及受托人的其他财产	慈善捐赠财产成为受赠人的财产
当事人权利	委托人可变更受托人、设立信托监察人、要求受托人向其报告信托事务处理情况及财务状况	捐赠人有监督权、查询权
受益人	受益人必须是不特定的	受益人可以是不特定的，也可以是特定的
税收优惠	不备案不享受税收优惠，但税收优惠政策尚未明确	有明确的税收优惠政策

二、慈善信托与公益信托

在英美等国家，公益信托就是慈善信托，两者没有差别。而在我国，根据《慈善法》对于慈善信托的定义，慈善信托属于公益信托，这就意味着公益信托的范畴更为广泛，也决定了慈善信托既要受《慈善法》的规范，又要受《信托法》的规范。我国 2001 年出台的《信托法》第六章对公益信托进行了专章规范，涉及 15 条具体内容。

（一）我国公益信托的特征

根据《信托法》，公益信托的基本特征如下：

第一，公益信托是为了公共利益目的而设立的信托。《信托法》第六十条规定，为了下列公共利益目的之一而设立的信托，属于公益信托：①救济贫困；②救助灾民；③扶助残疾人；④发展教育、科技、文化、艺术、体育事业；⑤发展医疗卫生事业；⑥发展环境保护事业，维护生态环境；⑦发展其他社会公益事业。

第二，公益信托的设立和确定受托人应当经有关公益事业管理机构批准。《信托法》第六十二条规定，公益信托的设立和确定其受托人，应当经有关公益事业的管理机构（以下简称公益事业管理机构）批准。未经公益事业管理机构的批准，不得以公益信托的名义进行活动。

第三，公益信托的信托财产及其收益，不得用于非公益目的。

第四，公益信托应当设置信托监察人，信托监察人由信托文件规定。信托文件未规定的，由公益事业管理机构指定。

（二）慈善信托的进步

相比于公益信托，《慈善法》在对慈善信托的规范上具有以下几大进步：

其一，明确了慈善信托的监管部门为民政部门，慈善信托的设立由事前审批改为事后备案。根据《慈善法》第四十五条的规定，慈善信托设立后，受托人应当在慈善信托文件签订之日起七日内，将相关文件向受托人所在地县级以上人民政府民政部门备案。而《信托法》第六十二条规定，公益信托的设立和确定其受托人，应当经相关的公益事业管理机构批准。由于相关的公益事业管理机构包括民政教育、文化、医疗卫生事业等政府管理部门，受制于审批监管责任主体不明确，受托人在开展公益信托的业务实践中往往面临着审批机构及机构层级不明、获取审批难度大的问题，这成为阻碍公益信托发展的主要因素。在《慈善法》出台之前，全国仅落地 10 余个符合法律要件要求的公益信托，受托人全部为信托公司。明确慈善信托的监管机构和实施备案制将有望释放社会各界发展慈善信托的内在动力。

其二，明确慈善信托的受托人为慈善组织或信托公司。《信托法》并未对公益信托的受托人做出明确规范。这就意味着从理论上讲，公益信托的受托人范围是比较宽泛的，既可以是法人，也可以是自然人。但是《信托法》中规定，公益信托的设立和确定其受托人、受托人辞任及变更都须经过公益事业管理机构批准。此外，受托人的信托事务管理及财务状况报告、信托终止时的清算财务报告在公告前都必须经公益事业管理机构核准，而且受托人还必须接受公益事业管理机构对其处理公益信托事务情况及财产状况的检查。由此可见，虽然《信托法》中未对受托人的资格进行规范，但其明确了受托人要受到公益事业管理机构的严格监管，这在事实上将大量不具备担任受托人能力的法人和自然人排除在受托人之列，而在迄今为数不多的几个真正的公益信托案例中，受托人全部由信托公司担任。《慈善法》将受托人限定为慈善组织或信托公司，慈善组织具有开展慈善事业的丰富经验，信托公司则是专营信托业务的法人机构，由这两类具有专业能力的受托人来开展慈善信托业务，将为备案制的实施以及慈善信托的规范发展提供基础保障。

其三，信托监察人的设置由强制项变为可选项。《慈善法》第四十九条规定，慈善信托的委托人根据需要，可以确定信托监察人，这意味着是否设置信托监管人取决于委托人的意愿。但《信托法》第六十四条规定，公益信托应当设置信托监察人。在公益信托中，《信托法》第六十五条规定，信托监察人有权以自己的名义，为维护受益人的利益，提起诉讼或者实施其他法律行为。此外，信托事务处理情况及财产状况报告、公益信托终止的信托事务清算报告也须经信托监察人认可后，报公益事业管理机构核准。《慈善法》中并未对慈善信托设置监察人做出强制性要求。针对信托监察人的职责，《慈善法》中规定，信托监察应对受托人进行监管，维护委托人及受益人的权益，信托监察人发现受托人违反信托义务或者难以履行职责的，应当向委托人报告，并有权以自己的名义向人民法院提起诉讼。相比于公益信托，在慈善信托中，信托事务处理情况及财产状况报告、公益信托终止的信托事务清算报告不再要求必须向信托监察人报告并获取其认可。

（三）备案的慈善信托未来或能申请获取税收优惠

《信托法》中没有对公益信托的税收优惠做出规定，这是导致已落地的公益信托规模普遍偏小、社会各界对于公益信托发展积极性不高的主要原因之一。虽然《慈善法》中并没有对慈善信托的税收优惠作出直接明确的规定，但是《慈善法》第四十四条规定，受托人在慈善信托文件签订之日起七日内，将相关文件向受托人所在地县级以上人民政府民政部门备案。未按照前款规定将相关文件报民政部门备案的，不享受税收优惠。从这句话可以反推备案的慈善信托未来或许能申请享受税收优惠，这也将成为未来出台慈善信托税收优惠政策的法律依据之一。

（四）简化了信息披露程序

《信托法》要求受托人应当至少每年一次对信托事务处理情况及财产状况进行报告，受托人在报告公告前要获得信托监察人认可，并报公益事业管理机构核准。根据《慈善法》规定，慈善信托的受托人应根据信托文件和委托人的要求，向委托人报告信托事务处理情况、信托财产管理使用情况，应当每年至少一次将信托事务处理情况及财务状况向其备案的民政部门报告，并向社会公开。可见，慈善信托受托人在向社会公告信托事务处理情况以及财产管理情况前，不再需要经监管机构核准，信息披露程序得到有效简化（见表3-3）。

表3-3 公益信托与慈善信托比较

要素	公益信托	慈善信托
法律依据	《信托法》	《慈善法》
信托目的	救济贫困；救助灾民；扶助残疾人；发展教育、科技、文化、艺术、体育事业；发展医疗卫生事业；发展环境保护事业，维护生态环境；发展其他社会公益事业	扶贫济困；扶老、救孤、恤病、助残、优抚；救助自然灾害、事故灾害和公共卫生事件等突发事件造成的损害；促进教育、科学、文化、卫生、体育等事业的发展；防治污染和其他公害，保护和改善生态环境；符合本法规定的其他公益活动
主管部门	公益事业管理机构	民政部门
设立方式	事前审批	事后备案，慈善信托文件签订之日起七日内向民政部门备案
受托人	未明确规范，但须受公益事业管理机构审批	慈善组织、信托公司
受托人变更	由公益事业管理机构变更受托人	委托人可以变更受托人，但须重新备案

续表

要素	公益信托	慈善信托
监察人	必须设置监察人，信托事务处理情况、财产报告、终止和清算报告须经监察人认可	监察人为可选项，信托事务处理情况、财产报告、终止和清算报告无须向监察人报告
税收优惠	无规定	不备案不可享受税收优惠
信息披露	至少每年一次报告信托事务处理和财产状况，经监察人认可、公益事业管理机构核准后，发布公告	至少每年一次公告信托事务处理和财产状况，只需上报备案民政部门，无须核准

第四章

慈善信托的参与主体

慈善信托的参与主体一般包括委托人、受托人、受益人和监察人，除此之外还包括其他参与方，比如引入银行等专业财产保管机构作为保管人；引入专业资产管理机构作为投资管理人；引入专业的公益慈善机构作为慈善项目执行人或执行顾问。

第一节 慈善信托的委托人

慈善信托的委托人是有意愿开展慈善，并以自己合法持有的财产发起设立慈善信托的自然人、法人或者依法成立的其他组织。大陆法系国家在引进信托制度时，给予了委托人一定的权利，使得大陆法系国家的信托制度中突出表现了委托人的法律地位。

一、慈善信托委托人概述

首先，慈善信托的委托人必须为具有完全民事行为能力的自然人、法人或者依法成立的其他组织。根据慈善信托委托人人数的不同，可以将慈善信托的委托人分为单一自然人、法人或其他组织（以下简称单一委托人）和多个自然人、法人或其他组织（以下简称多个委托人）两类。单一委托人的慈善信托一般由委托人发起设立，多个委托人的慈善信托一般由受托人发起设立。单一委托人的慈善信托相较多个委托人的慈善信托的信托关系较为简单。对于受托人来讲，在多个委托人的情况下，受托人需承担更多的信托管理事务。对于监管机构来讲，在多个委托人的情况下，需要在慈善信托的备案、信息披露等方面区别于单一委托人的情况，制定不同的实施细则。

在慈善信托存续期间，委托人须行使监督权、受托人的变更权、撤销权、解任权、终止权等权能。如果慈善信托的自然人委托人在慈善信托存续期间丧失行为能力或者死亡、机构委托人解散或者合并分立，由谁来行使委托人的上述权利将是慈善信托需面对的问题。为了保证慈善信托的顺利开展，我们认为可以在慈善信托设立时，明确约定委托人若出现上述情况，委托人的权利如何行使。针对慈善信托合同如果没有约定，而委托人出现上述情况的，可由监管部门在慈善信托的实施细则中加以规范，以保证慈善信托的顺利开展，保障慈善目的实现。

其次，《慈善法》对慈善信托委托人数量及交付信托的金额不设限制。我们认为，从鼓励社会资金参与慈善事业的角度来讲，慈善信托不同于营业信托，对于慈善信托的委托资金不应该有门槛的限制。此前，对于公益信托，《中国银监会办公厅关于鼓励信托公司开展公益信托业务支持灾后重建工作的通知》（银监办发〔2008〕93号文）规定，"公益信托的委托人可以是自然人、机构或者依法成立的其他组织，其数量及交付信托的金额不受限制"。2016年8月25日，民政部联合中国银监会发布《关于做好慈善信托备案有关工作的通知》（民发〔2016〕151号），其中也没有进行这方面的限制，这意味着慈善信托委托人交付信托的金额没有门槛要求，同时在委托人人数上也比较灵活，不受限制。

二、委托人设立慈善信托的意义

在国外，公益慈善事业以信托的方式开展比较普遍，慈善信托的设立常常是基于委托人的意愿。结合信托所具有的制度优势，委托人通过慈善信托方式独立开展慈善活动，具有以下优势：

（一）慈善信托设立简单，运作成本低

慈善信托的设立只需要签订书面信托合同并备案，设立门槛低，不存在资金门槛要求，无须设置专门的工作场所和工作人员，运营成本低。而基金会等慈善组织的设立需要经民政部门的批准，需要具备一定数额的注册资金，需要有自己的章程、住所、组织机构和负责人以及与业务活动相适应的专职工作人员，只有满足监管部门规定的所有条件才能获批设立。

（二）慈善信托可以更好地体现委托人的意愿

慈善信托可以由一个或多个委托人发起设立，委托人可以通过信托合同与受托人就慈善目的、信托存续期限、信托财产的使用及管理运用方向、受益人筛选方式及范围、财产使用、委托人和受托人的权利义务等要素进行明确约定，

确保委托人的慈善目的得到实现。通过设立慈善信托，委托人可以更好地实现财富与慈善事业的结合，尤其是当委托人具有大额捐赠需求时，设立慈善信托更有利于实现委托人的意思自治。

（三）慈善信托可以实现财产独立和风险隔离

由于信托制度的优势，慈善信托财产既独立于委托人的财产，也独立于受托人的其他财产，能够实现与委托人和受托人的风险隔离。慈善信托需要设立专门的信托账户对信托财产进行管理，信托账户之间相互独立，委托人可以清楚地了解信托财产的使用及管理运用情况。

（四）慈善信托运作非常灵活

慈善信托用于慈善目的的财产支出没有明确的限制，对于慈善信托财产的管理运用也不存在限制，慈善信托财产可以进行更多保值增值的投资。由于民政部对于传统基金会每年的支出比例存在明确要求，如果没有持续的捐赠收入，基金会很难实现留本和永续运作。由于慈善信托不存在上述限制，根据慈善目的的需要，慈善信托的存续期可以短至一年，也可以长至几十年或是永续存在。

（五）慈善信托管理规范

信托是一种比较完善的法律关系安排，法律对于信托受托人的权利和义务进行了规定，同时受托人还要受委托人的约定义务约束，这些约束机制的存在使得慈善信托在信托财产的管理及使用上更为规范透明。此外，委托人设立慈善信托既可选择慈善组织作受托人，也可选择信托公司作受托人，这两类机构各有所长，通过引入竞争机制可以促进专业化分工，有助于提高慈善财产的使用效率以及更好地实现慈善财产的保值增值。

综上，慈善信托是一种可与慈善捐赠并行的开展慈善事业的新方式，可为委托人参与慈善事业提供一种新的选择。

三、委托人设立慈善信托的要求

慈善信托由委托人发起设立。慈善信托的设立要求有合格的信托当事人、纯粹的慈善目的、信托财产明确合法、信托文件采用书面形式、依法办理备案。慈善信托的设立流程包括：慈善信托的发起、慈善信托合同的签订、信托财产所有权的转移以及慈善信托备案等环节。

（一）慈善信托设立的要求

1.《慈善法》下慈善信托设立的突破

《慈善法》对于慈善信托设立的要求，突破了此前公益信托许可设立的规定。在公益信托领域最早采纳许可主义的国家是日本，韩国和我国台湾地区也采取日本的做法，对公益信托的设立实行许可主义。我国在 2001 年《信托法》出台时也采用了公益信托许可设立的制度，《信托法》第六十二条规定，公益信托的设立和确定其受托人，应当经有关公益事业的管理机构（以下简称公益事业管理机构）批准。同时，该条第二款规定，未经公益事业管理机构的批准，不得以公益信托的名义进行活动。《信托法》颁布以来，关于"公益事业管理机构"一直没有明确的规定，导致真正意义上的公益信托在实践中落地数量有限。《慈善法》下，慈善信托的设立充分尊重信托当事人意思自治，慈善信托的设立不再像公益信托设立需要经过公益事业管理机构的许可。慈善信托的相关当事人发起并达成合意，即可设立慈善信托。

2. 慈善信托设立的形式要求

在英美法中，慈善信托可以通过三种方式设立，分别是依据契约而设立、依据遗嘱而设立和依据宣言而设立。《慈善法》要求慈善信托的设立须满足法律要件齐全且采用书面形式订立合同，口头形式的信托合同不予认可。在英美等慈善事业发达的国家，还可以通过遗嘱设立慈善信托。在民政部发布的《关于做好慈善信托备案有关工作的通知》（民发〔2016〕151 号）（以下简称《通知》）中，遗嘱和信托合同一同被认定为慈善信托的书面信托文件，我国也间接认可了通过遗嘱方式可以设立慈善信托。

《通知》对慈善信托的合同要素做出了规范。《通知》明确要求信托文件至少应载明以下内容：①慈善信托的名称；②慈善信托的慈善目的；③委托人、受托人的姓名、名称及其住所；④不与委托人存在利害关系的不特定受益人的范围；⑤信托财产的范围、种类、状况和管理方法；⑥受益人选定的程序和方法；⑦信息披露的内容和方式；⑧受益人取得信托利益的形式和方法；⑨受托人报酬；⑩如设置监察人，监察人的姓名、名称及其住所。在慈善信托的开展中，《通知》的上述规定是对慈善信托文件所载事项的基本要求，遗漏个别事项则会被监管部门要求补正。

(二)慈善信托备案

1.备案的法律效力问题

我国《慈善法》规定,"受托人应当在慈善信托文件签订之日起七日内,将相关文件向受托人所在地县级以上人民政府民政部门备案。未按照前款规定将相关文件报民政部门备案的,不享受税收优惠"。《慈善法》下,"备案"是受托人设立慈善信托的一项义务,不备案不能享受税收优惠。

关于《慈善法》慈善信托备案的规定,目前有两种观点:第一种观点认为,《慈善法》规定的慈善信托备案仅仅是获取税收优惠的条件,慈善信托可以不备案,但是不备案不享受税收优惠;第二种观点认为,《慈善法》规定的慈善信托备案是慈善信托的生效要件,不备案的慈善信托并未生效。我们认为,从促进慈善信托规范开展的角度来讲,慈善信托应当备案,不备案就不能设立慈善信托。备案意味着慈善信托处在监管范围之内,可以申请享受税收优惠。

从其他国家做法来看,在英国,慈善信托设立除了几种例外情形外,都必须履行登记程序。美国大多数州的法律规定慈善信托必须进行登记,并由各州的总检察长履行登记职责。但是就英国和美国的慈善立法实质来看,虽然大部分慈善信托都要求登记,但是登记并不是慈善信托的成立要件。如果慈善信托没有登记,可视为受托人没有尽职、违反了信托义务,可能会导致承担某种后果,但并不影响慈善信托的成立和生效。而在日本等大陆法系国家,公益信托的设立采取严格的许可主义,行政部门在审批设立慈善信托时即进行实质性审查,比事后备案制更为严格。

2.慈善信托备案的形式要件

根据民政部和银监会联合发布的《关于做好慈善信托备案有关工作的通知》(民发〔2016〕151号),受托人在备案申请时,应提交一系列书面申请材料,包括:备案申请书、委托人身份证明(复印件)、担任受托人的信托公司的金融许可证或慈善组织的社会组织法人登记证书(复印件)以及信托合同、遗嘱或者法律、行政法规规定的其他书面信托文件,开立慈善信托专用资金账户证明、商业银行资金保管协议和其他材料等,这些申请文件可以称为备案的形式性要件。《关于做好慈善信托备案有关工作的通知》要求资金形式的慈善信托在备案时提供开立慈善信托专用资金账户证明、商业银行资金保管协议。而开具慈善信托专用账户和签署慈善信托资金保管协议并不代表慈善信托资金已经转移,所以从监管部门的监管要求来看,慈善信托备案时并不要求完成信托财产所有权的转移。不过，《关于做好慈善信托备案有关工作的通知》中的上述规定仅仅涉及资金形式的慈善财产，对于其他形式的慈善财产，例如不动产、股权等设立慈善信托如何备案、备案时需要提供哪些文件，则还有待慈善信托相关实施细则在未来进一步明确。

3. 慈善信托备案的监管

《关于做好慈善信托备案有关工作的通知》（民发〔2016〕151号）确定了慈善信托的备案管辖机关：信托公司担任慈善信托受托人的，由其登记注册地民政部门履行备案职责；慈善组织担任慈善信托受托人的，由其登记的民政部门履行备案职责。信托公司担任受托人的慈善信托，不仅要向登记注册地民政部门备案，还应当在成立前10日逐笔向银保监会报告。这意味着信托公司担任慈善信托受托人时，需要接受民政部和银保监会的双重监管。

四、慈善信托委托人的权利义务

在衡平法下，信托一旦设立，如果不是自益信托，委托人就退出了信托关系。但是大陆法系国家在引进信托制度时，给予了委托人一定的权利，使得大陆法系国家的信托制度中突出表现了委托人的法律地位。

《慈善法》下，慈善信托委托人的权利分为法定权利和约定权利。

（一）法定权利

根据《慈善法》的规定，委托人的法定权利具体体现在以下几个方面：一是选择受托人的权利，委托人可以选择其信赖的慈善组织或者信托公司担任慈善信托的受托人；二是变更受托人的权利，在受托人违反信托义务或者难以履行职责时，可以变更受托人；三是对慈善信托开展的知悉权，包括慈善信托事务处理情况、信托财产使用管理情况等；四是选择信托监察人的权利并有权获得监察人关于慈善活动开展情况的报告。从法理上来讲，慈善信托委托人还享有撤销权、解任权、终止权等，但《慈善法》中没有关于这些权利的明确规定，未来还需要在慈善信托的实施细则上加以明确。

（二）约定权利

《慈善法》充分尊重委托人意思自治，除法定权利外，慈善信托的委托人可以在信托合同中事先约定其他的权利。例如，在过去公益信托的实际操作中，信托合同约定委托人可以参与信托事务决策、可以召开委托人大会终止公益信托，委托人的这些权利也可以在慈善信托中进行约定。

慈善信托委托人的法定义务包括：一是承诺保证其委托财产来源合法的义务，机构委托人应保证其委托行为已经通过有权机构的决议批准，并保证资金来源的合法性，而自然人委托人应保证资金来源的合法性；二是根据信托合同约定向受托人转移信托财产所有权的义务。在具体操作上，机构委托人和自然人委托人有所区别：机构委托人应保证其享有签署信托文件的权利，在内部已经完成签署行为所必需的授权手续，并完成信托财产所有权的转移；自然人委托人根据信托合同的约定完成信托财产所有权的转移。不同于慈善信托，营业信托的信托委托人还有向受托人支付报酬等义务，在慈善信托中，法律对于受托人是否收取信托报酬以及报酬收取的比例都无明确限制，委托人和受托人可以就这一问题在信托合同中进行约定。

第二节 慈善信托的受益人

慈善信托的受益人可以是自然人、法人或者依法成立的其他组织。

一、慈善信托受益人的类型

与委托人不同的是，如果由自然人作为慈善信托的受益人，则既可以是具有完全民事行为能力的人，也可以是限制民事行为能力人或者无行为能力人。按照我国继承法的相关规定，为胎儿保留了继承的份额，因此可以推定我国法律承认胎儿的相关经济利益保护，胎儿可以作为慈善信托的受益人。

与此同时，根据英国等国家的规定，受益人也可以是物或者特定目的，如动物保护、环境保护等。根据《慈善法》第一章关于慈善信托目的的相关规定可以看出，慈善信托的受益对象应当不限定为人，既可以是维护生态环境、支持教育事业、促进科技文化开展，也可以是保护动物等目的。

二、慈善信托受益人的条件

在慈善信托法理上，慈善信托的受益人具有不特定性，是否具有受益人不特定性被看作是慈善信托和其他信托的重要区别。但是从具体法律规定来看，无论是《信托法》还是《慈善法》，对于公益信托或者慈善信托的受益人不能是特定的受益人这一点都没有明确规定。《慈善法》中也仅仅是在慈善捐赠领域规定了不能指定捐赠人的利害关系人作为受益人，但这并不是关于慈善信托的规定。

受益人不特定主要包含以下两层意思：一是慈善目的须具有公益属性，慈善信托不是为某个私益而设；二是受益人与委托人不存在私益上的关系。英国的慈善信托要求受益人不特定，以防止慈善制度被滥用。在美国，经过慈善目的的设定以及筛选，单个受益人的慈善信托也是存在的。从美国的立法和判例来看，只要受益人是从不特定的群体中挑选出来的，而且慈善信托的目的可以达成对社会公共利益的提升，即可认定为慈善信托。从慈善信托的法理来讲，应当认可在信托合同中约定慈善信托的目的和受益人的条件。而在我国现行法律框架下，考虑到慈善信托对公共利益提升的要求，指定单个受益人的不应被认定为慈善信托。

三、对慈善信托受益人的保护

基于受益人的不特定，慈善信托的受益人不能像营业信托中的受益人基于合同约定或者法律规定维护自己的权益。慈善信托的受益人在慈善信托法律关系里处于弱势一方，无法主张权利，因此怎样在制度设计上对受益人权益进行保护值得考虑。

在美国，各州的慈善立法不尽相同，但在很多州，检察总长都可以站在慈善信托的受益人角度，以受益人的身份提起诉讼来保护慈善信托受益人的利益。在英国也有相类似的立法。而在大陆法系的日本，对于受益人权益的保护则由公权力机关来行使，公权力机关以维护公共利益的名义保护公益信托受益人权益。相较而言，英国和美国对慈善信托受益人权益的保护站在受益人角度，享有一些本应该由受益人享有的权利，在法律上的地位更加顺理成章。

我国的《慈善法》中没有对受益人权益维护的相关规定，同时我国作为大陆法系国家，因为大陆法系下物权"一物一权"理论，慈善信托的信托受益人以什么身份和法律地位维护自己的权益，在目前的立法框架下尚不能得到解决。未来我国在慈善信托的开展中，可能需要通过以下途径来保护受益人的利益：一是通过设置慈善信托监察人来维护受益人的权益，保证慈善目的的实现；二是严格外部监管和监督；三是加强慈善信托开展过程中违法行为的法律责任承担，通过司法途径保障慈善信托受益人的权益。

第三节　慈善信托的受托人

《慈善法》明确了慈善信托的两类受托人，慈善信托的受托人可以是慈善组织或信托公司。

一、慈善信托的两类受托人概述

（一）慈善组织

慈善组织是我国慈善事业开展的主导力量，未来也将是慈善信托的主要受托人之一。慈善组织数量众多、覆盖社会公益事业的各个领域，具有广泛的群众基础。根据《慈善法》的规定，慈善组织是依法成立，面向社会开展慈善活动为宗旨的非营利性组织。《慈善法》第九条规定，"慈善组织应当符合下列条件：①以开展慈善活动为宗旨；②不以营利为目的；③有自己的名称和住所；④有组织章程；⑤有必要的财产；⑥有符合条件的组织机构和负责人；⑦法律、行政法规规定的其他条件"。

目前，我国的慈善组织主要有三种类型：第一类是基金会，具体可以细分为公募基金会以及非公募基金会；第二类是民政部下属的中华慈善总会以及地方各级慈善会；第三类是社会团体、社会服务机构（原来称为民办非企业单位）。根据民政部发布的《2017 年社会服务发展统计公报》，截至 2017 年底，我国基金会共有 6307 个，同比增长 13.46%；民办非企业单位共计 40.0 万个，同比增长 10.80%；社会团体 35.5 万个，同比增长 5.65%。

根据《慈善法》的规定，2016 年 9 月 1 日《慈善法》正式实施后，慈善组织需要重新登记。2016 年 8 月 31 日，民政部颁发的《慈善组织认定办法》对慈善组织的认定做出了详细规定。根据《慈善组织认定办法》的规定，基金会应当在实施之日起一年内，到原登记的民政部门换发标明慈善组织属性的登记证书，以完成慈善组织认定。同时,社会团体、社会服务机构要被认定为慈善组织的，应当符合一系列的条件，包括：符合法律法规规定的组织章程、有自己的名称和住所、有必要的财产、上一年度慈善活动年度支出和管理费用要符合民政部门的相关规定、内部治理结构健全等。根据《慈善组织认定办法》的要求，社会团体、社会服务机构申请被认定为慈善组织的，还应当向民政部门提交申请书、注册会计师出具的上一年度财务审计报告等书面文件。因此，该认定办法对于社会团体、社会服务机构认定为慈善组织的管理是较为严格的。未来在实践中，有多少机构正式被认定为慈善组织尚不确定，但是其数量肯定是非常多的。

（二）信托公司

慈善信托的另一类受托人是信托公司。信托公司是由中国银行保险监督管理委员会颁发金融牌照的专业金融机构，主要从事融资类、投资类及事务管理类信托业务。信托公司在业务层面接受银保监会的严格监管。目前全国共有68家信托公司，根据中国信托业协会披露的行业数据，截至2019年第一季度，68家信托公司的净资产总额达5958.53亿元，合计管理信托资产规模22.5万亿元。信托公司目前主要从事营业信托业务。

信托公司的客户均为高净值客户，在中国人"达则兼济天下"传统观念的影响下，这部分人群本身就有较强的慈善开展意愿，但是因公益信托制度的约束，信托公司未能充分挖掘其客户的公益慈善需求。《慈善法》允许信托公司作为慈善信托受托人，无疑为信托公司开展公益慈善事业提供制度保障，也为慈善事业的发展导入新的力量和资源。依托自身在信托业务运作以及资产管理等方面的优势，信托公司也有望为慈善信托的发展带来更强的专业支持。

二、慈善信托两类受托人的不同及各自优势

慈善组织和信托公司作为慈善信托的受托人有以下不同：

一是两类机构性质不同。信托公司是具有金融牌照的营利性金融机构法人，营业信托是其主营业务。而慈善组织的设立要求不以营利为目的，为非营利机构。

二是两类机构所属监管部门不同。信托公司担任慈善信托的受托人时，除接受民政部门监管外，还需要接受中国银行保险监督管理委员会的监管。慈善组织担任慈善信托的受托人时，由民政部进行监管。

两类受托人在慈善信托开展中各具优势。慈善组织在慈善项目资源、项目实施以及社会影响力等方面具有优势，有助于慈善信托目的的实现。信托公司则可以充分发挥自身在资产管理方面的专业优势，帮助慈善信托财产实现保值增值。

三、慈善信托受托人的权利义务

从法律上来讲，慈善信托受托人的权利并不是来源于信托合同的约定，而是基于信托受托人的身份享有权利。信托关系一旦设立，信托财产在委托人和受托人之间完成移转，受托人即对信托财产享有所有权。所有权是一种绝对权，慈善信托的受托人对慈善信托的管理，在实质上都是行使对于慈善财产所有权的支配或处分。慈善信托受托人基于对信托财产的所有权，对慈善信托的委托人享有信托财产移转的请求权，以及慈善信托财产的占有、

管理、处分等权利。除上述法定权利外，慈善信托的受托人还可以根据慈善信托合同的约定享有约定权利，例如，基于信托合同的约定收取慈善信托管理费用的权利。

慈善信托受托人的义务也可以分为法定义务和约定义务两类。约定义务由委托人和受托人在慈善信托的信托合同中约定。法定义务主要包括以下方面：

一是申请慈善信托登记的义务。我国《慈善法》对受托人申请设立慈善信托的义务规定很明确，"受托人应当在慈善信托文件签订之日起七日内，将相关文件向受托人所在地县级以上人民政府民政部门备案"。"应当"即表明了受托人负有法定义务。关于慈善信托受托人申请慈善信托登记的义务，各国在慈善立法上均有规定。英国《2006年慈善法》规定，对于需要登记的慈善信托，受托人负有向慈善委员会提出登记申请和提供信托文件进行登记的义务。日本《信托法》规定，公益信托的受托人有向主管机关申请设立公益信托的义务。我国台湾地区也规定，受托人有义务申请设立公益信托。

二是诚信义务。慈善信托的受托人应当忠于委托人所托，对慈善信托尽到忠实负责、善良管理的义务。

三是尽职管理义务。主要是指在慈善信托的开展中，为实现委托人的慈善目的，对于信托财产的使用，受托人应当尽职尽责、谨慎管理。

四是管理运用信托财产的义务。在英美法中，要求受托人对慈善信托财产谨慎管理，我国《慈善法》中没有规定受托人对于慈善信托财产的投资管理义务，但是要求受托人就慈善信托财产进行"谨慎管理"，即要求受托人在对慈善信托财产进行投资管理的过程中尽到谨慎的注意义务，避免信托财产遭受不应有的损失。根据《关于做好慈善信托备案有关工作的通知》（民发〔2016〕151号）的规定，慈善信托的受托人在管理慈善财产时，除合同另有约定外，慈善信托财产及其收益应当运用于银行存款、政府债券、中央银行票据、金融债券和货币市场基金等。根据上述规定，要求对慈善财产进行审慎投资管理。

五是账户管理义务。慈善信托财产与受托人的财产、受托人管理的其他信托财产应当分别管理，对资金信托设置不同的账户，做到分别管理、分别记账。

六是信息披露义务。慈善信托的受托人有向委托人、受益人、信托监察人、民政部门以及社会公众进行信息披露的义务，具体信息披露内容包括慈善信托事务处理情况以及慈善信托财产状况等。

七是清算义务。慈善信托终止时，受托人负有对于慈善信托进行清算并出具清算报告的义务。《慈善法》中没有关于慈善信托终止清算的规定，根据其第五十条的规定，慈善信托清算适用《信托法》的规定。根据《信托法》的规定，公益信托终止时，受托人做出的清算报告应当经监察人认可，并报主管机关核准，受托人予以公告。慈善信托终止时的清算是否适用《信托法》的相关规定，清算报告是否要经过民政部门的认可，还有待慈善信托实施细则加以明确。

另外，虽然在法律中没有明确规定，我们认为受托人还负有帮助委托人申请慈善信托税收优惠的义务。

第四节 慈善信托的监察人

信托监察人代表委托人监督慈善信托的实施，但是监察人并不是法律意义上的慈善信托委托人的代表或者代理人，当监察人发现受托人违反信托约定的义务时，有权以自己的名义提起诉讼。

一、慈善信托监察人设立

《慈善法》第四十九条规定，慈善信托的委托人根据需要可以确定信托监察人。而《信托法》第六十四条规定，公益信托应该设置信托监察人。信托监察人由信托文件规定。信托文件未规定的，由公益事业管理机构指定。慈善信托的监察人是选择性设置，而公益信托的监察人则是强制性设置。《慈善法》赋予慈善信托的委托人选择是否设置信托监察人的权利，充分尊重委托人的意思，慈善信托的监察人设置不再具有浓厚的行政色彩。由于监察人不是慈善信托设立的必要性条件，这将使得慈善信托的设立更简单便利。

在来源于普通法系的信托制度中，信托关系实质上是一种委托关系，且衡平法特殊的"双重所有权"制度赋予了信托关系中受益人和受托人的相互制衡，用以保护信托受益人的权益。大陆法系的日本在引进信托制度时，为了避免大陆法系无"双重所有权"制度的约束，同时为了保证信托财产的独立性和保护受益人的权益，开创性地为公益信托设置了信托监察人这一角色。日本公益信托监察人所起的作用更多的是对于公益信托的内部监督。在日本，慈善信托的监察人并不强制要求设立，但各主管事业机关均将监察人作为公益信托成立的审查基准，所以在实质操作中，信托监察人是强制要求项，否则将无法获得设立许可。同时，能够担任慈善信托的监察人被认为是一项荣誉，所以无须给予报酬。但是若主管机关以其职权任命监察人，则需要给予一定的报酬。而在韩国，对于受益人不特定的慈善信托，法院须根据利害关系人的申请，以职权选任信托管理人（即信托监察人）。

《信托法》是在学习日本信托制度基础上制定的，在公益信托中也设置了信托监察人制度，并赋予信托监察人对慈善信托进行监督的权利，具体权能包括对慈善信托的监督权、知情权等。在过去公益信托的实践中，信托监察人多由律师事务所或者会计师事务所担任。

慈善信托监察人具有两方面的功能：一是监督受托人、保护受益人；二是制衡受托人，确保其按照委托人的意愿行事。在《慈善法》下，慈善信托监察人的权利和义务集中体现在《慈善法》第四十九条中：信托监察人对受托人的行为进行监督，依法维护委托人和受益人的权益。信托监察人发现受托人违反信托义务或者难以履行职责的，应当向委托人报告，并有权以自己的名义向人民法院提起诉讼。慈善信托监察人对慈善信托的运行进行监督，既是慈善信托监察人对委托人的义务，也是对受托人的权利。如果慈善信托在设立时，委托人没有选任信托监察人，那么需要解决如何对慈善信托的运行进行监督的问题。

二、慈善信托监察人的职责

根据《信托法》的规定，公益信托监察人的权利主要包括：对受托人的监督权、知情权、受托人解任权、信托事务管理报告及清算报告的认可权等。另外，信托监察人还可以自己的名义对受托人提起诉讼或者实施其他法律行为。虽然《慈善法》中对慈善信托监察人的设置不进行强制性要求，但也规定了信托监察人有权对受托人的行为进行监督，有职责就受托人违反信托义务或难以履行职责的情况向委托人报告，有权以自己的名义向法院提起诉讼。

从法理上来讲，信托监察人的职责与公司中的监事一职类似。信托监察人代表委托人监督慈善信托的实施，但是监察人并不是法律意义上的慈善信托委托人的代表或者代理人，当监察人发现受托人违反信托约定的义务时，有权以自己的名义提起诉讼。慈善信托的当事人如果选择设置信托监察人，可以在监察人法定职权之外，约定慈善信托监察人的其他职责以及权利。

在慈善信托的实际开展中，有些委托人可能认为没有必要设置信托监察人或是愿意自己直接对受托人进行监督。在委托人为单一委托人或是一致行动的少数几个委托人的情况下，由委托人直接对受托人进行监督是可行的。但是还必须考虑委托人为多个或者是委托人丧失民事行为能力、委托人死亡的情形。在上述情形下，为保障慈善目的实现和不特定受益人的权益，在慈善信托中设置信托监察人还是有必要的。除此之外，如果慈善信托存在多个委托人，还可以考虑在慈善信托内部设置决策机构，由其对慈善信托运行进行监督。

第五章

慈善信托的目的与信托财产

《信托法》和《慈善法》对公益慈善信托的信托目的都作出了明确规定，设立慈善信托的目的必须符合相关的法律规定。从信托财产来看，设立信托，必须有确定的信托财产，并且该信托财产必须是委托人合法所有的财产。

第一节 慈善信托的目的

根据《慈善法》相关规定，慈善信托目的共分为扶贫，扶老、救孤，救灾，发展教育、科技、文化、卫生、体育事业，保护环境，其他六大类。

一、信托目的必须属于慈善目的

（一）我国法律界定的慈善目的

慈善信托必须是为慈善目的而设立的信托，这是慈善信托的基本特征。我国慈善信托属于公益信托。《信托法》和《慈善法》对公益慈善信托的信托目的都作出了明确规定。

我国 2001 年《信托法》将公益信托的信托目的分为七大类。《信托法》第六十六条规定，为了下列公共利益目的之一而设立的信托，属于公益信托：①救济贫困；②救助灾民；③扶助残疾人；④发展教育、科技、文化、艺术、体育事业；⑤发展医疗卫生事业；⑥发展环境保护事业，维护生态环境；⑦发展其他社会公益事业。

我国 2016 年《慈善法》将慈善活动分为六大类。《慈善法》第三条规定，本法所称慈善活动，是指自然人、法人和其他组织以捐赠财产或者提供服务等方式，自愿开展的下列公益活动：①扶贫、济困；②扶老、救孤、恤病、助残、优抚；③救助自然灾害、事故灾难和公共卫生事件等突发事件造成的损害；④促进教育、科学、文化、卫生、体育等事业的发展；⑤防治污染和其他公害，保护和改善生态环境；⑥符合本法规定的其他公益活动。

总体上，《慈善法》所规定的慈善目的范围与《信托法》规定的公益目的范围基本相同。同时，《慈善法》也与时俱进对相关慈善活动类别的内涵做了扩展和调整。比如《信托法》中的"救助灾民"，在《慈善法》中扩展为"救助自然灾害、事故灾难和公共卫生事件等突发事件造成的损害"，受益人的范围不仅是灾民，而且也包括在突发事件中受到损害的相关企业、机构等。"扶助残疾人"也扩展为"扶老、救孤、恤病、助残、优抚"，将更多弱势群体纳入受益人范畴。"发展环境保护事业，维护生态环境"调整为"防治污染和其他公害，保护和改善生态环境"，使慈善目的更加具体，也响应了现阶段政府与社会公众对污染防治的迫切需求。

（二）英国法律界定的慈善目的

2006 年，英国《慈善法》对慈善进行定义：只有那些为公众利益服务的具备慈善目的的事业才能被认可为民间公益性事业。具体包含：①扶贫与防止贫困发生的事业；②发展教育的事业；③促进宗教的事业；④促进健康和拯救生命的事业；⑤推进公民意识和社区发展的事业；⑥促进艺术、文化、历史遗产保护和科学的事业；⑦发展业余体育运动的事业；⑧促进人权、解决冲突、提倡和解以及促进不同宗教与种族之间和谐、平等与多样性的事业；⑨保护与改善环境的事业；⑩扶持需要帮助的青年人、老年人、病人、残疾人、穷人或者其他弱势群体的事业；⑪ 促进动物福利的事业；⑫ 助于提高皇家武装部队效率的事业；⑬ 其他符合本法律相关条款规定的事业。

（三）日本法律界定的慈善目的

日本公益信托法规定的信托目的包括：祭祀、宗教、慈善、学术、艺术以及其他的公益目的。同时，日本《公益社团法人和公益财团法人认定法》规定的公益事业是指有利于增进不特定多数人利益的业务，包括：①以学术和科学技术振兴为目的的业务；②以文化和艺术的振兴为目的的业务；③以支援残障人士、贫困人群以及事故、灾害和犯罪的受害者为目的的业务；④以提高老年人福祉为目的的业务；⑤以支援有劳动意愿者就业为目的的业务；⑥以提高公共卫生为目的的业务；⑦以保护儿童和青少年健康成长为目的的业务；⑧以提高劳动者福祉为目的的业务；⑨以通过教育、体育等形式促进国民身心健康和人性发展为目的的业务；⑩以预防犯罪和维护治安为目的的业务；⑪以预防事故和灾害为目的的业务；⑫以预防和根除因人种、性别以及其他原因的歧视和偏见为目的的业务；⑬以尊重和维护思想及良心的自由、宗教信仰自由和言论自由为目的的业务；⑭以推进男女共同参与的社会及其他更好社会的形成为目的的业务；⑮以促进国际相互理解以及协助发展中的海外地区发展经济为目的的业务；⑯以保护、维护地球环境和自然环境为目的的业务；⑰以国土的利用、维护和保全为目的的业务；⑱以有助于确保国家事务健全运营为目的的业务；⑲以健全发展区域社会为目的的业务；⑳以确保、促进、搞活公正、自由的经济活动的机会以及稳定、提高国民生活为目的的业务；㉑以确保国民生活不可或缺的物资、能源的稳定供给为目的的业务；㉒以维护、提高一般消费者的权益为目的的业务；㉓上面各项以外，其他政令规定为公益事业的。

由于各国法律制度和文化传统不同，对慈善目的的界定也有所差异。在同一国家，慈善目的也随社会经济及公益慈善事业的发展而变化。例如，英国早期将"帮助穷苦的女仆成婚"作为慈善目的，而现在这一目的几乎没有实际意义。此外，随着公众对环境保护的呼声日渐高涨，许多国家先后把保护环境纳入慈善目的，促进了环境保护慈善信托的发展。

二、慈善信托目的对公共利益的要求

一项信托的信托目的属于慈善目的，仍然不能构成法律意义的慈善信托。我国《信托法》规定，公益信托必须是为了"公共利益目的"而设立的信托。慈善信托以公共利益为目的，必须给社会公众带来利益。这一要求体现在三个方面：

（一）信托的受益人必须是不特定的

信托目的属于公益目的，不一定能够确保信托具有公共利益。比如，某人设立一项信托，信托资金用于资助子女的教育，虽然信托目的是发展教育，但受益人只有委托人的子女，因而不能成为有效的慈善信托。我国《慈善信托管理办法》规定，慈善信托的委托人不得指定或者变相指定与委托人或受托人具有利害关系的人作为受益人。即慈善信托的受益人必须是不特定的，不能是委托人在信托文件中指定的具体人。委托人在信托文件中规定受益人的范围、受益人选定程序和方法，受托人据此从符合条件的社会公众中选择确定。

需要注意的是，受益人不特定是指具体承受信托利益的受益人，即最终享受信托利益的人。以特定慈善事业为受益对象，最终利益由不特定的人享有的，仍构成公益信托。例如，某人将一笔款项设立慈善信托，拟通过捐赠给一所大学，奖励本学校的优秀大学生。接受捐款的学校是特定的，但最终享受信托利益的优秀学生是不特定的，被选出来的这些优秀学生是信托的最终受益人。

慈善信托的受益人不特定要求也有例外。如果一项信托的受益人是特定的穷人，这一信托是否构成慈善信托，在不同国家有不同的认定。

英国法院很早就承认，救济贫困的信托本身即具有公共利益，不管受益人是否特定，均构成公益信托，因为贫困是整个社会面临的问题，少数人的贫困可能带来疾病、犯罪等严重社会问题，从而影响整个社会的福利和社会安定。即使通过信托救助特定的贫困者，客观上也减轻了社会的负担，有利于整个社会利益。因而，救济贫困的信托，即使受益人是确定的，例如，受益人是委托人的穷亲戚，也构成公益信托。

美国的一部分州承继了这一例外规则，也有一些州坚持慈善信托的受益人不特定原则，认为资助少数特定贫困者的信托，欠缺公益性，不能成立公益信托。属英美法系的印度信托法，也未接受这一传统规则，救济贫困的信托不得有确定的受益人。

大陆法系信托法没有类似的例外规定。我国台湾有学者认为，英国的例外规定有一定的合理性，但并不科学且无必要。理由有三：其一，按照其推论，许多信托都间接地有利于社会公共利益，照此推理，公益信托与私益信托的区分就没有什么意义了。其二，既然以少数特定人为受益人，说明委托人仅仅关注这些特定的人，无意于其他社会公众。因此，法律作扩大解释，有干涉委托人意思自治之嫌。其三，公益信托的成立、运作均有特殊规定，且更复杂，从讲究效率的角度出发，救助特定贫困者的信托，宜认为是私益信托。因此，信托的受益人如果是委托人的穷亲戚，通过私益信托同样可以达到目的，没有必要赋予公益信托的优惠。

（二）信托的利益必须有公共性

成立公益信托，必须使整个社会或社会公众的一个足够大的部分受益。就是说，潜在的受益人（即根据信托文件规定的范围，有可能成为受益人的人）应当是整个社会或构成社会公众的一个足够大的部分。受益人虽不特定，但潜在受益人的范围太小，信托就不具有公共性。

根据英美信托法，要构成社会公众的一个足够大的部分，通常要求：①潜在受益人的数量不能太小；但是，潜在受益人的数量不是决定因素。②潜在受益人具有某些特质，将他们与社会其他成员分开，并且，更重要的是，这种特质不能依赖于他们与特定企业家庭、个人之间的私人关系（例如，委托人的亲属、朋友、企业的职工等）。英国法院曾经判决指出：要构成公益信托，委托人与潜在受益人之间的关系必须具有公共性，不能是一种私人关系。也就是说，一项信托的潜在受益人即使数量很大，但他们与委托人存在某种私人关系，信托利益就不具备公共性，因而不能构成公益信托。

例如，一家公司设立信托，将信托财产用于资助公司或其附属公司职工的子女接受教育。该公司的职工已超过10万人。受益人仅为公司员工的子女，与委托人之间存在私人关系，不能成为发展教育事业的慈善信托。

大陆法系信托法对于不特定人的范围并无明确规定。一般认为只要是为了一定社区的公共利益而设立的信托，即具有公共性。实践中只能由法院根据情况，确定一项信托的信托利益是否具有公共性。

另外，实际获得信托利益的受益人的数量多少，并不影响信利益的公益性。不管最终受益人的数量是多少，只要潜在受益人构成社会公众的一个足够大的部分，就可以成立慈善信托。例如，委托人出资5万元设立一项教育信托，每年从某地区选择两位品学兼优家庭生活困难的学生，用信托资金支付他们的学费。虽然每年只有两个实际受益人，仍构成慈善信托。在美国的一个著名判例 Matter of Judd（1934）中，立遗嘱人将遗产设立一项信托，每年从信托财产的利益收益中拿出1000美元，奖励该年度在防癌药物和医疗方法研究领域最有贡献的人。受益人每年虽然只有一位，但法院也明确承认，这是一项公益信托。

（三）信托产生的公共利益必须是客观的

要构成慈善信托，信托必须在客观上有公共利益存在。委托人主观认为信托具有公共利益，是不够的。一项信托如不具有客观的、实际的公共利益，尽管声称是为了公共利益，也不能成为慈善信托。

英国的典型判例 Gilmoar v Coats（1949）案，委托人捐款设立一项信托，让一些隐居的修女终日祈祷和默想，她们相信，自己的祈祷可以来自上帝的恩赐，从而造福于社会大众。这些修女与外界几乎没有交流，也不从事其他活动。法院判决认为，几乎与世隔绝的修女们终日祈祷可能产生的公共利益，实在太模糊、太不可捉摸，无法加以证明和体现，因此判决，这不构成一项慈善信托。

慈善信托的完全公益性体现在两个方面。

三、慈善信托目的完全公益性的要求

（一）信托目的的绝对公益性

一项信托要构成公益信托，信托目的必须完全彻底地属于公益的，不能包含任何非公益目的。因此，慈善信托如有多个信托目的，每一个目的都必须是慈善目的。如果一项信托目的有公益目的也有私益目的，委托人确定了分别用于公益目的、私益目的的信托财产数额或比例，委托人可以指定用于公益目的的那一部分信托财产成立慈善信托。这在家族信托与慈善信托比较常见。

信托有多项信托目的，在下面两种情况下，通常不符合慈善信托要求：

其一，信托既有慈善目的，也有私益目的。例如，信托目的包括发展教育事业和资助委托人的子女上大学，委托人并未明确哪些信托财产用于慈善目的，哪些用于私益目的，由于慈善信托的信托财产不能确定，慈善信托不能成立。

其二，委托人指定将信托财产用于慈善目的或私益目的。例如，信托目的是救济贫困或帮助委托人的孙子女完成大学学业，不能认为信托目的是完全的公益目的。因为按照信托法原理，受托人享有自由裁量的选择权，可以将全部信托财产用于委托人指定的任何一项目的，从而可能成立一项完的私益信托。

（二）信托财产的绝对公益性

用于设立信托的全部财产，必须完全彻底地用于公益目的，这是各国信托法、慈善法对公益信托的基本要求。《信托法》第六十三条规定，公益信托的信托财产及其收益，不得用于非公益目的。我国《慈善信托管理办法》第二十三条规定，慈善信托财产及其收益，应当全部用于慈善目的。

在美国，为鼓励公益信托发展、鼓励更多人参与公益活动，允许公益与私益相结合模式的存在，分割利益信托是慈善信托非常普遍的存在方式。分割利益慈善信托又分为慈善先行信托和慈善剩余信托，这两种类型的信托在美国都能享受税收优惠待遇，所以经常被使用。慈善先行信托指的是设立人先设立慈善信托，在一定期间把信托财产中的一定比例或者一定数额以公益目的支付给特定的受益人，在公益信托存在期间终了之后由委托人或者委托人指定的个人受领剩余的财产。慈善剩余信托是委托人设立信托，将一小部分信托财产经营

收益用于自己及家庭生活开支，而将本金和剩余收益全部用于公益慈善事业。

我国没有分割利益慈善信托的相关规定。中信信托试水国内首单"慈善先行信托"，由中国著名主持人孟非设立，善款用于资助云南贫困地区的学生完成大学学业。该信托将依照委托人的意愿受托管理，每年分配100万元信托利益用于慈善捐赠。在首个为期四年的捐赠周期内，委托人选定中国光华科技基金会作为捐赠执行人，以每人每年1万元的标准发放给受捐赠人，资助100名云南大学贫困新生至本科毕业。在信托文件约定的特定条件达成后，再将剩余信托财产分配给家族内受益人。这种信托没有在民政部门备案，属于运用家族信托开展慈善活动的一种模式，既能利他做慈善，又能利己有收益，对高净值人群来说是一个不错的选择。

（三）例外情形

1. 收取费用

在实施慈善信托、实现慈善目的的过程中向社会提供服务时收取一定的费用，只要信托符合其他要件，并不影响其公益信托的性质。比如，英国有一个典型判例，有人设立信托用于修建外科医学院，促进外科医学和技术的学习与应用，这将给在学院实习的外科医生带来职业上的利益，提高他们的医术水平和收入。但法院审理认为，信托目的是建立皇家外科医学院，实习医生获得的利益是附带产生的，不影响信托的公益性质。

2. 信托财产用于经营活动并取得利润

允许受托人运用慈善信托财产从事经营活动，是各国信托法的通例。否则，在通货膨胀的年代，信托基金的贬值可能使信托财产的价值日益缩小，甚至影响信托的存续。例如，某人捐资300万元设立一项慈善信托，信托目的是鼓励基因科学研究，每年评选出三位在基因科学研究领域做出突出贡献的科学家，各奖励10万元。信托财产如不投入经营活动，十年后信托将因缺乏信托财产而终止。允许信托财产投入一定的经营活动并取得一定的收益，可以使信托财产保值增值，更好地实现公益目的。

当然，公益信托财产投入经营后取得的收益或利润，必须用于信托的公益目的，不能用于私人目的，不能归委托人或其他个人所有。即使信托目的已经实现，公益信托的财产及其收益也应当按照近似原则，用于类似的公益目的，或者转移给具有类似公益目的的其他公益信托或公益组织。

3. 信托受托人及其他相关当事人取得一定的报酬

公益信托的受托人、信托财产的保管人、信托监察人等为慈善信托提供管理或监督服务并收取一定报酬，不影响信托的慈善性质。在日本，主要由信托银行等法人担任公益受托人，受托人取得一定报酬，亦属正常，不影响公益信托的性质。

第二节　慈善信托的财产范围

根据《信托法》和《慈善信托管理办法》等相关制度的规定，设立慈善信托，必须有确定的信托财产，并且该信托财产必须是委托人合法所有的财产。

一、慈善信托财产的要求

设立信托对信托财产的要求体现在两个方面，即信托财产的确定性和合法性。我国《信托法》第七条规定，设立信托，必须有确定的信托财产，并且该信托财产必须是委托人合法所有的财产。我国《慈善信托管理办法》第十二条规定，设立慈善信托，必须有确定的信托财产，并且该信托财产必须是委托人合法所有的财产。

（一）信托财产的确定性

我国《信托法》第十一条将信托财产不能确定作为信托无效情形之一加以规定。信托法律关系中信托财产的确定是要求信托财产从委托人自有财产中隔离和指定出来，而且在数量和边界上应当明确，即信托财产应当具有明确性和特定性，以便受托人为实现信托目的对其进行管理运用、处分。信托财产的确定性具有非常重要的意义，因为受托人必须明确地知道，委托人的哪些财产被纳入慈善信托，哪些财产没有被纳入慈善信托。这不仅关系到慈善信托的成立，也直接涉及受托人的责任。如果一项财产被纳入信托，而受托人没有处理这项财产，那么受托人可能构成违反信托，并对此承担责任。

例如，委托人宣布以"100万元现金"设立慈善信托，信托财产在数量上确定，通过财产转移实现边界上确定，就可以满足财产确定性的要求。委托人宣布以他的"大部分剩余遗产"设立慈善信托，就不能满足财产确定性的要求。因为"大部分"这个词含义模糊，谁也说不清究竟包括多少财产。受托人无法确定，委托人的哪些财产属于信托财产，哪些财产不属于信托财产。因此，设立慈善信托的信托财产必须在数量上或者边界上是确定的，不能带有变量，不能可多可少含混不清。

信托财产的确定性，也包含一层意思，即信托财产已经存在。委托人设立信托时打算用于信托的财产尚不存在，或者是一种或有财产或财产权，慈善信托就不能成立。委托人虽然确定在未来期待可以取得一定财产或财产权，但只有在现实取得财产或财产权之后，才能作为信托财产设立慈善信托。委托人不能以不存在的财产，包括尚未存在的财产和已经不存在的财产设立慈善信托。委托人将来可能取得的财产或权利、已经依法转让给他人的财产或权利、已经失效的权利等，均不得以此设立慈善信托。

英美法系并不强调信托财产的现实存在，只要求信托财产是确定或可以确定的，允许委托人以或有财产权益设立慈善信托。如委托人将自己可能获得的遗产作为信托财产设立慈善信托，因为这种权利的存在是确定的，只是取得的时间是将来。

（二）信托财产的合法性

我国《信托法》第十一条规定，委托人以非法财产或者本法规定不得设立信托的财产设立信托，信托无效。信托财产的合法性要求是指，委托人用于设立信托的财产应当是合法取得并占有的财产。委托人对该财产享有占有、使用、收益和处分的权利，其他任何人不得主张权利。

以下财产不能设立慈善信托：

第一，非法的财产。委托人以非法财产或者《信托法》规定不得设立信托的财产设立慈善信托的，该信托无效。例如走私、盗窃、抢劫获得的非法财产以及其他非法侵占的公私财产，他人的财产包括夫妻另外一方的财产等，都属于上述情况。

第二，权属不清的财产。在慈善信托设立过程中，受托人应当对设立慈善信托的财产进行核实，包括对委托人拟设立信托财产的质量、数量、权利凭证等进行审查，不得接受存在权利瑕疵的财产。

（三）信托财产的可处分性

设立慈善信托的财产还应当是委托人有权自由处置的财产。

1. 信托财产的标的物性质上具有相对独立性

信托财产必须能够为受托人管理和处分，性质上要求财产标的物具有相对独立性，并且能够通过买卖、赠与、交换等方式转移给受托人或依法进行其他处分。这就要求，一方面，信托财产的物应当独立。例如，债权人将债权和作为债权担保的抵押权转移给受托人设立慈善信托，应属有效，但债权人只将抵押权作为信托财产转移给受托人，则不能成立有效的慈善信托，因为抵押权具有从属性质，不能单独作为信托财产。另一方面，委托人有权处分和转让信托财产，包括委托人有权单独处分或者与其他权利人一起处分。委托人有权单独处分的，可以按照其意愿处分财产，信托有效成立；委托人不能单独处分的，例如以地上权、租赁权、已附有第三人权利的不动产等作为信托财产设立信托，委托人须与其他权利人共同处分信托，方为有效，委托人单独处分不能有效设立信托。

2. 信托财产应当是委托人有权处置的财产

法律禁止强制执行的财产不得作为信托财产。各国法律都规定，维持委托人及其家庭成员的生活所必需的财产，如委托人及其家属所必需的生活用品、教育所必需的器具、物品，以及退休金、养老金、抚恤金等具有特殊性质的财产，禁止强制执行以保障委托人及其家庭的生活。这些财产具有特殊性质，委托人不得随意处分，故不能用于设立慈善信托。

3. 必须是可流通财产

委托人通常要将信托财产转移给受托人，信托财产应当是可流通的财产。法律禁止流通的财产，不得作为信托财产；法律限制流通的财产，需经有关主管部门批准，方可作为信托财产。根据我国有关法律、行政法规的规定，目前禁止流通的财产主要包括以下内容：

（1）专属国家所有的财产。如矿藏、水流等禁止买卖、出租、抵押或以其他方式非法转让。委托人只能将这类国家专有财产上的某些权利作为信托财产，如依法取得的采矿权、水资源使用权等，可以作为信托财产。

（2）非专属国家所有，但在流通领域受到一定限制的财产。例如，①土地、森林、山岭、草原、荒地、滩涂、水面等自然资源，可以转让其使用权，而不能转让其所有权。②军用武器、弹药、毒品、麻醉药品等，对这类财产的生产、流通、使用甚至保管，都得依照法律进行，不得随意私自买卖。③黄金。包括金条、粉、块，金铸币、金制品等，都只能由国家规定的专营单位经营，自然人之间不得买卖。④文物。国家对文物实行保护管理，依法属于国家所有的文物，任何人不得自行挖掘，据为己有。自然人依法可以持有某些文物，但如欲出售，必须卖给国家指定的收购单位，不得私自交易，严禁将文物走私出口或私自卖给外国人。⑤黄色淫秽的书刊、磁带、录像带、光盘等，国家禁止这类物品的流通转让。

4. 当事人约定不得转让的财产

特定财产本身具有转让性，但当事人之间约定不能转移，当事人之一违反约定将其作为信托财产设立信托的，一般认为，受托人如为善意，信托有效成立，当事人之间的约定只在他们之间有效，对第三人没有约束力，即信托不得对抗善意第三人。因此，以信托文件约定不得转让的受益权设立的信托，英美法一般承认其效力。

二、慈善信托财产的类型

《信托法》《慈善信托管理办法》规定，设立信托的财产包括合法的财产权利。从实践来看，设立慈善信托的财产主要包括以下类型。

（一）资金

以资金设立慈善信托，是我国慈善信托的最常见方式。受托人可以为单个委托人受托管理慈善资金，也可以将不同委托人的资金集合在一起受托管理慈善资金。委托人可以一次性交付信托资金，也可以分次交付信托资金。

2016年9月1日《慈善法》实施首日成立并备案的"国投泰康信托2016年国投慈善1号慈善信托"，由国家开发投资公司作为单一委托人，信托财产为资金3000万元，委托人分三年交付，每年1000万元。该信托的信托期限为5年，主要用于支持委托人定点扶贫县的教育、医疗、乡村基础设施和贫困户资助救助等。

2016年平安信托受托成立的"中国平安教育发展慈善信托计划"是我国首只集合永续型慈善信托。该慈善信托由平安集团、下属子公司及员工担任委托人，首期信托资金规模1007万元。运营一年多来，该慈善信托又陆续注入平安集团捐赠的公益资金1000万元，累计总规模超过2000万元。经监管部门批准，该信托还将面向平安集团、下属子公司、员工以及合格的高净值客户定向开放募集，带动更多爱心人士参与其中，壮大慈善信托资金规模。

（二）艺术品

以艺术品设立慈善信托，开辟了一个新的慈善资金来源。2017年，万向信托作为受托人，成立并备案全国首单以艺术品作为信托财产的慈善信托"万向信托—艺酷慈善信托"。该信托由一位机构委托人及一位自然人委托人共同设立，首期信托财产为委托人收藏的著名画家曹彬画作41幅，用于包括但不限于发展教育、科学、文化、体育、卫生、环境及其他社会公益事业，扶贫、济困、扶老、救孤、恤病、助残、救助灾害事件及其他公益活动。此次成立的"万向信托—艺酷慈善信托"以画作作为首期信托财产，并可接纳新增委托人追加信托财产。万向信托拟将"万向信托—艺酷慈善信托"打造为个人及机构通过艺术品开展慈善活动的品牌，个人及机构可通过委托艺术品作为信托财产的形式加入信托，由万向信托统一进行管理，通过艺术品市场另类投资、慈善画展、艺术品慈善拍卖的形式实现信托财产的保值增值，真正实现永续慈善。

（三）股权

2017年4月，由国投泰康信托担任受托人的"国投泰康信托2017年真爱梦想2号教育慈善信托"在北京市民政局完成备案，标志着国内首单以股权财产设立的慈善信托正式成立，这对于扩大慈善信托财产范围、满足社会各界多样化的慈善需求具有重要的创新和探索意义。与货币型慈善信托相比，股权慈善信托更能发挥信托制度持久的优势，推动慈善活动从传统消耗型模式向自生型路径转变，促进我国慈善事业可持续发展。此单股权慈善信托由单一委托人设立，交付的股权为该委托人持有的1万股非上市股份公司股权，股权的公允价值为48万元，慈善信托财产及收益用于支持全国素养教育研究与推广项目。此单股权慈善信托由上海真爱梦想公益基金会担任慈善项目执行人，北京市中盛律师事务所担任信托监察人，渤海银行担任资金保管人。

2018年，万向集团实际控制人鲁伟鼎基于慈善目的，设立鲁冠球三农扶志基金，并将其持有的万向三农集团有限公司6亿元股权无偿授予基金慈善信托，信托财产为委托人持有的万向三农集团有限公司6亿元股权。基金成立就是为了纪念万向集团公司创始人鲁冠球先生，同时也遵循他的情怀意志，让农村发展、让农业现代化、让农民富裕，以影响力投资、以奋斗者为本、量力而行做实事。其财产及收益将全部用于扶贫、济困、扶老、救孤、恤病、助残、优抚、救灾等慈善活动，促进教育、科技、文化、卫生、体育、环保等事业发展。

与以货币资金设立慈善信托相比，委托人以股权设立慈善信托更具特殊意义。受托人只有深刻理解委托人以股权开展慈善活动时所凝结的情感和责任，才能真正认识到受托管理股权慈善信托时具有更大受托管理责任。

1. 股权慈善信托是凝结情感的托付

委托人以股权设立慈善信托，不论何种估值方法，该委托的股权都有一定的公允价值。但是，委托人以股权设立慈善信托，所托付的内容远远超过公允价值本身。股权慈善信托凝结了委托人的丰富情感。股权本身是委托人和创业伙伴多年心血的结晶，承载着委托人和创业团队的梦想，是委托人极其珍重的财产。委托人将这凝结了丰富情感的股权设立慈善信托，是经过长期的深思熟虑的，不仅相信股权财产未来具有很大的增值空间，而且把未来股权的增值潜力都交付给了慈善信托，体现了委托人对慈善事业的热爱。

2. 股权慈善信托是持久的托付

股权是长期的存在，只要企业持续经营，企业股权就一直存续。因此，以股权设立慈善信托，是将慈善活动作为一项长期事业来开展。长期的事业需要长期的伙伴，因此股权慈善信托是委托人对受托人的长期的托付，体现了委托人对受托人的高度信任。委托人相信受托人能够在很长的时间内存续经营，相信受托人具有长期的开展慈善信托受托管理服务的专业能力，相信受托人能够以实现慈善为目的管理好信托财产，助其实现长远的慈善目标。

3. 股权长期增值的责任重大

以股权设立慈善信托，慈善目的实现需要股权持续增值和分红。尤其委托人以股权设立慈善信托后，该股权就变成了社会公共财产，股权价值的变动也将受到社会公众的监督，股权所在的企业也从某种意义上来说成为一家公众公司。因此，无论是受托人还是委托人，股权持续增值不仅是机构自身的责任和压力，也是受益人和社会公众的热切期盼。此外，股权转移给慈善信托后，股权增值更要依赖企业经营团队的努力，对企业管理层也提出了更高的要求。

4. 受托人承担更大管理责任

正是因为股权慈善信托不仅是股权价值的交付，也是委托人多年心血的持久托付，这对信托公司受托管理慈善信托提出了更高的要求。与资金信托不同，股权慈善信托的管理职责更加艰巨。一方面，受托人代表慈善信托成为标的公司的股东，要承担股东责任，履行股东义务。另一方面，为保障慈善目的实现，受托人承担着股权财产流动性管理、价值变动管理等工作。为了全方位做好受托管理工作，不论在设立环节、运行环节还是清算环节，股权慈善信托的人员和精力投入都要远远超过资金信托。

（四）金融产品

2017 年 11 月 30 日，中国银行·外贸信托·满堂红教育慈善信托在福建泉州正式签约，并于 12 月 4 日在北京市民政局完成备案。这是中国银行福建省分行联手中国对外经济贸易信托有限公司推出的全国首单混合财产慈善信托，是金融领域与慈善事业的一次创新融合。

"满堂红教育慈善信托"采用的是"高净值客户＋商业银行＋信托公司"三方合作模式：高净值客户作为委托人将其拥有的现金和金融产品设立慈善信托，用于发展教育事业。外贸信托担任信托财产的受托人，依据《信托法》《慈善法》等法律法规，以及信托合同的约定，发挥慈善信托的长效法律运行机制作用。委托人、受托人还聘请慈善信托专家委员严格筛选确定信托受益人，并在中咨律师事务所作为监察人的监督下，规范、有序地从事慈善信托财产的管理。在慈善信托架构中，中国银行担任财务顾问，依托中国银行丰富的资源和理财产品线，通过提供专业的资产配置建议，在控制风险的前提下，助力慈善信托财产的稳健保值增值，并在慈善信托存续期内，为委托人和受益人提供长期的客户维护服务；同时，中国银行作为慈善信托的资金保管银行，对慈善信托资金的保管、使用实施监督职责，并提供全方位的账户管理服务，帮助委托人实现支持教育事业发展、鼓励师生上进、改善教学条件的慈善目的，具有很好的社会示范效应。

（五）信托受益权

2017 年，万向信托作为受托人设立及备案"幸福传承慈善信托"，信托财产为委托人持有财产管理信托的信托受益权。这是我国首个双层信托模式的慈善信托，设立目的为促进和弘扬家族传承文化发展。中华遗嘱库管委会主任陈凯律师倡导并首期出资 200 万元设立慈善基金。与直接捐赠或设立基金会的方式不同的是，该基金由两层信托构成，第一层信托主要目的是保值增值，将其收益全部置入第二层信托，第二层信托为慈善信托。这样做的好处是，可以让第一层信托的管理人专心做投资，避免因为慈善资金偏重安全性的特点而限制投资品种和投资方向的选择，更好地提高收益率，又可以让第二层信托专注于做慈善，其资金来源由第一层信托解决，使得第二层信托的管理方免除了因投资和资金来源而产生的后顾之忧，真正做到永续慈善。

（六）不动产

我国尚未出现以不动产设立的慈善信托。但是在慈善信托的起源地英国，不动产是最主要的信托财产。创办于 1895 年的英国国民信托，是英国最大的"地主"和"房主"，也是欧洲最成功的历史文化遗产和自然景观保护组织。它拥有 2550 平方公里的乡村土地、1141 公里长的海岸线、300 座历史建筑和200 个花园等的所有权、管理权及使用权。19 世纪后半叶，随着工业革命发展进程的深入，开发和利用土地的矛盾日益尖锐，为了保护历史遗迹和历史建筑，以及确保自然环境不因工业发展的进程而遭到破坏，欧克塔维亚·希尔（Octavia Hill）、罗伯特·亨特（Robert Hunter）和哈德威克·拉恩斯雷牧师（Hardwicke Rawnsley）三人决定成立国民信托机构，试图通过购置、遗赠和代为管理等多种方式，防止这些历史遗迹、建筑和自然景观因为不当开发而遭到灾难性的破坏，从而保护了大批自然景观和历史文化遗迹，其中包括 7 个被列入联合国教科文组织世界自然和历史文化遗产名单的哈德良长城的最经典地段（Hadrian's wall, Housesteads）、湖区乡村景观（ Lack district）和埃夫伯里巨石阵（Avebury stone circle）等。

第三节　慈善信托财产确权和交付

慈善信托财产确权和交付主要包括货币资金的财产确权和交付、股权财产确权和交付、其他非货币财产确权和交付等几个方面。

一、慈善信托财产确权

依照《信托法》中的谨慎原则，受托人需要对信托财产的合法性进行认真仔细的审核，以保证信托财产设立的有效性。

（一）货币资金财产确权

1. 委托人为自然人

委托人为自然人的，首先要求委托人是具备完全民事行为能力的自然人。

委托人设立慈善信托的货币资金应当是个人名下银行账户的货币基金。委托人保证对拟交付慈善信托的货币资金拥有合法的所有权或处分权。委托人向受托人交付的信托资产不能以任何负债形式获得。委托人且已就以货币资金设立慈善信托事宜向相关权利人履行了告知义务，设立慈善信托未损害其债权人的利益。信托资产系共有财产的，委托人已取得其他共有人的同意。

如果委托人设立慈善信托的财产金额巨大，受托人一般还要求委托人出具收入证明、取得该现金类资产的其他证明以及完税证明等材料，从而证明委托人设立慈善信托的财产是其合法拥有的财产。

2. 委托人为慈善组织或企业

委托人为慈善组织或企业的，受托人应当取得慈善组织或企业的章程，了解委托人设立慈善信托的有权决策机构及相应决策机制。受托人应当取得委托人有权决策机构关于设立慈善信托的决议证明。如慈善组织设立慈善信托事项应当经过理事会同意的，受托人应当取得委托人的理事会决议。企业设立慈善信托事项需董事会同意的，受托人也应取得企业董事会决议事项。

（二）股权财产确权

股权财产确权主要有以下方面：

1. 确定委托人拟交付信托的股权是委托人合法持有的财产

其中，上市公司和新三板挂牌企业股权统一在中国证券登记结算有限责任公司登记，可以通过证券公司或直接在登记公司查询股东及持股数量，股权确权相对容易。有限责任公司股权可以通过工商局查询股东登记信息。对于已经完成股改但仍未挂牌或上市的股份有限公司，股东并不是工商登记内容，无法从工商局查询到股东信息，因此要通过查询公司股东名册确认股东信息。此外，在确权过程中，都要通过查验形成股权的增资协议、股权转让协议、验资报告、资产清核报告等文件确认委托人的实际出资情况。

2. 确定委托人处置股权的权利不受任何限制

包括委托人拟交付信托的股权不存在担保权利；委托人若是持股公司发起人、实际控制人、高级管理层，根据相关法律法规及持股公司章程的规定，委托人处置股权已不受限制；委托人交付信托财产已获得必要授权和批准；委托人以股权设立信托不损害其债权人利益，等等。如委托人为自然人，拟设立信托的股权为夫妻共同财产的，还需征得配偶同意。

3. 对股权价值进行评估

股权估值方法主要有三类：第一类为资产基础法，也就是通过对目标企业的所有资产、负债进行逐项估值的方法，包括重置成本法和清算价值法。第二类为相对价值法，主要采用乘数方法，较为简单，如市盈率倍数法、市净率倍数法、市销率倍数法、EV/EBITDA 评估法等。第三类为现金流贴现（DCF）法。针对不同类型、不同发展阶段的企业股权，选择的估值方法也不同。对于复杂的股权价值评估，可以由注册会计师对其进行审计和评估并出具相应报告，由律师对其财产合法性出具法律意见书。

（三）其他非货币财产确权

委托人以不动产设立慈善信托，应当出具不动产权属证书。委托人以动产设立慈善信托的，应当出具购买证明或者取得动产的证明。委托人以版权、专利权等知识产权设立慈善信托，应当出具相应登记证明。委托人以金融产品设立慈善信托的，应当出具金融产品交易文件，受托人应当评估该金融产品的投资风险及合法合规性。委托人以限制流通的财产（权利）设立慈善托的，例如金银、文物等，在信托设立前，只有在依法经有关主管部门批准取得该项财产（权利）的授权后，才可以作为信托财产。

二、慈善信托财产交付

（一）货币资金交付

委托人以货币资金设立慈善信托的，委托人将货币资金从自己的银行账户转账至受托人在保管银行开立的信托资金专户，完成信托财产交付。

（二）金融产品交付

委托人以金融产品设立慈善信托，则拟交付的信托资产是金融产品份额，委托人应将该理财产品投资者名称变更至受托人名下，并将变更后的理财产品权益凭证、法律文件（如有）交付给受托人。

（三）股权信托财产的交付

1. 办理股权登记

即委托人以公司股权设立慈善信托后，慈善信托成为公司的新股东，应当根据《公司法》及相关登记管理规定办理股权变更登记。

以上市公司股份和非上市公众公司股份设立慈善信托，股权应当按照《证券登记规则》《证券非交易过户业务实施细则》《非上市公众公司股份登记存管业务实施细则（试行）》等业务规则，在中国证券登记结算有限责任公司办理过户登记。

以有限责任公司股权设立慈善信托，其股东变更应当经过半数股东同意，自变更之日起 30 日内向工商部门申请变更登记，并提交新股东的主体资格证明。

以非上市股份公司股权设立慈善信托，其股东变更不属于发起人姓名或名称变更，不属于应当申请变更登记的情形，应当由公司将受让人的姓名或者名称及住所记载于股东名册的方式办理变更登记。

2. 税收问题

当前在慈善信托税收优惠政策并未实际落地的情况下，以股权设立慈善信托，还涉及税收问题：

（1）企业或个人所得税。目前税务部门尚未出台以股权设立慈善信托税收优惠的明确规定。财政部、国家税务总局于 2016 年出台了《关于公益股权捐赠企业所得税政策问题的通知》（财税〔2016〕45 号文件），对"企业向公益性社会团体实施的股权捐赠"税收优惠政策作出具体规定，但不涉及个人以股权设立慈善信托的税收优惠政策。因此，个人委托人以股权设立慈善信托，在股权交付时仍会被视同"股权转让"缴纳所得税。

（2）印花税。以股权设立慈善信托，需要办理信托财产登记，涉及产权主体变更，应按照"产权转移书据"税目，按信托合同所载金额的 0.5‰贴花。后续管理环节，慈善信托以转让方式处置股权的，也应当缴纳印花税。

第四节　慈善信托财产管理的基本要求

根据《慈善信托管理办法》第二十九条规定，受托人应当自己处理慈善信托事务，但信托文件另有规定或者有不得已事由的，可以委托他人代为处理。

受托人按照委托人的意愿，以自己的名义管理或者处分慈善信托财产。受托人管理慈善信托财产的基本要求包括以下几个方面。

一、受托人管理慈善信托财产的义务要求

（一）忠实义务

慈善信托成立后，信托文件约定是受托人管理慈善信托财产的基本依据。受托人可以拒绝接受信托，一旦接受信托就负有相应的依照信托文件处理信托事务的义务。《信托法》第二十五条第一款规定，受托人应当遵守信托文件的规定，为受益人的最大利益处理信托事务。

英美信托法强调受托人必须按照委托人或信托文件的要求处理信托事务。信托作为一种财产管理制度，其精神就在于承认并鼓励当事人的创造性。信托设立的主要依据是委托人的意愿，只要委托人有设立慈善信托的意愿并将财产转移给受托人，慈善信托即成立。信托法的一个重要理念就是尊重委托人的愿望，英美信托法不仅要求受托人必须按照信托文件处理信托事务，而且，信托法还允许委托人为受托人设定义务，只要这种义务不违反公共利益和公共政策。

（二）谨慎管理

谨慎管理信托财产是对受托人的一项原则性基本要求。《信托法》第二十五条第二款规定，受托人管理信托财产，必须恪尽职守，履行诚实、信用、谨慎、有效管理的义务。这对受托人管理信托财产提出了两方面原则要求：其一，受托人管理慈善信托财产必须恪尽职守。受托人应当勤勉尽职，忠于职责，不懈怠，不疏忽大意，按照信托文件的规定对信托财产进行管理和处分。其二，受托人应当履行诚实、守信、谨慎、有效管理的义务。不过我国信托法对受托人的谨慎义务规定比较原则，没有明确谨慎义务的具体标准。有学者认为，受托人基于委托人的信任而取得信托财产的管理处分权，与此种权力相对等，受托人管理信托财产仅以与处理自身事务同样的技能和注意是不够的。受托人管理信托财、处理信托事务应该达到的谨慎程度，要比管理自己的财产更加小心、慎重。

英美法主要通过判例确认了受托人的谨慎义务，有时也称为注意义务，要求受托人管理信托事务必须采取合理的谨慎。一般认为，受托人如果是专门经营信托业务的经营机构，受托人的谨慎标准是，应当具有处理信托事务的专业知识，体现出该专业的从业人员应当具备的业务素质和谨慎要求。也就是说，受托人的谨慎标准应当是其所处行业及从业人员的职业技能和谨慎标准。信托事务涉及信托财产投资的，受托人应遵循更高的谨慎标准。

（三）分别管理

受托人应当将信托财产与固有财产分别管理；受托人同时接受两项以上信托的，还应当将不同信托的信托财产分别管理。实行分别管理必须分别记账，准确记录信托财产的账目，避免信托财产与其他财产混合。受托人不得滥用权力不公平地对待不同信托财产，将信托财产的收益记入固有财产或其他信托财产，将固有财产或将其他信托财产的损失记入某一信托财产。

受托人的分别管理义务不仅是概念上的，而且必须实际地将信托财产分开加以管理。受托人应当采取切实可行的办法标明信托财产的性质，区别于受托人的固有财产和其他财产。对于信托财产是货币资金的，《慈善信托管理办法》要求开立慈善信托专用资金账户，由商业银行进行资金保管。受托人支取账户款项时，银行如果知道受托人支取款项的用途违反信托条款，银行应拒绝支出，否则必须担赔偿责任。信托财产是土地、房屋等不可替代的，信托财产在物理上是分离的，分别管理比较容易。信托财产是股票、公司债券和其他有价证券，应当在信托财产上加注适当的标示（比如注明"信托财产"）。信托财产是不动产的，应当在物理上与委托人、受托人的其他财产分别管理。

（四）亲自管理

受托人必须亲自管理信托财产，处理信托事务，不得随意委托他人代为处理。信托当事人之间是以信任关系为基础，委托人基于信任指定受托人，相信受托人能够按照委托人的意愿实现信托目的。受托人如随意委托他人代为处理信托事务，显然有违委托人的信任。因此，各国的信托法普遍坚持受托人必须亲自管理信托事务的原则。

随着经济和社会发展，信托财产的范围日益扩展，信托财产投资管理的要求越来越高，信托事务日趋多样化和复杂化，完全由受托人管理信托事务越来越难，而且，有时反而不如委托他人处理部分信托事务更有效率。比如在慈善信托中，信托公司担任受托人的，也往往需要与慈善组织合作，从而更加高效地执行慈善项目，实现慈善目的。因此，各国信托法逐渐放宽对受托人亲自管理的要求，允许受托人在特殊情况下将某些信托事务委托他人代为处理。

《信托法》第三十条规定，受托人应当自己处理信托事务，但信托文件另有规定或者有不得已事由的，可以委托他人代为处理。《慈善信托管理办法》第二十九条规定，受托人应当自己处理慈善信托事务，但信托文件另有规定或者有不得已事由的，可以委托他人代为处理。受托人依法将慈善信托事务委托他人代理的，应当对他人处理慈善信托事务的行为承担责任。受托人因依法将慈善信托事务委托他人代理而向他人支付的报酬，在其信托报酬中列支。

二、慈善信托财产管理的政策要求

（一）慈善组织财产投资管理规定

与一般财产的投资管理相比，慈善财产的投资管理更加强调安全性。《慈善法》第五十四条规定，慈善组织为实现财产保值、增值进行投资的，应当遵循合法、安全、有效的原则，投资取得的收益应当全部用于慈善目的。慈善组织的重大投资方案应当经决策机构组成人员的 2/3 以上同意。

《慈善组织保值增值投资活动管理暂行办法》第三条规定，慈善组织应当以面向社会开展慈善活动为宗旨，充分、高效运用慈善财产，在确保年度慈善活动支出符合法定要求和捐赠财产及时足额拨付的前提下，可以开展投资活动。慈善组织开展投资活动应当遵循合法、安全、有效的原则，投资取得的收益应当全部用于慈善目的。慈善组织的财务和资产管理制度以及重大投资方案应当经决策机构组成人员的 2/3 以上同意。

1. 慈善组织可以开展的活动

依据《慈善组织保值增值投资活动管理暂行办法》，慈善组织可以开展的投资活动，主要包括下列情形：

（1）直接购买银行、信托、证券、基金、期货、保险资产管理机构、金融资产投资公司等金融机构发行的资产管理产品。

（2）通过发起设立、并购、参股等方式直接进行股权投资。

（3）将财产委托给受金融监督管理部门监管的机构进行投资。

慈善组织在投资资产管理产品时，应当审慎选择，购买与本组织风险识别能力和风险承担能力相匹配的产品。慈善组织直接进行股权投资的，被投资方的经营范围应当与慈善组织的宗旨和业务范围相关。慈善组织开展委托投资的，应当选择中国境内有资质从事投资管理业务，且管理审慎、信誉较高的机构。

2. 慈善组织不可以开展的投资活动

《慈善组织保值增值投资活动管理暂行办法》规定，慈善组织不得进行下列投资活动：

（1）直接买卖股票。

（2）直接购买商品及金融衍生品类产品。

（3）投资人身保险产品。

（4）以投资名义向个人、企业提供借款。

（5）不符合国家产业政策的投资。

（6）可能使本组织承担无限责任的投资。

（7）违背本组织宗旨、可能损害信誉的投资。

（8）非法集资等国家法律法规禁止的其他活动。

（二）慈善信托财产投资管理规定

《慈善信托管理办法》第三十条规定，慈善信托财产运用应当遵循合法、安全、有效的原则，可以运用于银行存款、政府债券、中央银行票据、金融债券和货币市场基金等低风险资产，但委托人和信托公司另有约定的除外。这包含两层意思：

一方面，慈善信托的受托人是慈善组织的，信托财产的投资管理运用只能是银行存款、政府债券、中央银行票据、金融债券和货币市场基金等低风险资产。这样的规定主要考虑了我国大部分慈善组织的投资管理能力不足的现状。据基金会中心网统计，2015 年我国共有 6934 家基金会，然而只有 1542 家基金会有投资行为，占当年基金会总数的 22%，基金会投资参与度不高。2015 年基金会收入共计 482.48 亿元，其中投资收入 36.61 亿元，占比仅为 7.52%。2015 年，全国基金会净资产投资收益率仅为 3.03%，对比社保基金披露的 2015 年投资收益率 15.19%，两者之间有不小的差距。基金会之所以没有动力进行投资，主要原因有两点：一是慈善组织对投资行为及相关人员缺乏合理的激励机制，面对投资风险，慈善组织为了避免担责，投资行为过于审慎，甚至不开展投资。二是相当一部分慈善组织缺乏专业的投资人员，一些基金会的慈善财产投资由财务人员兼任，专业投资能力不足。

另一方面，委托人设立慈善信托，要求闲置信托资金开展《慈善信托管理办法》规定的低风险以外的投资，需要由信托公司担任受托人，委托人与信托公司在信托文件中明确约定。即如果慈善信托由慈善组织担任受托人，则闲置慈善资金只能开展低风险投资。委托人想要对慈善信托财产进行更加积极的投资管理运作的，应当委托信托公司担任受托人，或者委托慈善组织和信托公司共同作为受托人。

三、股权慈善信托财产的管理要求

委托人以股权设立慈善信托，受托人以自己的名义管理股权信托财产，为保障信托目的实现，还应根据股权财产的特殊性进行股权管理。

1. 如何实现慈善支出

设立慈善信托的首要目的是真正开展慈善活动。设立信托时，委托人与受托人应当对慈善信托每年的慈善支出金额或比例做出约定，保障慈善目的的实现，保护受益人的利益。

以股权这种非货币财产设立慈善信托，每年慈善支出资金的第一来源便是股权的分红。如果股权分红这一首要资金来源并不稳定，可能无法达到信托文件约定的支出金额和比例时，受托人应当可以自主处置部分股权获得慈善资金，用于开展慈善活动。其中上市公司股权的流动性最高，公允价值最容易确定，处置也最为容易；非上市股份公司股权可以自由转让；而有限责任公司股权可以在公司股东内部自由转让，向股东以外的人转让时，需经其他股东过半数同意。

2. 如何进行股权管理

信托财产交付时，委托人将标的股权所附属的权利及收益全部交付给受托人。慈善信托成为标的公司的股东，受托人以自己的名义管理慈善信托持有的股权，代表慈善信托行使对标的公司的股东权利。

受托人可以根据委托人的意愿、慈善信托持有股权比例等因素，决定行使标的公司股东权利的方式。如果慈善信托持有标的公司股权比例有限，那么受托人可以主要保留持有股权所附属的分红、处置等权利，而把公司日常经营相关的其他权利授权给委托人代为行使。在具体操作中，受托人可以自行表决增资减资、修改公司章程等股东大会特别决议事项，而将表决公司预算、决算方案等股东大会普通决议事项的权利授权委托人。如此，不仅提高了事务管理效率，也能保证慈善目的实现。

此外，受托人行使对标的公司的股东权利时，也应当征求监察人意见。监察人对受托人管理和处置慈善信托财产、行使股东权利的行为履行监督职责。

3.导致信托终止的情形

股权慈善信托以股权分红为首要慈善支出资金来源，慈善信托期限一般较长，充分发挥了慈善信托的灵活、持久等制度优势。然而，从长期来看，由于信托财产经营、相关的监管要求存在不确定性，因此在信托文件中将这些事项作为慈善信托提前终止事项加以约定，有利于最大程度保护各方利益。

其一，是慈善信托持有的股权大幅减值的情形。如果标的公司的持续经营能力存疑，股权价值持续大幅下跌，即使受托人处置慈善信托持有的全部股权，也无法达到信托文件约定的慈善支出金额。在这种情况下，慈善目的已无法实现，应当提前终止慈善信托。

其二，是慈善信托对持股公司 IPO 的影响。目前证监会对有信托计划持股的拟 IPO 企业持保留态度，未来上述监管要求也存在变化的可能。对此，如果标的公司为非上市公司，一方面，受托人在慈善信托的设立环节、后续管理环节都要严格合法合规操作；另一方面，也应在信托文件中将监管机构对解除信托持股的要求作为提前终止事项进行约定。

第六章

慈善信托的模式与创新

慈善信托主要有单独受托模式和共同受托模式两种。随着慈善信托的快速发展，慈善信托在与家族信托结合以及慈善信托助力精准扶贫等方面的创新能力不断得以体现。

第一节 单独受托模式

单独受托模式主要是以慈善组织或信托公司单独作为受托人的模式。目前，信托公司单独作为受托人获得备案的慈善信托数量占大多数。

一、慈善组织单独受托模式

慈善信托的受托人，可以由委托人确定其信赖的慈善组织或者信托公司担任。截至2019年6月底，共有7单由慈善组织单独担任受托人的慈善信托（见表6-1）。

表6-1　慈善组织单独担任受托人的慈善信托

受托人	慈善信托名称	备案机构	备案时间
北京市企业家环保基金会	北京市企业家环保基金会 2016 阿拉善 SEE 公益金融班环保慈善信托	北京市民政局	2016 年 12 月 27 日
江苏省瑞华慈善基金会	瑞华公益轮椅助你行慈善信托	江苏省民政厅	2017 年 11 月 23 日
深圳市社会公益基金会	兴辰慈善信托	广东省民政厅	2017 年 12 月 4 日
深圳市社会公益基金会	大鹏半岛生态文明建设慈善信托	广东省民政厅	2018 年 1 月 30 日

续表

受托人	慈善信托名称	备案机构	备案时间
深圳壹基金公益基金会	深圳壹基金公益基金会－林氏家族慈善信托	深圳市民政局	2018 年 5 月 16 日
北京联益慈善基金会	北京联益慈善基金会 2018 年度益善 1 号－健康梦想慈善信托	北京市民政局	2018 年 9 月 27 日
南京市慈善总会	吴毅文慈善信托	南京市民政局	2018 年 12 月 5 日

北京市企业家环保基金会
2016 阿拉善 SEE 公益金融班环保慈善信托

　　"北京市企业家环保基金会 2016 阿拉善 SEE 公益金融班环保慈善信托"由自然人担任委托人,由北京市企业家环保基金会担任受托人,北京市中伦律师事务所、广发银行担任保管人,信托规模 100 万元,期限 10 年,信托目的为资助和扶持中国民间环保公益组织的成长,实现生态环境保护事业的可持续发展。本信托在北京民政局备案。

　　本信托的受益人范围是"致力于荒漠化防治、绿色供应链与污染防治、生态保护与自然教育、环保公益发展的中国民间环保组织"。受益人选定方法和程序如下:

　　1. 受益人应当具备以下条件:

　　(1)服务于社会公益且不以营利为目的的社会组织。

　　(2)组建时间 2 年以内,组织业务处于初创阶段,上一年收入不超过 30 万元的公益环保组织。

　　(3)受益人不得与委托人、受托人存在利害关系。

　　2. 申请人可登录创绿家官网(http://www.see.org.cn/clj),在线填写并提交申请信息,委托人委托受托人组织的终稿评委组审核并确定本信托的受益人。

　　3. 慈善信托的受益人及资助金额由受托人组织的终审评委组决定。每年可接受资助的慈善项目的数目不限,但本信托每年用于资助的信托财产金额合计不得低于 10 万元,最后一个自然年度的支出金额不受限制。

二、信托公司单独受托模式

信托公司单独担任慈善信托受托人，独自执行慈善项目。信托公司也和慈善组织、社会组织等公益机构合作，发挥各自在慈善财产管理和慈善项目运行方面的优势，形成"捐赠＋信托""信托＋项目执行"两种业务模式。

（一）受托人独自执行慈善项目

信托公司单独担任慈善信托受托人，不仅负责慈善财产管理事项，也负责慈善项目组织实施。对信托公司的慈善项目执行能力提出较高要求。为保障慈善项目规范、高效实施，信托公司一般在慈善信托项下成立决策机构，选定受益人等重大事项必须经过该决策机构同意。

案例分析 中信信托 2016 年航天科学慈善信托

委托人：企业

受托人：中信信托有限责任公司

信托目的：促进航天科学事业发展，奖励航天科学事业人才

1. 受益人范围

受益人应是长期从事航天事业、做出突出贡献的科技、管理人员和一线工人等，重点考虑为国防武器装备建设和军民融合发展做出突出贡献的一线专业技术人员，原则上年龄不超过 50 周岁，以 45 周岁以下为主。受益人应当具备下列任一条件：

（1）在武器装备研制、生产、试验、测控及相关方面，有创造性的研究成果，或研究成果具有重大科学价值，达到国内外先进水平。

（2）在科研生产的日常工作实践中勇于创新，取得技术革新成果，为解决武器装备重大技术难点和关键性技术问题、提高武器装备质量做出突出贡献。

（3）在以"大防务、大安全"为背景的军民融合发展、军民结合高技术产业化等领域取得重大创新性成果，创造显著社会效益或经济效益。

（4）用科学管理方法、成果组织国防武器装备或军民融合产品的研制、

生产、试验任务，为航天管理的决策科学化和管理现代化做出突出贡献。

2. 受益人选定方法和程序

（1）受托人设立评选委员会和办公室等开展慈善活动。

（2）评选委员会负责评选受益人、确定奖励方案（包括但不限于确定奖励人数、金额、时间等）、审议管理报告等重大事项；评选委员会由若干名委员组成，其中委托人、受托人、监察人各派 1 名常任委员，并聘请若干名非常任委员，包括相关领域专家或大型航天科工或科技企业的主管科研生产、科技创新的主要负责人等；评选委员会议所议事项表决，须经出席会议的委员 2/3（含本数）以上表决同意后通过。

（3）办公室负责接受申请、协调联络、安排评选会议及颁奖仪式、拟定会议纪要或总结报告等日常工作。

（4）评选程序。评选委员会于每年 9~12 月间召开会议，确定本年度奖励计划等，并由办公室负责落实，包括联系科研院所或相关企业等，接受申请、材料整理、安排评选委员会议。办公室不对申请人进行筛选，统一交给评选委员会进行评审。

评选委员会于每年 10~12 月间召开会议并进行评选，最终确定符合当年奖励计划的受益人。

（二）信托与慈善组织合作：捐赠＋信托模式

这种合作方式的交易结构为：慈善组织募集资金，并以慈善组织的名义以募捐资金委托信托公司设立慈善信托，信托公司作为受托人管理信托财产，并向慈善组织确定的受益人分配慈善财产。这种合作模式的好处如下：

其一，由慈善组织募集资金，可以最大程度发挥慈善组织的募集能力，尤其是慈善组织面向企业捐赠者的募集能力。

其二，捐赠给慈善组织的资金将通过设立慈善信托的方式用于慈善事业，增加了资金运用的监管环节，增强了资金使用透明度，可以最大限度提高捐赠者对慈善组织的信任程度。

其三，满足基金会更加灵活的慈善财产管理需要，可以帮助基金会缓解每年硬性慈善支出的压力。

其四，信托公司对闲置资金的管理更加专业，可以促进慈善财产的保值增值。

其五，捐赠者直接捐赠给慈善组织，能够享受慈善捐赠相关的税收优惠（见图 6-1）。

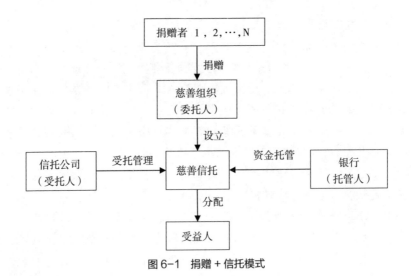

图 6-1　捐赠 + 信托模式

长安慈——民生 001 号慈善信托

"长安慈——民生 001 号慈善信托"由内蒙古自治区慈善总会作为委托人，长安国际信托股份有限公司作为受托人，民生银行呼和浩特分行作为托管行，并为信托的资金安全、保值增值、持续运转提供全方位的服务。该信托的首期资金由盛银和睿科技有限公司捐赠，信托财产本身和增值最终都将用于慈善用途。

中诚信托 2018 年度善爱扶贫慈善信托

本项目由中国信托业保障基金有限责任公司、中诚信托有限责任公司共同出资，向临洮县扶贫开发办公室定向捐赠，用以设立由临洮县扶贫开发办公室作为委托人、由中诚信托担任受托人的"中诚信托 2018 年度善爱扶贫慈善信托"，用于"扶贫济困，信托资金用于支持甘肃贫困地区特色产业发展，文化教育帮扶等，帮助当地尽快实现脱贫"之信托目的。出资方有权通过委托人向慈善信托决策委员会派1名委员，参与慈善信托事务决策。

出资人：中国信托业保障基金有限责任公司、中诚信托有限责任公司

委托人：临洮县扶贫开发办公室

受托人：中诚信托有限责任公司

受益人范围：贫困地区群众及在校学生

1. 受益人选定方法

慈善信托成立决策委员会，作为受益人选定的决策机构。决策委员会由5名委员组成，其中委托人派3名代表，受托人、监察人各派1名代表。慈善信托受益人名单需经决策委员会全体委员一致同意后通过。

2. 受益人选定程序

（1）受托人与临洮县地方政府及其指定的乡镇和村级政府、合作社等机构合作，由其向受托人推荐受益人名单。

（2）受托人将受益人推荐名单提交慈善信托决策委员会审议。

（3）慈善信托决策委员会以对甘肃地区困难群众进行精准资助为基本原则，优先考虑因病返贫、因学致贫等特殊困难群众，审议并确定拟支持的受益人名单及资助金额。

三、信托与慈善组织合作：信托＋项目执行模式

这种合作方式的交易结构：信托公司作为受托人，募集资金成立慈善信托。信托公司委托慈善组织作为项目执行人，由其确定并实施慈善项目。信托公司根据慈善项目的进展、资金使用计划向受助对象或受助活动支付资金。

这种合作模式的好处如下：

其一，可以充分发挥慈善组织的慈善项目运营经验（如建设希望小学中与地方政府、主管部门的沟通协调，对贫困地区教师培训组织等工作），弥补信托公司作为受托人在项目实施能力和精力方面的不足，使慈善活动得到更好的执行。

其二，信托公司作为受托人，根据执行机构确定的用款进程给付资金，对闲置资金可以进行合理投资，使慈善活动分工精细化，业务专业化。

其三，有助于拓宽信托公司开展的慈善活动类型，包括有一定建设期限、运营过程的慈善项目，或者是长期的、持续的、系统的慈善项目（见图6-2）。

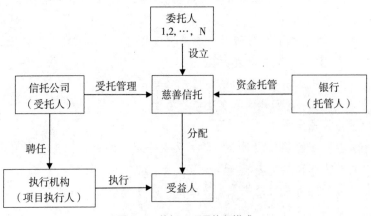

图6-2 信托＋项目执行模式

国投泰康信托2016年真爱梦想1号教育慈善信托

委托人：自然人

受托人：国投泰康信托有限公司

信托目的：促进发展中小学校素养教育

受益人范围：全国中小学校及受助学校师生

项目执行人：上海真爱梦想公益基金会

受益人选定的程序和方法：按照委托人的要求以及慈善信托项目执行人的建议，确定受益人。①委托人向受托人提供慈善信托工作要求（若有）；②受托人与慈善信托项目执行人上海真爱梦想公益基金会沟通，由其提供具体名单（可以学校为单位），受托人进行确认。

长安慈——山间书香儿童阅读慈善信托

委托人：陕西省慈善协会

受托人：长安国际信托股份有限公司

信托目的：发展文化教育事业，培养儿童阅读兴趣，改善阅读条件，促进儿童全面发展

初始信托金额：本慈善信托委托人缴付不低于人民币 5 万元后，由受托人确定并公告信托成立

受益人范围：贫困地区儿童、流动儿童、残障儿童等通过本慈善信托受益的儿童群体

受益人选定的程序和方法：本慈善信托设立决策委员会，由公益组织、教育机构等项目执行方提交公益项目申请书，由决策委员会决定；通过项目执行方实施公益项目从而使得受益人获益。

资助领域：①为贫困地区儿童、城市流动儿童、残障儿童等儿童群体提供适合的优质读物，支持激发儿童阅读兴趣，培养阅读习惯和阅读能力的各种项目；②其他符合本慈善信托目的促进儿童全面发展的公益项目。

项目执行方筛选标准：①在中国境内合法登记注册的组织机构，能提供正规的财税监制票据；②提供上一年度的审计报告/财务报表；③机构具备规范的财务管理制度和项目管理制度；④具有从事所申报项目的经验，并且擅长执行该领域的项目；⑤拥有稳定、有经验的项目执行团队。

第二节 共同受托模式

共同受托模式主要是指慈善组织与信托公司共同担任受托人，双方明确划分各自职责，充分发挥各自优势。

一、共同受托模式的优势

在共同受托模式下，慈善信托委托人与作为共同受托人的信托公司、慈善组织共同签订信托文件。慈善信托的受托职责由信托公司和慈善组织分工承担，常见的职责分工：慈善组织负责慈善项目实施与管理，信托公司负责闲置信托财产投资管理。以共同受托模式开展慈善信托有以下优势：

（一）实现专业分工

慈善组织是专业从事慈善活动的机构，在慈善项目设计、实施、管理以及慈善资源组织等方面具有突出优势。慈善组织作为共同受托人，有助于慈善项目的专业管理和慈善目的的高效实现。信托公司长期开展营业信托业务，在信托财产的投资管理、风险控制、分配清算等方面具有较强的专业能力。信托公

司担任共同受托人，可以将闲置慈善信托财产配置各类金融资产及资产管理产品，以实现委托人对信托财产保值增值的需求。因此，慈善组织与信托公司共同担任受托人，充分体现了"专业机构做专业的事"理念。

（二）保障慈善效果

信托法规定，"共同受托人之一违反信托目的处分信托财产或者因违背管理职责、处理信托事务不当致使信托财产受到损失的，其他受托人应当承担连带赔偿责任"。尽管共同受托人之间进行专业分工，但是由于存在连带责任机制，双方就关系慈善目的实现的重大事项往往采用共同决策方式，客观上有助于提高慈善信托资金运用决策的科学性，最大程度保障委托人和受益人利益，高效实现慈善信托目的。

（三）深化合作关系

共同受托模式中，慈善组织与信托公司均处于受托人的核心地位，共同对慈善信托管理运营工作负责，有助于双方紧密合作，并建立长期合作伙伴关系。在持续开展慈善信托业务的基础上，双方还可以在慈善资源整合、高净值客户（捐赠人）开发等方面开展合作，促进信托公司慈善信托、营业信托业务的协同发展。

二、共同受托人的职责划分

在共同受托慈善信托中，受托人任一方处理信托事务不当，其他受托人应承担连带赔偿责任。这是共同受托慈善信托特有的管理风险。共同受托慈善信托要形成清晰的治理机制，那么在慈善信托设立时，共同受托人应当在信托文件中就慈善信托共同决策事项、受托人职责分工以及慈善信托对外代表方式做出明确约定。

（一）共同决策

尽管以共同受托模式开展慈善信托的目的优势之一是慈善组织和信托公司的专业分工，但事关慈善信托目的实现的重要事项仍应建立共同决策机制，使共同受托人双方对该重要事项进行充分的沟通和讨论。共同决策机制可以包括以下内容：

一是成立慈善信托决策委员会。慈善信托运行中的重要事项，应当提交慈善信托决策委员会审议通过后方可执行。在决策委员会的人员构成上，可由委托人、共同受托人等各方委派代表组成，也可根据委托人的意愿，引入慈善信托监察人、慈善领域专家等其他人员加入。

在决策规则上，任一受托人均有权召集慈善信托决策委员会议。慈善信托决策委员会议审议事项，应当经全体委员多数同意后生效。其中，共同受托人管理运用慈善信托财产，对慈善目的实现承担受托管理责任，因此慈善信托决策委员会就重要事项进行决策时，共同受托人的任何一方均有一票否决机制。

二是明确应当提交慈善信托决策委员会审议的重要事项。具体可以包括：批准慈善信托年度慈善支出计划与信托财产投资管理计划；批准慈善信托信息披露报告；选定具体的慈善项目及受益人；信托财产运用于慈善信托决策委员会授权范围以外的投资；延长慈善信托期限或提前终止慈善信托；处置慈善信托运行出现的风险；慈善信托变更事项，包括增加委托人、增加信托财产、变更受益人范围及受益人选定程序等。

（二）受托人专业分工

在慈善信托重要事项提交慈善信托决策委员会议决策的基础上，共同受托人对具体信托事务进行专业分工，有助于发挥慈善组织和信托公司各方优势，提高慈善信托运行效率。

一般来说，慈善组织负责慈善项目实施和管理，具体信托事务可包括制定并向慈善信托决策委员会提交慈善信托年度慈善支出计划；向慈善信托决策委员会提交具体的慈善项目及受益人名单；根据慈善信托决策委员会的决定，执行和管理慈善项目，实现慈善效果；向慈善信托决策委员会提交慈善项目运行管理相关的信息披露文件等。如果慈善组织承担主要受托管理责任，还应当负责办理慈善信托备案及变更备案，向慈善信托备案民政部门提交慈善信托信息披露文件及清算报告等职责。

一般来说，信托公司负责闲置慈善财产投资与信托利益分配，具体信托事务可包括：为慈善信托开立专用资金账户，保障信托财产独立性；制定并向慈善信托决策委员会提交慈善信托财产投资管理计划；根据慈善信托决策委员会的授权对慈善信托闲置信托资金进行投资与管理；根据慈善信托决策委员会的决定，向受益人分配信托利益；向慈善信托决策委员会提交信托财产投资管理相关的信息披露文件等。如果信托公司承担主要受托管理责任，还应当负责办理慈善信托备案及变更备案，向慈善信托备案民政部门提交慈善信托信息披露文件及清算报告等职责。

（三）对外共同代表

上文提到的成立慈善决策委员会建立共同决策机制，以及对共同受托人职责分工的约定，都属于慈善信托的内部管理工作。慈善信托对外方面，即受托人代表慈善信托对外发布公告或签订协议，是由共同受托人的一方执行，还是需要共同受托人双方共同执行，也应当在信托合同中进行约定，从而使共同受托人的职责分工更加清晰。

一般来说，共同受托人对内共同决策，对外共同代表。即慈善信托设立及运行中，需由受托人代表慈善信托向委托人、监察人、备案民政部门以及其他第三方出具书面文件的，如成立公告、信息披露报告、慈善信托管理通知、终止报告等，原则上由共同受托人双方共同对外出具。慈善信托设立及运行中，需由受托人代表慈善信托与第三方签署相关协议的，原则上也应当由共同受托人共同与第三方签署。相关事项的对外代表方式应当提交慈善信托决策委员会审议。

同时，根据慈善信托开展的实际情况，在不影响信托目的实现的前提下，慈善信托设立及运行中的有关事项，由共同受托人一方单独代表慈善信托对外出具书面文件或签署相关协议可能更为适当。

中城银信·阿拉善生态保护慈善信托

委托人：中城银信控股集团有限公司

受托人：阿拉善生态基金会、中诚信托有限责任公司

信托目的：支持中国生态环境保护相关事业，促进绿色生态事业发展

受益人范围：从事荒漠生态保护公益事业的有关组织和个人，以及生态保护惠及的社会公众

1. 慈善信托决策机制

成立决策委员会，由委托人、主要受托人、共同受托人各派 1 名代表组成，作为信托财产管理与运用的决策机构，决定受益人选定、信托财产投资、慈善信托变更等重大信托事项。

2. 受托人的职责分工

（1）阿拉善生态基金会担任主要受托人，主要负责慈善信托备案、制定慈善信托年度慈善支出计划、向决策委员会推荐慈善项目及受益人名单、根据决策委员会的决定管理慈善项目、向备案民政部门提交慈善信托信息披露文件等。

（2）中诚信托有限责任公司担任共同受托人，负责开立信托资金专户、制定慈善信托闲置信托财产投资管理计划、根据决策委员会授权对闲置资金投资管理、向受益人分配信托利益。

中信·北京市企业家环保基金会
2016 阿拉善 SEE 华软资本环保慈善信托

委托人：某企业

受托人：北京市企业家环保基金会、中信信托有限责任公司

信托目的：资助和扶持中国民间环保 NGO 的成长，以实现生态环境保护事业的可持续性发展

受托人管理职责：

1. 中信信托有限责任公司

（1）根据信托合同的约定管理信托财产。

（2）按照信托合同的约定，向符合受益条件的受益人拨付慈善资金，每年用于资助的信托财产金额合计不低于 20 万元（大写：贰拾万元整）但前四年累计不超过 100 万元（大写：壹佰万元整），最后一个自然年度的支出不受金额限制。

（3）聘请保管银行，开立信托财产专户，妥善保管信托财产。

（4）出具年度信托事务管理报告，并依法进行信息披露。

（5）相关法律、法规、规章、信托文件等规定的其他管理职责。

2. 北京市企业家环保基金会

（1）依法向慈善信托的委托人开具善款捐赠发票。

（2）按照信托合同约定的标准，组织终审评委组筛选、评审符合本信托的受益人。

（3）负责具体慈善项目的执行和联络等相关事宜。

（4）相关法律、法规、规章、信托文件等规定的其他管理职责。

第三节　慈善信托与家族信托结合的模式创新

招商银行与贝恩资本联合发布的《2019 中国私人财富报告》数据显示，

截至 2018 年底，可投资资产 1000 万元人民币以上的中国高净值人士数量达到 197 万人，预计到 2019 年底，可投资资产 1000 万元人民币以上的高净值人士数量将达 220 万人，其中可投资资产超过 1 亿元人民币的超高净值人士数量约 17 万人。2016 年《慈善法》实施以来，中国的慈善事业正迎来蓬勃发展的阶段。较过去几年，高净值人群在关注财富管理和保障的基础上，对家族慈善等服务需求提升。慈善已经成为财富传承的标配。

与此同时，财富人群的公益慈善理念也在悄然发生变化。从早期通过企业、个人进行捐赠，到借力更加专业化、系统化的平台，让财富发挥更大的公益和慈善效力，让慈善成为一种可持续、可传承的家族财富。量身定制的信托架构能结合慈善捐赠人或委托人的需求，实现委托财产隔离和资产的保值增值，保证慈善资产的长效性与稳定性。

一、家族在慈善信托中发挥的作用

委托人将一定规模的财产委托信托公司设立永续型慈善信托。委托人家族在慈善财产管理、慈善项目选定等方面发挥积极作用。在慈善信托的财产投资管理方面，可以由委托人认可的家族办公室、投资顾问等机构具体负责，受托人按照投资顾问出具的指令，在合法合规的基础上，执行信托财产投资操作。在慈善项目及受益人选定方面，委托人家族成员可以通过参加慈善信托的决策机构等方式，参与慈善项目决策，有效、持续地实现家族意愿和慈善目的（见图 6-3）。

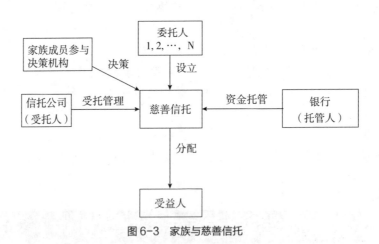

图 6-3　家族与慈善信托

万向信托—乐淳家族慈善信托

委托人：未公开

受托人：万向信托有限公司

信托规模：初始规模2000万元，2018年追加至5000万元

信托期限：永续

信托目的：发展教育、科技、文化、艺术、体育、医疗卫生、环境及其他社会公益事业，扶贫、济困、扶老、救孤、恤病、助残、优抚、救助灾害事件及其他公益活动。

乐淳家族慈善信托包含家族信托及慈善信托的双重特性，将家族信托及慈善信托模式进行了有机结合，委托人可以参与慈善资助的决策过程，家族成员参与慈善决策，实现慈善精神在家族中的传递。

这种参与性体现在该信托架构下组建了家族成员参与的董事会，将其作为具体资助项目的决策机构，并聘请慈善秘书。董事会对资助项目审批后进行资助，并由指定会计师事务所担任信托监察人。通过信托机制的灵活设计及内外部监督机制，乐淳家族慈善信托在设计上确保了有效持续地实现家族意愿和慈善目的，同时确保了项目本身合法合规运行。

中信·何享健慈善基金会2017顺德社区慈善信托

委托人：美的控股有限公司

受托人：广东省何享健慈善基金会、中信信托有限责任公司

信托规模：初始4.92亿元

信托期限：永续

信托目的：支持顺德社区的扶贫、济困、教育、养老、社区发展等综合性慈善需求

中信·何享健慈善基金会2017顺德社区慈善信托采用双受托人结构，由中信信托和原广东省何享健慈善基金会联袂担纲，信托计划的信托财产及收益将通过慈善项目执行人——广东省德胜社区慈善基金会，用于支持建设更具人文性和富有吸引力的顺德社区。

该慈善信托有效实现了慈善资产的隔离保护，确保了慈善资产的独立性和安全性，增强了慈善资产的保值增值能力；同时，家族慈善基金会还可对整个家族的慈善战略作出统一规划，成立不同专项的慈善信托项目，满足不同层次的公益慈善需求。

二、家族信托 + 慈善信托模式

慈善信托和家族信托都运用了信托原理，拥有信托制度一般的特点。一是破产隔离，信托财产独立于委托人的其他财产，独立于受托人的固有财产，独立于受托人受托管理的其他财产；二是他益信托，家族信托的受益人为委托人的家族成员，包括配偶、子女、父母等，慈善信托的受益人为不特定的社会成员。

慈善信托和家族信托又有重要区别：一是信托类型不同，家族信托属于私益信托，目的是实现自己家族成员的利益；慈善信托属于公益信托，目的是实现公共利益。二是受益人性质不同，家族信托受益人必须是可以特定化的家族成员；慈善信托受益人只能是不特定的社会全体或多数成员。三是信托财产使用范围不同，家族信托的信托财产运用灵活，可以用于私益目的，也可以用于公益目的；而慈善信托的信托财产及其收益，不得用于非公益目的。

家族信托与慈善信托结合，主要有三种方式：

（一）财富管理信托 + 慈善信托

委托人先行设立财富管理信托，以信托财产保值增值为主要目的。随后，委托人以财产管理信托为信托财产，设立慈善信托，将全部信托财产用于公益慈善目的。外贸信托成立的满堂红教育慈善信托是财富管理信托与慈善信托结合的代表（见图6-4）。

案例分析

外贸信托 2017 年度·中国银行·满堂红教育慈善信托

"满堂红教育慈善信托"采用的是"高净值客户 + 商业银行 + 信托公司"三方合作模式。某高净值客户持有中国银行的金融产品。该客户作为委托人将其拥有的现金和上述金融产品设立慈善信托，用于发展教育事业。

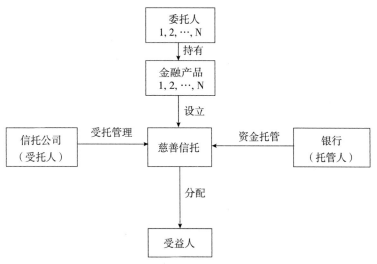

图 6-4　财富管理信托 + 慈善信托

外贸信托担任信托财产的受托人，依据《信托法》《慈善法》等法律法规，以及信托合同的约定，发挥慈善信托的长效法律运行机制作用。委托人、受托人还聘请慈善信托专家委员严格筛选确定信托受益人，并在监察人的监督下，规范、有序地从事慈善信托财产的管理。

在慈善信托架构中，中国银行担任财务顾问，依托中国银行丰富的资源和理财产品线，通过提供专业的资产配置建议，在控制风险的前提下，助力慈善信托财产的稳健保值增值，并在慈善信托存续期内，为委托人和受益人提供长期的客户维护服务；同时，中国银行作为慈善信托的资金保管银行，对慈善信托资金的保管、使用实施监督职责，并提供全方位的账户管理服务，帮助委托人实现支持教育事业发展、鼓励师生上进、改善教学条件的慈善目的。

（二）收益 + 慈善信托

为兼顾家族信托的目的私益需求，以及慈善信托的目的完全公益性要求，可以通过设立家族信托作为母信托，设立慈善信托为子信托，以母子信托的方式同时满足高净值客户的传承和慈善需求。即委托人首先设立家族信托，约定信托财产部分本金及收益分配给家族成员，部分本金及收益（如超过约定收益率部分、每年固定金额等）用于单独设立一个慈善子信托，该子信托中全部财产及收益用于慈善事业。

1. 设立两个关联的信托

委托人设立两个相关联的信托，分别为家族信托和慈善信托。在家族信托层面，委托人通过家族信托对委托人的资金进行保值增值投资，为慈善信托持续资金来源提供保障。财富管理信托的本金和部分收益归委托人及家族成员所有；部分收益则直接进入慈善信托。慈善信托方面主要负责开展慈善活动。开展慈善项目的资金需求，可以由慈善信托向家族信托提出申请（见图 6-5）。

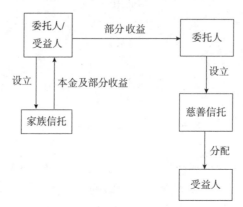

图 6-5 关联的收益 + 慈善信托

2. 设立两个不关联的信托

委托人也可以设立两个不关联的信托，分别为家族信托和慈善信托。家族信托与慈善信托发挥的作用与前述方案相同，区别在于资金流向不同。家族信托产生的收益，将全部分配给委托人及家族成员。家族成员获得家族信托分配的收益后，另行设立慈善信托。这种方案中委托人事务性操作相对烦琐，但是有更大自主权（见图 6-6）。

（三）慈善先行信托

慈善先行信托属于运用家族信托开展慈善活动的一种方式，不属于慈善信托，并未在民政部门备案。但是这种信托模式既能利他做慈善，又能利己有收益，对高净值人群来说是一个不错的选择，在美国等部分国家非常流行。

中信信托试水国内首单"慈善先行信托"，由中国著名主持人孟非设立，善款用于资助云南贫困地区的学生完成大学学业。该信托将依照委托人的意愿受托管理，每年分配 100 万元信托利益用于慈善捐赠。在首个为期四年的捐赠周期内，委托人选定中国光华科技基金会作为捐赠执行人，以每人每年 1 万元

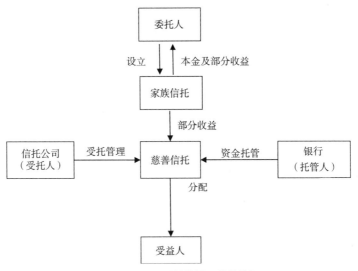

图 6-6　不关联的收益＋慈善信托

的标准发放给受捐赠人，资助 100 名云南大学贫困新生至本科毕业。在信托文件约定的特定条件达成后，再将剩余信托财产分配给家族内受益人。

第四节　慈善信托助力精准扶贫的模式创新

信托公司发挥信托制度优势，积极参与精准扶贫，根据贫困地区的贫困原因、产业基础、重点扶贫工作方向等不同特点，在实践中探索出五种主要的慈善信托扶贫模式，展现了慈善信托参与脱贫攻坚事业的优势。

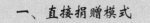
一、直接捐赠模式

慈善信托扶贫的最常见模式是将慈善信托的本金及投资收益全部捐赠给贫困地区的群众，为贫困群众提供生活救助，为贫困学生提供教育资助。"国投泰康信托 2016 年国投慈善 1 号慈善信托""五矿信托——三江源精准扶贫 1 号慈善信托"是这种模式的典型代表。

为保障慈善信托资金的精准运用，信托公司一般与贫困地区地方政府合作，由地方政府提供作为受益人的贫困户名单及资助标准。信托公司对贫困户名单及资助金额进行确认后，再通过地方政府将信托利益支付给贫困群众。直接捐赠模式扶贫有两个优点：一是操作简单清晰，信托公司在地方政府的协助下确认贫困户名单后直接进行信托利益分配，实现慈善支出；二是效果直接精准，贫困群众得到资金资助在第一时间解决生活中的急切问题，满足贫困群众的迫切需求（见图6-7）。

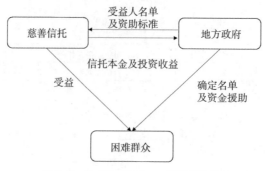

图6-7 扶贫慈善信托——直接捐赠模式

二、杠杆撬动模式

慈善信托作为金融扶贫的重要方式，可与贫困地区的担保公司、商业银行等机构合作，发挥慈善信托资金的杠杆撬动作用，为金融机构发放扶贫贷款提供风险补偿，引入更多资金参与产业扶贫。

"中国信托业·长安慈·四川慈善总会·定点扶贫慈善信托"是杠杆撬动模式的典型代表。该慈善信托通过农户小额贷款风险损失补偿金的形式，与甘肃临洮、和政地区的商业银行合作，向那些有意愿，并有能力希望通过自己的劳动致富但缺乏原始生产资料的农户发放贷款，贷款产生的坏账，由该慈善信托资金与合作机构各承担50%，从而降低授信门槛，扩大授信客户范围，为贫困农户提供生产经营所需的资金。

杠杆撬动模式的优势是，充分发挥慈善信托的资金带动作用，可为贫困地区群众发展生产、脱贫致富引入更多融资资金支持。如果以贷款风险损失补偿金的10倍规模发放扶贫贷款，100万慈善信托资金，至少可撬动1000万元扶贫贷款资金。

同时，这种模式的实施需要一定条件：一是当地具有一定的产业基础，贫困群众存在旺盛的融资需求，并通过生产经营可取得经济回报；二是扶贫项目实施需要通过地方性商业银行、小额贷款公司等机构实施，项目结构设计需要同时充分考虑这些合作机构的利益，调动其积极性。此外，还应关注国家扶贫政策实施对这类扶贫项目的替代效应，如国家政策性扶贫贷款对贫困群众商业融资需求的替代性（见图6-8）。

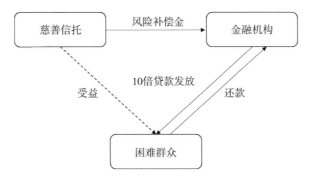

图6-8 扶贫慈善信托——杠杆撬动模式

三、企业带动模式

发挥贫困地区龙头企业或致富能人的带动作用，是产业扶贫的重要方式。慈善信托的资金运用方式十分灵活，可以通过融资、投资等多种方式支持贫困地区龙头企业发展，以此带动当地贫困群众增加就业和收入。

"中诚信托2018年度善爱扶贫慈善信托"支持甘肃临洮地区产业扶贫，是企业带动模式扶贫的典型代表。甘肃临洮地区百合产业形成了"企业+合作社+农户"的一体化发展道路，具有显著的扶贫带动效益。慈善信托与当地百合特色产业中的龙头企业合作，以市场化的方式为企业提供融资支持。一方面，支持企业扩大百合加工和收购规模，带动更多贫困群众通过种植百合实现增收；同时也向贫困群众提供更多就业岗位，增加群众的就业收入。另一方面，企业运用资金向慈善信托支付利息，这部分资金也可全部用于精准扶贫，精准资助因病、因学返贫以及丧失劳动能力的特殊困难家庭。

企业带动模式在产业扶贫中具有明显优势，可以充分发挥贫困地区特色产业发展的造血机制，持续为贫困群众提供增收和就业，扶贫效果持续稳固。

这种扶贫模式对受托人及产业发展也提出一定要求：一是要求信托公司对贫困地区特色产业的发展特点、运行规律有充分了解，与贫困地区政府、当地商业银行等多方机构合作，做好产业扶贫投资风险管理。二是龙头企业与贫困群众具有直接、清晰的利益连接机制。比如，甘肃临洮的百合龙头企业每年向贫困群众收购百合原产品，受益的贫困群众名单及受益金额可以精准确定，为龙头企业提供产业扶贫贷款的慈善效果可以评估。此外，信托公司在为龙头企业提供资金支持的基础上，还可进一步发挥金融机构优势，整合各方资源，协助龙头企业升级技术、拓展市场，促进龙头企业发展壮大，持续发挥产业带动作用（见图6-9）。

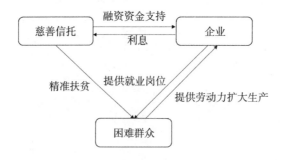

图 6-9 扶贫慈善信托——企业带动模式

四、收益分红模式

为提高贫困地区农户生产的风险抵御能力，贫困地区群众成立专业合作社，进行规模化、标准化、市场化运作，收获规模经济效益。收益分红模式主要以农村专业合作社为依托，慈善信托捐赠出资入股农村合作社，为合作社生产发展提供资金支持，合作社利润分配时直接向贫困群众分红。

"中航信托·中扶贫临洮百合百家慈善信托"进行了收益分红模式扶贫探索。该慈善信托以入股合作社的方式，支持甘肃临洮地区百合专业合作社建设百合气调保鲜库，稳定百合销售价格，保障百合种植贫困户的利益；专业合作社的收益则直接向贫困户分红。

收益分红模式也是产业扶贫的重要方式，在实现可持续扶贫效果方面具有显著优势。慈善信托捐赠出资入股专业合作社，使贫困群众成为专业合作社的股东，并通过合作社经营发展持续为贫困群众提供稳定分红。慈善信托入股资金用于解决专业合作社规模化发展中的资金需求，并可在提升农产品品牌、提高农产品经济附加值和市场竞争力方面发挥积极作用（见图 6-10）。

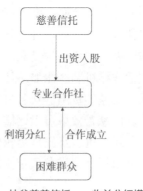

图 6-10 扶贫慈善信托——收益分红模式

五、保险保障模式

贫困地区产业基础脆弱、贫困人群抵御风险能力薄弱，是扶贫工作中面临的突出问题。慈善信托与保险公司合作，为贫困地区困难群众生产、生活提供保险支持，可以发挥保险机制的普惠性、精准性和补偿性，帮助贫困群众防范化解风险，防止群众因灾因病致贫返贫。

"中诚信托·中国信托业保障基金公司·2018 内蒙古察右中旗扶贫慈善信托""中诚信托·中国信托业保障基金公司·2018 内蒙古察右后旗扶贫慈善信托"开展了保险保障扶贫模式探索。慈善信托可以围绕四个方面开展保险保障扶贫。一是为贫困户提供农产品种植、养殖类财产保险支持，包括牛羊等牲畜的死亡损失保险、水产养殖保险等，防范自然灾害对贫困群众农业生产的影响。二是与保险公司共同开发农产品价格指数保险，对贫困群众因所种养农产品市场价格大幅波动、农产品价格低于目标价格造成的损失给予经济赔偿，减少农户因农产品价格波动带来的经营损失。三是在为贫困群众提供政策性保险的基础上，提供补充医疗保险、重大疾病保险、意外伤害保险等，满足贫困群众生活的多重保险保障需求。四是与保险公司合作，丰富贫困地区小微企业融资的增信方式，通过贷款保证保险、保单质押融资等方式对接金融扶贫资源，解决贫困地区小微企业融资难的问题（见图 6-11）。

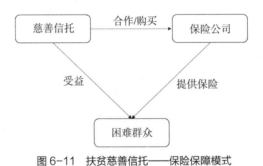

图 6-11　扶贫慈善信托——保险保障模式

>> 第七章

慈善信托的设立与备案

在策划慈善信托中，慈善目的是慈善信托的最基本要求。在完成决策、合同、信托财产交付等环节后，受托人应当在慈善信托文件签订之日起七日内，将相关文件向受托人所在地县级以上人民政府民政部门备案。

第一节 慈善信托的策划

根据《慈善法》的规定，慈善信托属于公益信托，委托人设立慈善信托首先要基于慈善目的，并根据慈善信托的目的、财产性质以及相关管理制度的规定设计交易结构、确定信托要素等。

一、确定信托目的

（一）设立慈善信托要符合慈善目的

慈善目的是慈善信托的最基本要求。为确定慈善目的，受托人需要对慈善信托委托人开展尽职调查工作。一种情况是委托人具有明确的慈善目的，需要受托人辨别该慈善目的是否符合法律规定。当前《慈善法》所列的慈善目的非常广泛，基本能够涵盖委托人提出的各类慈善目的。在实际操作中，受托人还应当在了解委托人业务的基础上，仔细判断慈善项目是否存在变相商业营销、受益人范围是否特定等问题。另一种情况是委托人仅有行善的想法，没有具体的慈善目的。此时受托人需要深入了解委托人真实想法，并综合考虑信托财产规模等因素，引导委托人适当聚焦慈善目的，制定可行的慈善项目方案，保障慈善目的可实现。

根据《慈善法》等法律、法规的要求，设立慈善信托必须有合法的慈善信托目的。以开展下列慈善活动为目的而设立的信托，属于慈善信托：①扶贫、济困；②扶老、救孤、恤病、助残、优抚；③救助自然灾害、事故灾难和公共卫生事件等突发事件造成的损害；④促进教育、科学、文化、卫生、体育等事业的发展；⑤防治污染和其他公害，保护和改善生态环境；⑥符合《慈善法》规定的其他公益活动。

（二）慈善目的要清晰明确

慈善信托的慈善目的要清晰明确，可以包含上述一个或几个方向，但切忌过于泛泛。以"××信托2016年真爱梦想1号教育慈善信托""××信托2016年度博爱助学慈善信托"为例，上述慈善信托慈善目的清晰、明确，具体慈善支出方向明确，活动范围也可予以界定。相比较而言，"××至爱1号慈善信托"信托目的为用于"慈善公益事业，以实现委托人助力慈善事业发展的目的"，虽然信托目的属于典型的慈善公益目的，但其表述过于宽泛，缺乏指向性。该信托的受益人范围则被定义为"本信托拟资助的慈善公益项目项下接受资助/帮助的自然人、法人或者依法成立的其他组织"，也缺乏具体的标准，且在一定程度上存在循环定义的风险。

（三）慈善目的应是不特定的公众利益

慈善信托的慈善目的应该是为不特定的公众利益，可为某一类群体或组织，不可将慈善财产用于非慈善目的。开展慈善信托，应当遵循合法、自愿、诚信的原则，不得违背社会公德、危害国家安全、损害社会公共利益和他人合法权益。慈善目的是委托人发起设立慈善信托的根本出发点。从2016年《慈善法》实施后落地的22单慈善信托情况来看，涉及教育助学、扶贫助困助残养老这两大慈善目的的慈善各有7单，其次是综合目的及生态环境保护，另外还有一单支持航天科技事业发展的慈善信托。

二、设计交易结构

（一）慈善信托的交易结构设计

慈善信托基本结构设计包括委托人设立慈善信托、受托人管理慈善信托、监察人监督慈善信托和慈善信托项目实施等几个环节，见图7-1。最终慈善信托的交易结构是在与委托人及备案主管民政部门的反复沟通中逐步完善的。当前慈善信托一般由信托公司和慈善组织合作，交易结构主要包括"基金会＋信托""信托＋项目执行""共同受托人"等三种。

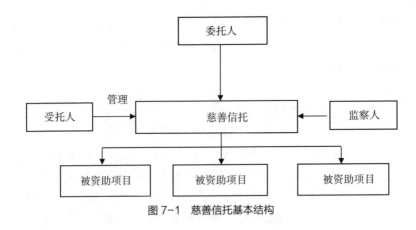

图 7-1　慈善信托基本结构

（二）受托人设计慈善信托交易结构应注意的问题

受托人在设计交易结构时需要重点考虑三个因素：一是税收优惠。委托人是否有足够的利润用于抵扣捐赠支出，是否需要采用分期抵扣的方式享受税收优惠等。二是项目可操作性。在针对具体慈善项目发起的慈善信托中，应当考虑慈善信托的后续运营管理与慈善组织现有慈善项目的工作流程相衔接。三是委托人意愿体现。慈善信托可以设立决策委员会，制定重大事项的决策机制，让委托人可以积极参与慈善信托的后续管理，保障慈善财产的运用严格按照委托人的意愿进行。

慈善信托要素包括委托人、受托人、监察人、受益人和信托财产及期限等几个方面。

三、确定信托要素

（一）委托人

慈善信托的委托人应当是具有完全民事行为能力的自然人、法人或者依法成立的其他组织。从目前备案的慈善信托来看，委托人涉及慈善组织、企业及自然人等多类型主体。从资金来源来看，与以往公益信托主要靠信托公司发动自身员工及股东等关联方捐赠不同，目前既有受托人充分调动自身员工及集团内部资源而设立的慈善信托，也有吸引外部社会资源而设立的慈善信托。

（二）受托人

慈善信托的受托人，可以由委托人确定其信赖的慈善组织或者信托公司担任，也可由信托公司和慈善组织共同担任受托人。慈善信托的受托人违反信托义务或者难以履行职责的，委托人可以变更受托人。

（三）监察人

虽然《慈善法》规定，慈善信托的委托人根据需要，可以确定信托监察人，但目前备案的大部分慈善信托都设置了监察人。监察人主要由律师事务所或会计师事务所担任。信托监察人对受托人的行为进行监督，依法维护委托人和受益人的权益。信托监察人发现受托人违反信托义务或者难以履行职责的，应当向委托人报告，并有权以自己的名义向人民法院提起诉讼。

（四）受益人

慈善信托的受益人是不特定的，慈善信托的委托人不得指定或者变相指定与委托人或受托人具有利害关系的人作为受益人。

（五）慈善信托财产及期限

设立慈善信托，必须有确定的信托财产，并且该信托财产必须是委托人合法所有的财产。慈善信托财产及其收益，应当全部用于慈善目的，以确保慈善信托目的的纯粹性和排他性。从目前设立的慈善信托财产来看，以现金为主，并包括股权等其他财产。总体来看，5年期及以上的较长期限占主导，短期限的占比较低，这与慈善事业的持续性较长相关。

第二节　慈善信托的设立

慈善信托的设立主要包括慈善信托决策、签订慈善信托合同、交付信托财产等环节。

一、慈善信托决策

签署信托文件之前，受托人需要履行必要的决策程序。对于信托公司来说，慈善信托作为新业务，其风险特征与传统通道业务和主动管理业务都不相同。即使同样是慈善信托，由于信托财产、慈善目的、合作对手不同，慈善信托的风险也不尽相同。因此在受托人内部需要就慈善信托进行充分讨论，充分考虑慈善信托后续环节将面临的问题，并在信托文件中做出详细约定。

（一）慈善信托风险

慈善信托的风险主要来自两个方面：一是慈善目的风险，慈善信托受益人并不是一开始就确定的，而是在运行阶段按照设立时信托文件约定的方式和程序选定的，存在违反受益人"不特定性""非关联性"原则的风险。二是投资运用风险，受托人需要加强投资风险管理，避免出现信托财产损失。

慈善信托的上述风险特征，决定了慈善信托不是简单的消极信托，受托人并不简单依照信托文件的约定进行事务处理，而是要有自己的风险判断和把握。因此，受托人内部需要根据信托事务的风险程度，适用不同的风险决策流程。对于受托人自主选定受益人、信托财产投资于外部金融产品或委托人推荐的标的、慈善信托非正常终止等重大事项，受托人应当按照主动管理信托事务流程进行决策。

（二）慈善信托的内部决策机制

一般情况下，慈善信托遵守受托人的基本业务决策机制，并根据慈善信托特点有针对性地制定管理制度和风险控制标准。在工作制度方面，董事会下辖的风险管理委员会为其风险管理的最高决策机构，负责统一制定公司风险控制的政策和基本制度，设立风险管理部门负责实施具体的风险管理工作。从各环节来看，慈善信托业务部门负责客户维护、业务拓展、制定项目方案、提交项目审批、撰写法律文件、签署合同、设立备案等工作；合规与风控部门负责根据慈善信托业务部门提交的慈善信托项目方案出具风险分析报告和合规意见，审核慈善信托业务部门提交的慈善信托业务涉及的法律文件；信托运营部门和财务部门负责慈善信托产品登记、设立与运营工作的监督和审核。审核事项包括信托财产投资交易划款指令、信托利益分配、费用支付、信息披露、项目清算等。

1. 项目立项

慈善信托业务部门发起项目立项流程，经业务主管领导审批决定是否立项。

2. 提交项目方案

项目立项后，慈善信托业务部门应提交项目方案，内容应当包括慈善信托名称、目的、规模、期限、相关主体信息等基本要素，受益人范围及选定的程序和方法，受益人取得信托利益的形式和方法，信托财产的管理方法和投资范围，年度慈善支出的比例或数额，信托报酬及其他信托费用，信息披露的内容和方式，信托终止事由及信托终止后信托财产的处分等。

3. 审查决策

审查决策机构按照项目审批流程，对慈善信托项目予以审批，并确定是否予以实施。

（三）共同受托人决策机制

在共同受托慈善信托中，受托人任一方处理信托事务不当，其他受托人应承担连带赔偿责任，这是共同受托慈善信托特有的管理风险。共同受托模式的慈善信托要形成清晰的治理机制，就要在慈善信托文件中根据慈善信托共同决策事项、受托人职责分工以及慈善信托对外代表等事项做出明确约定。

尽管以共同受托模式开展慈善信托的目的之一是实现慈善组织和信托公司的专业分工，但事关慈善信托目的实现的重要事项仍应建立共同决策机制，使共同受托人双方对该重要事项进行充分的沟通和讨论。共同决策机制可以包括以下内容：

一是成立慈善信托决策委员会。慈善信托运行中的重要事项，应当提交慈善信托决策委员会审议通过后方可执行。在决策委员会的人员构成上，可由委托人、共同受托人等各方委派代表组成，也可根据委托人的意愿，引入慈善信托监察人、慈善领域专家等其他人员加入。

二是明确决策委员会议事规则。任一受托人均有权召集慈善信托决策委员会议。慈善信托决策委员会议审议事项，应当经全体委员多数同意后生效。共同受托人管理运用慈善信托财产，对慈善目的实现承担受托管理责任，因此慈善信托决策委员会对重要事项进行决策时，共同受托人的任何一方均应当有一票否决机制。

三是明确应当提交慈善信托决策委员会审议的重要事项。具体可以包括：批准慈善信托年度慈善支出计划与信托财产投资管理计划；批准慈善信托信息披露报告；选定具体的慈善项目及受益人；信托财产运用于慈善信托决策委员会授权范围以外的投资；延长慈善信托期限或提前终止慈善信托；处置慈善信托运行出现的风险；慈善信托变更事项，包括增加委托人、增加信托财产、变更受益人范围及受益人选定程序等。

二、签订信托合同

信托合同是明确信托内部的法律关系，也就是委托人、受托人以及受益人之间的相互关系的重要方式，慈善信托合同必须采取书面的形式。

慈善信托合同应当包含以下内容：① 慈善信托的名称、目的和期限；② 委托人、受托人的姓名、名称及其住所；③ 不与委托人存在利害关系的不特定受益人的范围以及受益人选定的方法和程序；④ 受益人取得信托利益的形式和方法；⑤ 慈善信托财产的范围、种类和状况；⑥ 每年用于慈善目的的支出的数额或比例；⑦ 委托人、受托人和监察人的权利、义务；⑧ 慈善信托财产的管理运用方式；⑨ 慈善信托财产管理中风险揭示、控制和承担；⑩ 关于受托人和监察人报酬的约定；⑪ 信托财产税费的承担和其他费用的约定；⑫ 受托人的变更、新受托人的选任、信托财产及信托事务交接的约定；⑬ 信托的终止和剩余财产的处理约定；⑭ 信托当事人产生争议的解决方式；⑮ 信息披露的内容和方式；⑯ 如设置监察人，监察人的姓名、名称及其住所；⑰ 法律法规规定的其他事项。

信托合同签署前，还应当获得拟备案民政部门认可。慈善信托的本质是一种慈善方式，因此信托合同的重点内容与传统营业信托不尽相同。受托人应当对慈善目的实现、慈善财产管理、慈善信托决策机制等做出明确的约定。

三、交付信托财产

（一）交付慈善信托财产的难点

慈善信托财产交付的难点主要是信托设立环节，委托人向信托交付财产涉及信托公司开具捐赠发票、股权和房产交付信托的税收优惠等。与慈善捐赠具有明确的税收优惠相比，当前慈善信托相关税收优惠的具体政策尚未出台。因此信托公司开展慈善信托，需要与符合条件的慈善机构合作，争取解决委托人设立慈善信托的税前抵扣问题。在国投泰康信托的实践中，慈善信托的信托财产通过委托人同意的慈善机构，由其定向用于自身管理的慈善项目使受益人受益，并由其直接向委托人开具捐赠发票。通过这种变通的方法，解决了委托人设立慈善信托获得可抵税捐赠发票的问题。但这毕竟是权宜之计，之后仍需争取相对完善的慈善信托税收优惠政策。

（二）交付财产的期限

慈善信托的资金安排非常灵活，可以充分按照委托人的意愿进行约定。在资金来源端，委托人可以一次性交付信托财产，也可以根据自身需要，分年交付信托财产。在资金运用端，受托人可以根据慈善项目的实际资金需求，灵活安排每年支出的规模和比例。如在"2016 年国投慈善 1 号慈善信托"中，在资金来源方面，委托人分三次、在三年内足额交付慈善信托资金；在资金运用端，受托人每自然年度至少一次运用慈善信托资金，运用金额每年不低于慈善信托资金总额的 15%。通过这样的安排，委托人可以灵活安排慈善资金，提高了慈善资金的使用效率。

（三）股权等其他慈善信托的财产交付

目前，除了传统的资金作为慈善信托的信托财产外，股权、艺术品、金融产品也逐渐成为慈善信托的信托财产。2017 年 4 月，国投泰康信托备案全国首单股权慈善信托"国投泰康信托 2017 年真爱梦想 2 号教育慈善信托"，信托财产为委托人持有的非上市企业股权，交付时估值为 48 万元。2017 年 9 月，万向信托备案全国首单以艺术品作为信托财产的慈善信托"万向信托艺酷慈善信托"，首期信托财产为 0.85 万元及画作 41 幅，根据过往交易价格估值总价不少于 10 万元。万向信托将以另类投资的形式实现信托财产的保值增值，其收入用于开展公益活动。

相较其他财产而言，股权慈善信托财产交付较为复杂。根据《信托法》的规定，股权变更登记是慈善信托生效要件。即委托人以公司股权设立慈善信托后，慈善信托成为公司的新股东，应当根据《公司法》及相关登记管理规定办理股权变更登记。以上市公司股份和非上市公众公司股份设立慈善信托，股权应当按照《证券登记规则》《证券非交易过户业务实施细则》《非上市公众公司股份登记存管业务实施细则（试行）》等业务规则，在中国证券登记结算有限责任公司办理过户登记。以有限责任公司股权设立慈善信托，其股东变更应当经过半数股东同意，自变更之日起 30 日内向工商部门申请变更登记，并提交新股东的主体资格证明。以非上市股份公司股权设立慈善信托，其股东变更不属于发起人姓名或名称变更，不属于应当申请变更登记的情形，应当由公司将受让人的姓名或者名称及住所以记载于股东名册的方式办理变更登记。

四、慈善信托成立

（一）慈善信托成立

根据《信托法》等相关制度的规定，设立信托，应当采取书面形式。书面形式包括信托合同、遗嘱或者法律、行政法规规定的其他书面文件等。采取信托合同形式设立信托的，信托合同签订时，信托成立。采取其他书面形式设立信托的，受托人承诺信托时，信托成立。

设立信托，对于信托财产，有关法律、行政法规规定应当办理登记手续的，应当依法办理信托登记。未依照前款规定办理信托登记的,应当补办登记手续；不补办的，该信托不产生效力。

有下列情形之一的，信托无效：①信托目的违反法律、行政法规或者损害社会公共利益；②信托财产不能确定；③委托人以非法财产或者本法规定不得设立信托的财产设立信托；④专以诉讼或者讨债为目的设立信托；⑤受益人或者受益人范围不能确定；⑥法律、行政法规规定的其他情形。

委托人设立信托损害其债权人利益的，债权人有权申请人民法院撤销该信托。人民法院依照前款规定撤销信托的，不影响善意受益人已经取得的信托利益。

（二）发布成立公告

从信托公司的情况来看，根据2009年颁布的《信托公司集合资金信托计划管理办法》等相关制度的规定，信托计划成立后，信托公司应当将信托计划财产存入信托财产专户，并在五个工作日内向委托人披露信托计划的推介、设立情况，即发布成立公告。慈善信托的成立公告也是向委托人、监管部门及社会进行信息披露的重要组成部分。成立公告的内容包括慈善信托名称、受托人名称、信托存续期限以及该信托达到成立条件并宣布成立等内容。

第三节　慈善信托的备案

在《信托法》中，公益信托的设立和确定其受托人，应当经有关公益事业的管理机构。未经公益事业管理机构的批准，不得以公益信托的名义进行活动。但相关法律并未明确公益事业管理机构的范畴，导致实际开展业务过程中遇到了诸多困难。《慈善法》对这一问题进行了修正，明确民政部门作为慈善信托备案的管理机构，规定受托人应当在慈善信托文件签订之日起七日内，将相关文件向受托人所在地县级以上人民政府民政部门备案。未按照前款规定将相关文件报民政部门备案的，不享受税收优惠。

一、慈善信托备案要求

根据民政部、原银监会《关于做好慈善信托备案有关工作的通知》的要求，信托公司担任慈善信托受托人的，由其登记注册地设区市的民政部门履行备案职责；慈善组织担任慈善信托受托人的，由其登记的民政部门履行备案职责。信托公司设立慈善信托项目实行报告制度，新设立的慈善信托项目应当在信托成立前10日逐笔向银行业监督管理机构报告。北京市民政局则要求，信托公司担任慈善信托受托人的，由其登记注册地的民政部门履行备案职责；慈善组织担任慈善信托受托人的，由其登记的民政部门履行备案职责。慈善信托资产总额在200万元以上的，经登记地民政部门初审，向市级民政部门备案（见表7-1）。

表7-1　慈善信托备案办理流程

办理环节	审查标准	办理结果
申请受理	备案材料完备且符合以下条件的，民政部门依法予以备案，并出具备案回执： （一）慈善信托的设立符合慈善目的。 （二）受托人具有信托文件约定的管理和使用慈善信托财产相适应的能力。慈善组织担任受托人的，应当具备与信托文件约定相适应的资产管理能力；信托公司担任受托人的，应当具备与信托文件约定相适应的开展慈善活动的能力。 （三）慈善信托资产管理的约定符合合法、安全、有效的原则。 （四）慈善信托终止后剩余财产处理的约定符合慈善目的。 （五）信托当事人的权利义务明晰、全面。 （六）信托文件对当事人争议或纠纷已约定有效的解决机制。	材料齐全，接受受理；材料不齐全，不予受理

办理环节	审查标准	办理结果
审查与决定	备案材料完备且符合以下条件的，民政部门依法予以备案，并出具备案回执： （一）慈善信托的设立符合慈善目的。 （二）受托人具有信托文件约定的管理和使用慈善信托财产相适应的能力。慈善组织担任受托人的，应当具备与信托文件约定相适应的资产管理能力；信托公司担任受托人的，应当具备与信托文件约定相适应的开展慈善活动的能力。 （三）慈善信托资产管理的约定符合合法、安全、有效的原则。 （四）慈善信托终止后剩余财产处理的约定符合慈善目的。 （五）信托当事人的权利义务明晰、全面。 （六）信托文件对当事人争议或纠纷已约定有效的解决机制。	符合条件，出具备案回执；不符合条件，不予受理
颁证与送达	慈善信托备案回执	

资料来源：北京市民政局网站。

二、慈善信托备案材料

　　慈善信托受托人按照《慈善法》规定向民政部门提出备案的，应当提交以下材料（见表7-2）：①备案申请书；②委托人身份证明（复印件）、担任受托人的信托公司的金融许可证或慈善组织的社会组织法人登记证书；③信托合同、遗嘱或者法律、行政法规规定的其他书面信托文件，信托文件应当由所有委托人和受托人共同签署；④信托财产交付证明；⑤开立慈善信托专用资金账户证明、商业银行资金保管协议；⑥备案机关要求提交的其他材料。

表7-2　慈善信托备案申请材料明细

序号	材料名称	材料来源	数量要求		介质要求	其他要求
			原件	复印件		
1	备案申请书	申请人自备	1份		纸质	
2	委托人身份证明	政府部门核发		正本1份	纸质	

续表

序号	材料名称	材料来源	数量要求		介质要求	其他要求
			原件	复印件		
3	担任受托人的信托公司的金融许可证	政府部门核发		正本1份	纸质	
	或慈善组织的社会组织法人登记证书	政府部门核发		正本1份	纸质	
4	信托文件	申请人自备	1份		纸质	信托文件应当由所有委托人和受托人共同签署
5	开立慈善信托专用资金账户证明、商业银行资金保管协议,非资金信托除外	中介机构或法定机构产生	1份		纸质	
6	信托财产交付的证明材料	申请人自备	1份		纸质	

资料来源:北京市民政局网站。

慈善信托备案申请书

受理编号:

委托人姓名(名称):

委托人身份证明号码:

住所:

邮政编码:

联系电话:

受托人名称:

受托人资格证书号码:

住所：

邮政编码：

联系电话：

（如设监察人）

监察人姓名（名称）：

监察人身份（资格）证明号码：

住所：

邮政编码：

联系方式：

慈善信托名称：

慈善信托目的（不超过50字）：

信托财产：

_____（接受备案民政机关）：

为了促进慈善事业发展，_____（委托人）为了_____（慈善目的），设立_____（慈善信托名称），由____（受托人）担任受托人。

根据《中华人民共和国慈善法》有关规定，申请备案。

____（委托人）承诺信托财产是合法所有的财产。

____（委托人）和____（受托人）承诺所填报的备案信息真实、准确、完整，所提供的备案书面材料完整、合法、有效。

委托人签章 　　　　　　　　　　 受托人签章

年　　月　　日 　　　　　　　　 年　　月　　日

注：1.受理编号规则：行政区划代码＋备案主体区别码＋受理自然序号（六位）。

2.备案主体区别码：信托公司作为受托人，区别码为0；慈善组织作为受托人，区别码为1。

（备案编号：　　）

慈善信托备案存单

　　_____（受托人）于 ___ 年 ___ 月 ___ 日办理 _____（慈善信托文件名称）备案手续，备案文件符合备案要求，予以备案。

　　经办人签字：

　　备案回执单领取人签字：
　　身份证号：
　　联系电话：

（备案编号：　　　　）

慈善信托备案回执

　　_____（受托人）：
　　你机构于 ___ 年 ___ 月 ___ 日办理 _____ 慈善信托文件备案手续，备案文件符合备案要求，现予以备案。
　　慈善信托文件内容变更或慈善信托终止，请持此回执单重新办理相关手续。

年　　　月　　　日

　　注：1. 备案编号规则：行政区划代码＋备案主体区别码＋备案确定自然序号（六位）。

　　2. 备案主体区别码：信托公司作为受托人，区别码为 0；慈善组织作为受托人，区别码为 1。

三、慈善信托变更备案

慈善信托发生变更事项的，应当自书面文件签订之日起 7 日内到原备案的民政部门重新备案，提交以下书面材料：①原备案的信托文件和备案回执；②重新备案申请书；③原受托人出具的慈善信托财产管理处分情况报告；④作为变更后受托人的信托公司的金融许可证或慈善组织准予登记或予以认定的证明材料（复印件）；⑤重新签订的信托合同等信托文件；⑥开立慈善信托专用资金账户证明、商业银行资金保管协议，非资金信托除外；⑦其他材料。

以上书面材料一式 4 份，由变更后的受托人提交原备案的民政部门受理窗口。

善信托备案申请符合《慈善法》《信托法》和本办法规定的，民政部门应当在收到备案申请材料之日起 7 日内出具备案回执；不符合规定的，应当在收到备案申请材料之日起 7 日内一次性书面告知理由和需要补正的相关材料。

慈善信托重新备案申请书

原慈善信托备案回执编号：
重新备案受理编号：

慈善信托名称：

原受托人名称：
原受托人资格证明号码：
住所：
邮政编码：
联系方式：

变更后受托人名称：
变更后受托人资格证明号码：
住所：
邮政编码：
联系方式：

变更受托人事由（选择画√）：

1. 受托人违反信托合同义务。

2. 受托人出现分立、合并或者单程规定的解散事由，申请解散的。

3. 受托人被依法撤销的。

4. 受托人被宣告破产的。

5. 受托人申请注销主体资格的。

6. 其他原因。

慈善信托目的（不超过50字）：

信托财产：

_____（接受重新备案民政机关）：

原备案号____慈善信托因出现上述变更受托人事由第___项原因，现申请变更受托人为_____（受托人名称）。

根据《中华人民共和国慈善法》有关规定，申请重新备案。

____（委托人）和____（受托人）承诺所填报的备案信息真实、准确、完整，所提供的备案书面材料完整、合法、有效。

委托人签章　　　　　　　　　　　受托人签章

年　　月　　日　　　　　　　　　年　　月　　日

注：1. 重新备案受理编号规则：R＋行政区划代码＋备案主体区别码＋受理自然序号（六位）。

2. 备案主体区别码：信托公司作为受托人，区别码为0；慈善组织作为受托人，区别码为1。

原备案编号：_____

重新备案编号：_____

慈善信托重新备案存单

_____（受托人）于 ___ 年 ___ 月 ___ 日办理 _____（慈善信托文件名称）重新备案手续，备案文件符合备案要求，予以备案。

经办人签字：

备案回执单领取人签字：
身份证号：
联系电话：
原备案编号：

重新备案编号：_____

慈善信托重新备案回执

_____（受托人）：

你机构于 ___ 年 ___ 月 ___ 日办理 _____慈善信托文件重新备案手续，备案文件符合备案要求，现予以备案。

慈善信托文件内容变更或慈善信托终止，请持此回执单重新办理相关手续。

年　　月　　日

注：1.重新备案编号规则：R＋行政区划代码＋备案主体区别码＋重新备案确定自然序号（六位）。

2.备案主体区别码：信托公司作为受托人，区别码为0；慈善组织作为受托人，区别码为1。

第八章

慈善信托的管理与实施

慈善信托在存续过程中的运营管理也是重要的业务环节，包括财产保管、信息披露、慈善项目实施和慈善信托的变更与终止等事项。

第一节　慈善信托的存续管理

慈善信托的存续管理包括信托财产的保管、慈善支出以及信托闲置财产的运用等方面。此外，受托人、监察人有权依据信托合同的规定收取信托报酬。

一、慈善信托财产的保管

根据《慈善法》和原银监会颁布的《慈善信托管理办法》的规定，信托财产保管需遵循以下规定：

（1）慈善信托财产及其收益，应当全部用于慈善目的。

（2）受托人管理和处分慈善信托财产，应当按照慈善信托目的，恪尽职守，履行诚信、谨慎管理的义务。

（3）受托人除依法取得信托报酬外，不得利用慈善信托财产为自己谋取利益。

（4）慈善信托财产与受托人固有财产相区别，受托人不得将慈善信托财产转为其固有财产。任何组织和个人不得私分、挪用、截留或者侵占慈善信托财产。

（5）受托人必须将慈善信托财产与其固有财产分别管理、分别记账，并将不同慈善信托的财产分别管理、分别记账。

（6）对于资金信托，应当委托商业银行担任保管人，并且依法开立慈善信托资金专户；对于非资金信托，当事人可以委托第三方进行保管。

（7）受托人应当自己处理慈善信托事务，但信托文件另有规定或者有不得已事由的，可以委托他人代为处理。受托人依法将慈善信托事务委托他人代理的，应当对他人处理慈善信托事务的行为承担责任。受托人因依法将慈善信托事务委托他人代理而向他人支付的报酬，在其信托报酬中列支。

（8）慈善信托财产运用应当遵循合法、安全、有效的原则，可以运用于银行存款、政府债券、中央银行票据、金融债券和货币市场基金等低风险资产，但委托人和信托公司另有约定的除外。

（9）受托人不得将其固有财产与慈善信托财产进行交易或者将不同委托人的信托财产进行相互交易，但信托文件另有规定或者经委托人同意，并以公平的市场价格进行交易的除外。

（10）委托人、受托人及其管理人员不得利用其关联关系，损害慈善信托利益和社会公共利益，有关交易情况应当向社会公开。

（11）受托人应当根据信托文件和委托人的要求，及时向委托人报告慈善信托事务处理情况、信托财产管理使用情况。

（12）慈善信托的受托人应严格按照有关规定管理和处分慈善信托财产，不得借慈善信托名义从事非法集资、洗钱等活动。

（13）受托人应当妥善保存管理慈善信托事务的全部资料，保存期自信托终止之日起不少于十五年。

（14）受托人违反法律、行政法规和信托文件的规定，造成慈善信托财产损失的，应当以其固有财产承担相应的赔偿责任。

二、闲置慈善财产的运用

除慈善支出外，慈善信托闲置财产的运用也是慈善信托运营的重要工作。慈善信托的闲置信托财产可以根据委托人意愿和慈善项目需要进行灵活投资运用，这不仅是慈善信托制度优越性的体现，也是财产所有人选择以慈善信托方式开展慈善活动的重要考虑因素。

（一）以现金管理为主的低风险投资

对闲置信托财产开展现金管理投资是慈善受托人基本的尽职管理责任。对于信托财产规模较小的慈善信托，或者信托期限较短的消耗型慈善信托，以现金管理为目标的投资是闲置信托财产管理的主要方式。现金管理投资的最主要目标是保证资产的安全性和流动性，满足慈善信托定期或不定期慈善支出的需要；同时获得一定的盈利，实现信托财产一定程度的保值增值。

现金管理投资的主要标的，根据《慈善信托管理办法》规定，主要包括银行存款、政府债券、中央银行票据、金融债券和货币市场基金等低风险资产。这些都是安全性和流动性最高等级的金融资产，投资的保值作用也比较明显，以货币市场基金为例，当前不少货币基金的年化收益率超过了 4%。

慈善信托财产开展低风险投资的决策和管理都相对简单。慈善信托的受托人无论是慈善组织还是信托公司，都可以运用信托财产开展低风险投资。为了保证财产投资运用的灵活性，可以将投资决策全权委托给受托人，受托人做好充分信息披露和履行告知义务。

（二）追求保值增资的平衡投资

对于信托财产规模较大、信托期限较长的慈善信托，委托人出于对慈善活动的可持续性期望，对投资收益的要求往往也更高。通过合理投资，不动用慈善财产本金，只将投资收益用于慈善支出，实现慈善活动的可持续性，在国外非常普遍。诺贝尔基金会、盖茨基金会、福特基金会都是不动本慈善的典型代表。在这种情形下，低风险投资不能满足委托人的财产增值要求，需要更加平衡的资产配置来实现信托财产的收益目标。

慈善信托财产的资产配置首先根据委托人意愿和市场环境，确定大类资产配置方案，即首先确定股票投资、固定收益和其他投资等类型财产的配置比例，在此基础上开展具体的金融产品投资。诺贝尔基金会的资产配置比例为股票类 55%，固定收益类 20%，其他类（不动产、对冲基金）25%，每一类资产配置比例随着市场环境变化上下浮动 10%。在金融产品的选择上，诺贝尔基金会也非常保守，股票类投资的核心为稳健的 MSCI 等指数基金。

在我国，慈善信托财产的平衡投资可以配置于银行理财、信托产品、资管计划、公募基金、私募投资基金等广泛金融产品。

慈善信托开展以保值增值为目标的平衡投资，有两种实现方式：一是由信托公司担任受托人（或者共同受托人），负责信托财产投资管理；二是在由信托公司担任受托人的基础上，根据委托人要求，由受托人聘请专业投资管理机构负责投资。

平衡投资的决策流程相对复杂，一般分为以下几个步骤：首先，在每年年初，受托人 / 投资管理人制定资产配置方案，提交慈善信托的决策机构审议。其次，慈善信托决策机构审议通过资产配置方案后，对受托人 / 投资管理人开展投资管理予以授权。最后，受托人 / 投资管理人根据授权自主选择投资标的，履行事前、事后通知义务，并做好投后管理工作和投资事务的信息披露。

（三）兼顾慈善和收益的社会企业投资

社会企业投资是一种新兴的投资方式，是用商业手段解决社会问题的积极尝试。社会企业投资的目标往往是双重的，一是实现投资回报，二是产生慈善效果。比如以低于市场回报的条件投资贫困地区的小微企业，通过发展特色产业实现贫困群众就业和增收的慈善效果，可认定为社会企业投资。根据投资标的特点不同，社会企业投资目标有时候偏重慈善，有时候偏重投资。

慈善信托开展社会企业投资的性质介于慈善支出和增值投资之间，但是一般被认定为投资运用，而不被认定为慈善支出。这是因为，一方面，被投资单位是工商注册的企业，而不是非营利性机构，一般不能被认定为慈善项目的执行人或受益人；另一方面，作为投资回报的收益容易量化，而作为慈善效果却不易衡量和评估。因此，社会企业的投资回报应当是慈善信托受托人更加重点关注的方面。

慈善信托的信托财产开展社会企业投资，往往是委托人关于信托财产运用的特别要求。社会企业投资的特点要求受托人实行特别的风险管理政策。

（1）与普通增值投资相比，社会企业投资的风险往往更高，比如投资于贫困地区的初创企业或小微企业往往比投资于成熟市场企业的不确定性更大。为履行尽职管理责任，受托人首先需要与委托人充分沟通投资意愿，向委托人充分揭示投资风险，在具体投资决策、投后管理方面引入委托人共同参与。

（2）明确社会企业慈善效果的实现方式，持续追踪慈善效果。实现慈善效果越明显，该笔投资的公益性越强，利益相关方对投资回报的关注或将越低。

（3）与监管机构做好沟通，在满足一定慈善效果的基础上，当出现投资风险时，可将社会投资认定为慈善支出。在这方面，美国对公益机构符合一定条件的低息或无息贷款资助认定为慈善支出的做法为我们提供了借鉴。

三、受托人与监察人的沟通机制

《慈善法》规定，慈善信托的委托人根据需要，可以确定信托监察人。信托监察人对受托人的行为进行监督，依法维护委托人和受益人的权益。信托监察人发现受托人违反信托义务或者难以履行职责的，应当向委托人报告，并有权以自己的名义向人民法院提起诉讼。

（一）信托监察人的权利

一般来说，慈善信托监察人可有如下权利：

（1）依照信托合同等相关约定，可就慈善信托相关审议事项进行表决。

（2）有权依照相关约定取得报酬。

（3）依法维护慈善信托项下委托人和受益人的权益，发现受托人违反信托义务或者难以履行职责的，有权以自己的名义向人民法院提起诉讼。

（4）为行使信托监察人职责，有权要求受托人对信托事务处理情况进行说明，有权要求受托人定期向其汇报信托财产保值增值情况及信托事务处理情况。

（5）为行使信托监察人职责，有权要求查询、抄录或者复制与信托财产有关的信托账目、资金划拨凭证或财产交付凭证以及处理信托事务的其他文件。

（6）信托合同及法律法规规定的其他权利。

（二）信托监察人的义务

信托监察人的义务包括：

（1）对受托人管理和处置本信托财产的行为履行监督职责；就其发现的受托人违反信托义务或难以履行职责的事项及时向委托人报告。

（2）决定是否认可受托人出具的年度信托事务处理情况及财产状况报告、终止报告及清算报告。

（3）信托合同及法律法规规定的其他权利。

（三）受托人与监察人沟通事项

监察人对受托人的行为进行监督，维护委托人和受益人的权益，应当建立相应的受托人监督工作机制。信托事务不同，受托人接受监察人的监督工作机制也不同，一般来说，主要有以下三种类型：

1. 重大事项的事前报告

慈善项目及受益人选定、信托财产重大投资运用、慈善信托提前终止等事项，一般需要向监察人履行事前报告义务，获得监察人认可后方可执行。

2. 一般事项的事后报告

受托人根据信托合同约定进行的低风险投资运用、支付信托税费等日常管理事项，可以向监察人履行事后报告义务。

3. 信息披露文件的审核与认可

受托人披露慈善信托年度报告、清算报告之前，监察人有权审阅、核实信托财产有关的信托账目、资金划拨凭证以及处理信托事务的其他文件，并对信息披露报告出具监察意见。

（四）受托人与监察人的沟通机制

鉴于受托人与监察人在慈善信托中的职责，建立良好的沟通机制是监察人有效履行职责的前提条件。具体包括以下内容：

1. 通知的发出

双方发出与慈善信托有关的通知、要求或信息传达，均应采用书面形式，可由专人送达、挂号邮递、特快专递等方式送达，传真、电子邮件可作为辅助送达方式，但事后必须以上述约定方式补充送达。

2. 通知的送达

通知在下列日期视为送达：

（1）专人递送的通知，在专人递送之交付日为有效送达。

（2）以挂号信（付清邮资）发出的通知，在寄出（以邮戳为凭）后的第 7 日为有效送达。

（3）以特快专递（付清邮资）发出的通知，在寄出（以邮戳为凭）后的第 3 日为有效送达。

（4）由传真、电子邮件传送，收到回复码或成功发送确认的第 1 个工作日为有效送达。

四、信托利益分配与费用提取

（一）信托利益分配

1. 受托人、监察人有权依据信托合同的规定收取信托报酬

慈善信托项下信托报酬率或监察费率为［××］%/ 年。信托报酬、监察费可按日计提，每日应计提的信托报酬金额 = 信托资金余额 ×［××］%/365，上述费用应为含增值税的费用。从时间上，受托人或监察人可于每年 12 月 20 日后 10 个工作日内收取已计提未支付的信托报酬或监察费。

2. 受益人取得信托利益

受托人可根据慈善信托相关决定，将信托利益以资金或实物形式直接支付

给受益人，或者通过慈善信托实施机构实现慈善支出。受托人仅以扣除应由信托财产承担的各项信托税费、管理费用、信托报酬及对第三人负债后的信托财产余额为限向受益人分配信托利益。

（二）费用提取

1. 管理费用的核算及支付

慈善信托项下所指管理费用包括但不限于下列各项：

（1）管理信托财产过程中的公告、登记、公证、见证等费用。

（2）因管理信托财产、办理信托事务而发生的差旅费。

（3）向受益人支付信托利益的费用。

（4）信息披露费用。

（5）信托资金保管费、信托监察人费用。

（6）审计费。

（7）为解决因信托财产及信托事务发生的纠纷而发生的诉讼费、仲裁费、律师费等费用，但因受托人违背管理职责或者处理信托事务不当产生的纠纷而发生的费用除外。

（8）信托财产在管理、运用或处分过程中发生的其他费用。

上述管理费用由信托财产承担，由受托人于管理费用发生时按照实际发生的金额以信托财产支付。受托人对管理费用无垫付义务，若受托人以其固有财产先行垫付管理费用、对第三人所负债务的，受托人对信托财产享有优先受偿权。

2. 其他费用

（1）受托人以其固有财产先行支付因处理信托事务所支出的费用、对第三人所负债务的，受托人对信托财产享有优先受偿权。

（2）信托财产在管理、运用和处分过程中产生的税费，包括但不限于增值税及附加税等，应由信托财产承担。受托人对上述税费无垫付义务，若受托人以其固有财产先行垫付的，受托人对信托财产享有优先受偿权。

五、慈善信托的税收

（一）慈善信托涉及的税收种类

《慈善法》出台后，尚未有明确的慈善信托税收优惠政策出台。实践中慈善信托设立时，委托人及慈善信托本身的税收优惠诉求主要包括：

1. 企业所得税

企业以资金设立慈善信托，在年度利润总额 12% 以内的部分，应当可以在计算应纳税所得额时扣除；企业以股权设立慈善信托，比照《关于公益股权捐赠企业所得税政策问题的通知》（财税〔2016〕45 号）规定，应纳税额以股权的历史成本确定，并以历史成本为依据确定捐赠额，在计算应纳税所得额时扣除。

2. 个人所得税

比照慈善捐赠，个人以资金设立慈善信托应当可以抵税。个人捐赠额未超过应纳税所得额 30% 的部分，可以从其应纳税所得额中扣除。个人以股权设立慈善信托，也应当以历史成本确认应纳税所得额。

3. 增值税

以土地、房产、无形资产、货物设立慈善信托，不视同销售，以成本确定捐赠额。

4. 印花税

财产所有人设立慈善信托，所立的书据可免交印花税。

5. 契税

房产所有人、土地使用权所有人设立慈善信托，不征收契税。

6. 运营环节税收

在后续运营环节，慈善信托还涉及增值税、车辆使用税、房产税、土地使用税等税收优惠问题。

（二）目前所能实现的税收优惠及方式

当前，通过一定的交易结构设计，可以为慈善信托委托人实现所得税税前抵扣税收优惠。在具体操作中，信托公司作为受托人不能为委托人开出捐赠票据，因此需要与具有开票资格的基金会合作，主要有两种合作模式。在不同模式中，慈善基金会扮演的角色不同，对信托公司的要求也有不同。

1. 基金会作为委托人开具捐赠发票

在这种模式下，财产所有人先将财产捐赠给慈善基金会，并由基金会作为委托人，就捐赠财产设立慈善信托。信托公司作为受托人，根据基金会的意愿使用信托财产。信托公司的加入增加了慈善资金运用的监督环节，提高了资金使用透明度和专业水平。基金会在财产所有人向其捐赠的同时开出捐赠发票，解决捐赠者的纳税抵扣问题。这种模式有两个注意事项：一是慈善财产进入信托账户后，不能再回流至作为委托人的慈善基金会的账户中去。信托公司需要直接向受益人进行分配。如果受益人数量很多，单笔分配金额低，分配频率又较高，则需要信托公司有一定的系统提供支持。二是对于慈善基金会设立慈善信托是否属于公益支出存在争议。如设立环节不认定为慈善支出，则慈善信托中的信托财产运用也仍需遵守基金会相关规定，如遵守每年 70% 的支出比例下限，如此慈善信托的灵活性将大打折扣。

2. 基金会作为项目执行人开具捐赠发票

在这种模式下，捐赠者作为委托人直接设立慈善信托。信托公司担任慈善信托受托人，并聘任委托人同意的基金会作为慈善项目执行人。慈善信托的信托财产通过该基金会，由其定向用于慈善项目使受益人受益，并由其直接向委托人开具捐赠发票。在这种操作模式下，信托财产通过慈善基金会定向用于慈善项目，对信托公司来说是一种比较省力的方式。但是需要注意的是，虽然慈善信托的资金经过基金会，但是基金会不是慈善信托的受益人。

尽管上述两种方法可以技术性地解决委托人设立慈善信托税收优惠问题，但这都是在慈善信托税收优惠具体政策缺失情况下的权宜之计。未来，信托界、慈善界在加强慈善信托税收问题研究的同时，更要积极拓展慈善信托业务实践，扩大慈善信托在慈善事业中的影响力，为政策制定者提供丰富翔实的慈善信托案例和统计资料，推动慈善信托税收优惠政策的早日出台。

第二节　慈善信托的信息披露

慈善信托的公开透明主要体现在信息披露方面，通过受托人充分的信息披露接受委托人、监管部门以及监察人和社会公众的监督。

一、慈善信托的信息披露内容

受托人的信息披露（公开）义务和报告义务渗透到慈善信托成立之后的整个期间。受托人的信息披露主要有两类：一是向委托人的信息披露。受托人应当根据与委托人在信托文件中约定的方式和频率，及时向委托人报告信托事务处理情况、信托财产管理使用情况。二是公开信息披露。受托人应当每年至少一次将信托事务处理情况及财务状况向其备案的民政部门报告，并向社会公开。公开信息披露报告应当经监察人认可或者接受必要的审计。受托人聘请慈善项目执行人、慈善财产投资管理人代为执行部分信托事务的，还需要加强与各合作机构在信息披露方面的沟通合作。

（一）信息披露义务人

受托人是信息披露义务人。受托人应当按照相关管理制度和信托合同的约定，履行报告义务。并在合同约定的平台和民政部门提供的信息平台上，发布慈善信托设立情况说明，信托事务处理情况报告、财产状况报告，慈善信托变更、终止事由，备案的民政部门要求公开的其他信息，并对信息的真实性负责。

（二）年度信托事务处理情况及财产状况报告

《信托法》规定，受托人应当至少每年一次作出信托事务处理情况及财产状况报告，经信托监察人认可后，报公益事业管理机构核准，并由受托人予以公告；而《慈善法》则进一步规定，慈善信托的受托人应当根据信托文件和委托人的要求，及时向委托人报告信托事务处理情况、信托财产管理使用情况。慈善信托的受托人应当每年至少一次将信托事务处理情况及财务状况向其备案的民政部门报告，并向社会公开。慈善信托的受托人应当于每年 3 月 31 日前向备案的民政部门报送慈善信托事务处理情况和慈善信托财产状况的年度报告。信托公司新设立的慈善信托项目，还有产品登记义务。

（三）临时性报告

除了年度报告外，慈善信托信息披露还包括临时性报告情况。在受托人变更后，变更后的"受托人应当自变更之日起 7 日内，将变更情况报原备案的民政部门重新备案"；如果发生增加新的委托人，增加信托财产，变更信托受益人范围及选定的程序和方法等情形的，慈善信托的受托人应当在变更之日起 7 日内向原备案的民政部门申请备案，并提交发生变更的相关书面材料。如当月发生两起或两起以上变更事项的，可以在下月 10 日前一并申请备案。由于备案信息原则上需要向社会公开，重新备案也属于受托人履行报告和公告义务的一部分。

在信托终止时，受托人应当于终止事由发生之日起 15 日内，将终止事由、终止日期和剩余信托财产处分方案和有关情况报告民政部门。受托人应当在信托终止的 30 日内作出处理慈善信托事务的清算报告，受托人作出的处理信托事务的清算报告，应当经信托监察人认可，报民政部门核准后，由受托人予以公告。

关联交易公开。委托人、受托人及其管理人员不得利用其关联关系，损害慈善信托利益和社会公共利益，有关交易情况应当向社会公开。

（四）不公开事项

涉及国家秘密、商业秘密、个人隐私的信息以及慈善信托的委托人不同意公开的姓名、名称、住所、通信方式等信息，不得公开。

二、监管部门对信息披露的要求

（一）监管部门对信息披露的要求

根据《慈善信托管理办法》等规定，民政部门和银行业监督管理机构应当及时向社会公开下列慈善信托信息：①慈善信托备案事项；②慈善信托终止事项；③对慈善信托检查、评估的结果；④对慈善信托受托人的行政处罚和监管措施的结果；⑤法律法规规定应当公开的其他信息。

（二）监管部门的监督

银行业监督管理机构负责信托公司慈善信托业务和商业银行慈善信托账户资金保管业务的监督管理工作。县级以上人民政府民政部门负责慈善信托备案和相关监督管理工作。民政部门和银行业监督管理机构根据各自法定管理职责，对慈善信托受托人应当履行的受托职责、管理慈善信托财产及其收益的情况、履行的信息公开和告知义务以及其他与慈善信托相关的活动进行监督检查。具体包括以下内容：

1. 受托人履行的受托职责

依照慈善信托文件管理信托财产；对不同的慈善信托财产，分别管理、分别记账；根据慈善信托文件的约定，及时向受益人支付信托利益；编制慈善信托财务会计报告；妥善保存处理信托事务的完整记录；自慈善信托终止事由发生之日起十五日内，将终止事由和终止日期报告慈善信托备案民政部门；慈善信托终止后，编制处理信托事务的清算报告。

2. 受托人管理慈善信托财产及其收益的情况

处理、使用慈善信托财产及其收益，符合慈善目的；不得为自己或他人牟取私利；除合同另有特别约定之外，慈善信托财产及其收益应当运用于银行存款、政府债券、中央银行票据、金融债券和货币市场基金等；按照信托目的，恪尽职守，履行诚信、谨慎管理的义务。

3. 受托人履行的信息公开和告知义务

根据慈善信托文件约定、《慈善法》规定，在民政部门统一指定的平台上发布真实慈善信息；向社会公开信托事务处理情况及财务状况；向受益人告知其资助标准、工作流程和工作规程等信息。

此外，民政部门和银行业监督管理机构根据各自法定管理职责，联合或委托第三方机构对慈善信托的规范管理、慈善目的的实现和慈善信托财产的运用效益等进行评估。行业组织应当加强行业自律，反映行业诉求，推动行业交流，提高慈善信托公信力，促进慈善信托事业发展。任何单位和个人发现慈善信托违法违规行为的，可以向民政部门、银行业监督管理机构和其他有关部门进行投诉、举报。民政部门、银行业监督管理机构和其他有关部门接到投诉、举报后，应当及时调查处理。国家鼓励公众、媒体对慈善信托活动进行监督，对慈善信托违法违规行为予以曝光，发挥舆论和社会监督作用。

三、法律责任

民政部门和银行业监督管理机构根据履行职责的需要，可以与受托人的主要负责人和相关人员进行监督管理谈话，要求就受托人的慈善信托活动和风险管理的重大事项作出说明。

慈善信托的受托人有下列情形之一的，由民政部门予以警告，责令限期改正；有违法所得的，由民政部门予以没收；对直接负责的主管人员和其他直接责任人员处 2 万元以上 20 万元以下罚款：将信托财产及其收益用于非慈善目的的；未按照规定将信托事务处理情况及财务状况向民政部门报告或者向社会公开的。

信托公司违反相关规定的，银行业监督管理机构可以根据《银行业监督管理法》等法律法规，采取相应的行政处罚和监管措施。

慈善信托的当事人违反《慈善法》有关规定，构成违反治安管理行为的，依法移送公安机关给予治安管理处罚；构成犯罪的，依法移送公安、司法机关追究刑事责任。

部分民政部门要求建立受托人信用记录，将违规受托人列入不良记录名单，并予以公示；进入名单者，两年内不得担任新慈善信托的受托人。

第三节　慈善信托的项目实施

在慈善信托实施过程中，受益人选定是慈善信托运行的核心。可采取受托人自主选定、受托人与项目执行人合作选定及成立决策委员会决定等几种方式。

一、选定慈善项目或受益人

（一）慈善信托受益人选定机制

受益人选定是慈善信托运行的核心。从目前实践来看，慈善信托受益人选定的决策机制主要有三种。

1. 由受托人自主选定受益人，实施慈善项目

这种情况的受托人一般由慈善组织担任，或者由信托公司与慈善组织共同担任，委托人高度信任受托人的慈善项目实施能力。例如，在中国首例慈善组织作为单受托人的慈善信托"北京市企业家环保基金会 2016 阿拉善 SEE 公益金融班环保慈善信托"中，受益人选定条件为：①服务社会公益不以营利为目的的社会组织；②组建时间在两年以内，组织处于初创阶段，上一年收入不超过 30 万元的环保公益组织。

2. 由受托人与项目执行人合作选定受益人

项目执行人初步筛选慈善项目，向受托人推荐受益人名单。受托人对相关资料进行再度审核，并进行自主确认。这种决策方式在受托人为信托公司的慈善信托中很常见。

3. 成立决策委员会决定受益人

决策委员会可由若干名委员组成，委托人、受托人、监察人各委派一名常

任委员，相关领域专家可担任非常任委员。慈善信托受益人名单经决策委员会审议通过后，受托人方可据此进行信托利益分配。决策委员会可灵活设置决策规则，但一般来说，表决事项通过必须包括受托人一票。

（二）慈善信托受益人范围

根据《慈善法》的规定，慈善组织确定慈善受益人，应当坚持公开、公平、公正的原则，不得指定慈善组织管理人员的利害关系人作为受益人。慈善信托对受益人可以提供财产资助，也可以利用自身的人力资源直接或者通过购买服务为受益人提供慈善服务。受益人可以是社会公众，也可以是若干个体，甚至是单独的个体。慈善信托资助福利院、养老院、学校、医院等机构用于恤孤、养老、助医、助学等慈善事业的，该机构本身是慈善组织的受益人，其服务对象也是慈善信托的受益人。

慈善信托根据需要可以与受益人签订协议，明确双方权利义务，约定慈善财产的用途、数额和使用方式等内容。受益人应当珍惜慈善资助，按照协议使用慈善财产。受益人未按照协议使用慈善财产或者有其他严重违反协议情形的，慈善信托有权要求其改正；受益人拒不改正的，慈善信托有权解除协议并要求受益人返还财产。

（三）慈善信托受益人选定原则

慈善信托选定受益人要遵循以下原则：

1. 公开原则

慈善信托将慈善项目、受益人条件、确定程序等有关事项的内容公布于众，建立透明的申请、筛选机制，保障社会公众的知情权，防止暗箱操作。

2. 公平原则

慈善信托在确定受益人时，坚持法律面前人人平等和机会均等，避免歧视对待。

3. 公正原则

慈善信托坚持正义和中立，防止徇私舞弊。慈善组织通过履行公开、公平、公正的原则进行选择，来保障选定的受益人符合慈善目的和捐赠人的意愿。没有建立公平、公正的选择标准，没有经过公平、公正的决策程序，没有充分的信息披露，直接指定特定受益人，就违背了慈善的宗旨。

二、慈善支出的形式

设立慈善信托的首要目的是真正开展慈善活动。设立信托时，委托人与受托人应当对慈善信托每年的慈善支出金额或比例做出约定，保障慈善目的的实现，保护受益人的利益。这也是监管部门考察慈善信托合规性的指标之一。

一般情况下，慈善支出有两种形式：一种是受托人将信托财产直接向被资助人、被资助项目实施定向信托利益的划拨；另一种是受托人将信托财产经由选定的慈善组织、县级（含）以上民政等政府部门进行信托利益的划拨，受托人通过查询划款单据、受资助项目相关开支账簿等信息或现场检查等对信托资金的使用进行监督，并按照监管要求定期进行信息披露。

对于股权这种非货币财产设立慈善信托，每年慈善支出资金的第一来源便是股权的分红。如果股权分红这一首要资金来源并不稳定，可能无法达到信托文件约定的支出金额和比例时，受托人应当可以自由处置部分股权获得慈善资金，用于开展慈善活动。其中上市公司股权的流动性最高，公允价值也最容易确定，处置也最为容易；非上市股份公司股权也可以自由转让；而有限责任公司股权可以在公司股东内部自由转让，向股东以外的人转让时，需经其他股东过半数同意。

三、慈善效果的评估

慈善信托实施后，慈善信托转入了后续运行阶段，慈善信托受托人的工作重心也由设立转向运营管理。慈善信托是否能够合规运行，实现慈善目的是重点考察的事项。北京市、江苏省等地陆续出台地方性慈善信托管理规定，为慈善信托的发展创造了良好的监管环境。北京市民政局发布了《北京市慈善信托评估办法》，通过对慈善信托的运作管理和慈善目的实现的绩效进行客观评价，提高受托人履职能力，规范慈善信托运行。具体包括以下几个方面：

（一）目标设定基本清晰合理，符合政策引导方向

目标合理指的是目标的设定有依据，符合受益人或受益地区的实际需求，开展过相关调查。

（二）实施过程较为有效

专业的团队是慈善项目实施的保障，有较专业的慈善项目实施团队，执行和监测较为有效是慈善项目实施的必要条件。

（三）慈善产出符合约定及目标

慈善信托的主要慈善产出与信托目的一致，并需实现年度目标；受益对象符合相关法律法规的规定，并在慈善目的范围之内。

（四）社会影响

公益项目实施和效果的可持续性，一般要了解议题是否需长期解决，投入是否有可持续性，是否得到政府的支持，或者项目的模式设计是否确保效果可持续，是否授人以渔，例如提升受益人能力，促进受益人长期发展等。

第四节 慈善信托的变更与终止

慈善信托的变更主要涉及可变更事项、变更期限和变更受托人等几项事项。在慈善信托达到终止条件后将进入终止清算阶段，若慈善信托仍有剩余财产，在经备案的民政部门批准后，受托人应当将信托财产用于与原慈善目的相近似的目的，或者将信托财产转移给具有近似目的的其他慈善信托或者慈善组织。

一、慈善信托的变更

（一）可变更事项

根据信托文件约定或者经原委托人同意，可以变更以下事项：①增加新的委托人；②增加信托财产；③变更信托受益人范围及选定的程序和方法；④国务院民政部门和国务院银行保险业监督管理机构规定的其他情形。

（二）变更期限

慈善信托的受托人应当在变更之日起 7 日内按照第十八条的规定向原备案的民政部门申请备案，并提交发生变更的相关书面材料。如当月发生两起或两起以上变更事项的，可以在下月 10 日前一并申请备案。

（三）变更受托人

慈善信托的受托人违反信托义务或者难以履行职责的，委托人可以变更受托人，但慈善信托的受托人不得自行辞任。包括：①违反信托文件义务或难以履行职责的；②依法解散、注销或法定资格丧失的；③被依法撤销或者被宣告破产的。

变更后的受托人应当在变更之日起 7 日内，将变更情况报原备案的民政部门重新备案。

二、慈善信托终止清算

（一）慈善信托终止的条件

根据《慈善信托管理办法》，有下列情形之一的，慈善信托终止：①信托文件规定的终止事由出现；②信托的存续违反信托目的；③信托目的已经实现或者不能实现；④信托当事人协商同意；⑤信托被撤销；⑥信托被解除。

自慈善信托终止事由发生之日起 15 日内，受托人应当将终止事由、日期、剩余信托财产处分方案和有关情况报告备案的民政部门。慈善信托终止的，受托人应当在 30 日内作出处理慈善信托事务的清算报告，向备案的民政部门报告后，由受托人予以公告。慈善信托若设置信托监察人，清算报告应事先经监察人认可。

（二）受托人终止清算的职责

终止清算阶段，受托人的责任主要有四个方面：第一，确定终止日期，受托人应当于终止事由发生之日起 15 日内，将终止事由和终止日期报告备案民政部门；第二，制定处置方案，在信托财产处置前将处置方案报告备案民政部门；第三，处置清算，受托人根据处置方案的约定处置信托财产，或经民政部门批准后运用于近似目的；第四，信息披露，受托人应当向备案民政部门提交经委托人或监察人认可的终止报告，以及经会计师事务所审计的清算报告。

三、慈善信托近似目的运用

《信托法》规定，公益信托终止，没有信托财产权利归属人或者信托财产权利归属人是不特定的社会公众的，经公益事业管理机构批准，受托人应当将信托财产用于与原公益目的相近似的目的，或者将信托财产转移给具有近似目的的公益组织或者其他公益信托。《慈善信托管理办法》则进一步明确，慈善信托终止，没有信托财产权利归属人或者信托财产权利归属人是不特定的社会公众，经备案的民政部门批准，受托人应当将信托财产用于与原慈善目的相近似的目的，或者将信托财产转移给具有近似目的的其他慈善信托或者慈善组织。

近似原则为英美法中的一项关于使用赈济财物的原则，后为各国信托法采纳，成为适用于公益信托的惯例之一。其大致内容：当一项公益信托成立后，由于种种原因，初始的信托目的无法实现，或信托目的已实现而信托财产尚有剩余时，基于使信托存续以有利于社会公益事业发展，并且尽量与初始公益信托目的相一致的原因，将全部或剩余的信托财产用于与设立信托时所具有的公益目的尽可能相似的另一项公益目的。

附录 1 我国备案慈善信托基本信息

（截至 2018 年 12 月 31 日）

备案时间	信托名称	委托人	受托人	监察人	期限（年）	慈善目的	信托规模（万元）
2016 年 9 月 1 日	国投泰康信托 2016 年国投慈善 1 号慈善信托	国家开发投资公司	国投泰康信托	上海市锦天城律师事务所	5	贫困地区群众生活改善、教育支持	3000.00
2016 年 9 月 1 日	国投泰康信托 2016 真爱梦想 1 号教育慈善信托	多位自然人	国投泰康信托	上海市锦天城律师事务所	3	促进发展中小学校素养教育	82.00
2016 年 9 月 1 日	华能信托尊承檀华慈善信托计划	未披露	华能信托	无	不低于 12 个月	贫困地区的精准扶贫、学校教育、民族文化、济贫助弱、拥军强军等	1000.00
2016 年 9 月 1 日	中国平安教育发展慈善信托计划	多位自然人、深圳市社会公益基金会	平安信托	无	无限期	用于教育发展等慈善事业	1007.60
2016 年 9 月 1 日	兴业信托·幸福一期慈善信托计划	兴业信托工会委员会	兴业信托	立信会计师事务所	永续	《慈善法》规定的慈善公益事业	11.00

177

续表

备案时间	信托名称	委托人	受托人	监察人	期限（年）	慈善目的	信托规模（万元）
2016 年 9 月 1 日	长安慈——山间书香儿童阅读慈善信托	陕西省慈善协会	长安信托	北京市康达（西安）律师事务所	10	发展文化教育事业，培养儿童阅读兴趣，改善阅读条件，促进儿童全面发展	5.00
2016 年 9 月 1 日	中诚信托 2016 年度博爱助学慈善信托	多位自然人	中诚信托	北京市中盛律师事务所	5	促进贫困地区发展教育事业，帮助贫困学生完成学业等	33.00
2016 年 9 月 7 日	中航信托·天启 977 号爱飞客公益慈善集合信托计划	中航通用飞机有限责任公司、中航信托工会委员会	中航信托	北京六明律师事务所	5	航空知识培训、航空科普、支持教育、精准扶贫济困、弘扬社会正义、绿色环保等	100.00
2016 年 9 月 26 日	万向信托—乐享家族慈善信托	不公开	万向信托	德勤华永会计师事务所	永续	《慈善法》规定的慈善公益事业	2000.00
2016 年 10 月 12 日	川信·锦绣未来慈善信托计划	成都市慈善总会	四川信托	泰和泰律师事务所	永续	将不低于上一年度信托财产余额的 8% 用于 18 周岁以下（不包含本数）的需要帮助的儿童及涉及儿童助学、医疗、助残、恤病等公益项目	10.00

续表

备案时间	信托名称	委托人	受托人	监察人	期限（年）	慈善目的	信托规模（万元）
2016 年 10 月 18 日	长安慈——未来创造力 1 号教育慈善信托	深圳市社会公益基金会	长安信托	无	10	鼓励和支持中国青少年素质教育，开展深圳及全国青少年创造力素养培育	100.00
2016 年 10 月 18 日	长安慈——环境保护慈善信托	江苏中丹化工技术有限公司	长安信托	北京德和衡律师事务所	10	保护生态环境	100.00
2016 年 10 月 20 日	粤财·德睿慈善信托计划	珠海市德睿企业管理有限公司	粤财信托	北京大成（广州）律师事务所	无固定期限	孤儿、特困户、五保户	11.00
2016 年 10 月 20 日	粤财信托·德睿慈善信托计划	珠海市德睿企业管理有限公司	粤财信托	北京大成（广州）律师事务所	无固定期限	接受委托人委托，根据其指示将信托资金运用于符合《慈善法》规定的公益活动，履行社会责任，推动慈善事业发展	300.83
2016 年 10 月 24 日	华龙慈善信托	宁波鄞州银行公益基金会	宁波市善园公益基金会、万向信托	无	5	《慈善法》规定的慈善公益事业	200.00
2016 年 11 月 22 日	"紫金·厚德 6 号"慈善信托	南京市慈善总会	紫金信托	立信会计师事务所	不低于 12 个月	为捐助、救助困难家庭中的罹患大病的儿童和残障儿童等慈善用途	100.00

续表

备案时间	信托名称	委托人	受托人	监察人	期限（年）	慈善目的	信托规模（万元）
2016年11月29日	蓝天至爱1号慈善信托	上海市慈善基金会	安信信托	上海市联合律师事务所	无限期	《慈善法》规定的慈善公益事业	10000.00
2016年12月5日	中信信托2016年航天科学慈善信托	中信聚信（北京）资本管理有限公司	中信信托	北京市中盛律师事务所	3	促进航天科学事业发展、奖励航天科学事业人才	660.00
2016年12月9日	光大·陇善行慈善信托计划1号	光大兴陇信托及自然人	光大信托	北京大成（上海）律师事务所	1	由受托人将信托财产基于定点扶贫和对口帮扶目的，扶持甘肃省岩部、和政、临洮三县的慈善事业发展	110.00
2016年12月13日	"上善"系列浦发银行"放眼看世界"困难家庭儿童眼健康公益手术项目慈善信托	浦发银行	上海信托	上会会计师事务所	10	向上海市困难家庭眼疾儿童免费手术公益慈善项目提供慈善捐赠，用于帮助困难家庭眼疾儿童免费实施手术治疗，提高双眼视功能，改善面容外观，治疗眼疾，挽救致盲、促进儿童身心健康发展	100.00

180

续表

备案时间	信托名称	委托人	受托人	监察人	期限（年）	慈善目的	信托规模（万元）
2016 年 12 月 27 日	北京市企业家环保基金会 2016 阿拉善 SEE 公益金融班环保慈善信托	自然人	北京市企业家环保基金会	北京市中伦律师事务所	10	资助和扶持中国民间环保公益组织的成长，实现生态环境保护事业的可持续发展	100.00
2016 年 12 月 27 日	中信·北京市企业家环保基金会 2016 阿拉善 SEE 华软资本环保慈善信托	华软资本管理集团股份有限公司	北京市企业家环保基金会、中信信托	北京市中伦律师事务所	5	荒漠化防治、绿色供应链与污染防治、生态保护与自然教育、环保公益行业发展等领域的初创期中国民间环保组织	100.00
2016 年 12 月 28 日	建信信托—微笑行动慈善信托	中国妇女发展基金会	建信信托	无	5	为困家庭的唇腭裂患儿提供免费救助治疗，支持预防唇腭裂的医疗研究和社会宣传，协同各界消除唇腭裂患者存量、降低唇腭裂患儿增量	1000.00
2017 年 1 月 6 日	国元慈善信托	安徽国元控股（集团）有限责任公司	国元信托	安徽中天恒律师事务所	3	《慈善法》规定的慈善事业	1300.00

续表

备案时间	信托名称	委托人	受托人	监察人	期限（年）	慈善目的	信托规模（万元）
2017年1月23日	天顺〔2016〕206号中国扶贫慈善信托	江西省老区建设促进会	中航信托、中国扶贫基金会	江西省老区建设促进会	无固定期限	精准扶贫济困、救灾重建、人才培训，为公益活动提供咨询、代管、服务等扶贫合作	10000.00
2017年2月22日	中铁信托·明德1号宜化环保慈善信托	湖北宜化化工有限公司	中铁信托	北京市兆实律师事务所	5	资助环保组织的设立、环保组织开展的环保活动及环保相关的奖励活动	700.00
2017年4月5日	北京信托2017年大病关爱慈善信托	广州永万投资公司	北京信托	北京市环球律师事务所	1	扶贫救济、医疗救助	30.00
2017年4月21日	国投泰康信托2017年真爱梦想2号教育慈善信托	自然人	国投泰康信托	北京市中盛律师事务所	5	素养教育研究和推广	48.00
2017年5月3日	长安慈——民生001号慈善信托	内蒙古自治区慈善总会	长安信托	无	10	《慈善法》规定的慈善公益事业	100.00
2017年5月22日	陕国投·公益助学慈善信托	未披露	陕国投	北京大成（西安）律师事务所	10	为发展教育事业，帮助贫困学生，助其顺利就学，并解决生活、学习等各项困难	1000.00
2017年5月27日	中信·何享健慈善基金会2017顺德社区慈善信托	美的控股有限公司	广东省何享健慈善基金会、中信信托	无	永续	支持顺德社区的扶贫、济困、教育、养老、社区发展等综合性慈善需求	49200.00

续表

备案时间	信托名称	委托人	受托人	监察人	期限（年）	慈善目的	信托规模（万元）
2017 年 6 月 5 日	百瑞仁爱·映山红慈善信托	中国共产主义青年团国家电力投资集团公司委员会、（国家电投江西公司团委同王梅）2018 年 1 月 15 日新增，（国家电投集团新疆能源化工有限公司、百瑞信托有限责任公司）2019 年 1 月 21 日新增	百瑞信托	北京大成（郑州）律师事务所	20	开展救济贫困的慈善活动	295.14
2017 年 7 月 13 日	大同系列—同心扬梦慈善信托计划	未披露	山东信托	无	无期限	公益慈善	1.00
2017 年 7 月 14 日	邢白家族—慈善信托	未披露	山东信托	无	无期限	公益慈善	1000.00
2017 年 7 月 31 日	万向信托　中国水源地保护慈善信托	民生人寿保险公益基金会、阿里巴巴公益基金会	万向信托	无	永续	促进中国的水环境保护事业发展、保护生态环境	1000.00
2017 年 8 月 4 日	华能信托·新凤祥慈善信托	未披露	华能信托	无	5	《信托法》《慈善法》规定的各项公益、慈善事业	1000.00

续表

备案时间	信托名称	委托人	受托人	监察人	期限（年）	慈善目的	信托规模（万元）
2017 年 8 月 15 日	中信·上海市慈善基金会蓝天至爱 2 号慧福慈善信托	自然人	上海市慈善基金会、中信信托	上海融孚律师事务所	10	扶持和帮助孤寡病残等非特定群体，从事一系列与帮助困难群体有关的活动，改善困难群体的生活	600.00
2017 年 8 月 17 日	川信·帮一帮慈善信托	四川省慈善总会	四川信托	四川省慈善总会	永续	包括但不限于扶贫、救灾、救助项目等。首笔资金为九寨地震灾区重建工作提供金融支持与资金援助	100.00
2017 年 8 月 25 日	百瑞仁爱·甘霖慈善信托	中外建建设发展（上海）有限公司	百瑞信托	刘梅	永续	开展救济贫困、扶老救孤、伽病助残，促进教育、科学、文化等事业，发展维护环境保护等慈善活动	153.00

续表

备案时间	信托名称	委托人	受托人	监察人	期限（年）	慈善目的	信托规模（万元）
2017 年 8 月 31 日	天信世嘉·信德黑大同窗互助慈善信托	十二位自然人	天津信托	上海锦天城（天津）律师事务所	10	因重大疾病或其他特殊困难需要帮助的黑龙江大学校友及其直系亲属，贫困地区失学儿童及留守儿童，包括符合上述条件的自然人及开展资助上述群体的慈善组织	15.10
2017 年 8 月 31 日	幸福传承慈善信托	自然人（陈凯）	万向信托	无	永续	弘扬社会主义精神文明，倡导家庭精神理念，发展家族文化事业，促进传承研究教育活动	1.00
2017 年 8 月 31 日	长安慈——杨凌精准扶贫慈善信托	杨凌农业高新技术产业示范区慈善协会、杨陵区精准扶贫办公室	长安信托	杨凌示范区审计局	3	用于精准扶贫专项救助和精准扶贫项目资助	500.00
2017 年 9 月 12 日	万向信托—艺酷慈善信托	未披露	万向信托	无	永续	《慈善法》规定的慈善公益事业	10.00

续表

备案时间	信托名称	委托人	受托人	监察人	期限（年）	慈善目的	信托规模（万元）
2017年9月15日	中航信托·绿色生态慈善信托	中航信托股份有限公司	中航信托、中华环境保护基金会	广州市联合公益发展中心	无固定期限	支持绿色生态事业发展及相关活动开展，涵盖绿色生态保护、教育、培训、交流等。首期运用于推动九寨沟地震灾区灾后生态恢复项目	50.00
2017年9月25日	金谷信托2017信达大爱1号（扶贫及教育）慈善信托	中国信达资产管理股份有限公司新疆维吾尔自治区分公司	金谷信托	北京市中盛律师事务所	5	扶贫济困及促进教育发展	30.00
2017年9月25日	中江国际·公益救助慈善1号集合资金信托计划	江西国际信托股份有限公司工会委员会	中江信托	江西启东律师事务所	永续	资助贫困家庭子女进入院校学习，针对贫困地区城乡大病困难群众进行慈善救助	30.00

续表

备案时间	信托名称	委托人	受托人	监察人	期限（年）	慈善目的	信托规模（万元）
2017年10月9日	川信·尊悦豪生慈善信托计划1号	成都市慈善总会	四川信托	泰和泰律师事务所	2	我国各类企业贫困职工、贫困家庭以及相关慈善救助，教育、医疗、文化、体育、环保和社会服务等领域，包括但不限于成都市慈善总会推荐并经受托人和相关主管部门认可的扶贫项目	190.00
2017年10月16日	金谷信托2017信达大爱2号（扶贫及教育）慈善信托	中国信达资产管理股份有限公司	金谷信托	北京市中盛律师事务所	5	改善贫困地区群众生活，教育支持（优先青海地区）	90.00
2017年10月18日	新华信托·华恩1号教育扶贫慈善信托	重庆市慈善总会	新华信托	无	10	支持我国教育贫资事业	20.00
2017年11月23日	瑞华公益轮椅助你行慈善信托	未披露	江苏省瑞华慈善基金会	无	3	帮助下肢残疾人、行动不便的老年人等解决出行困难，向医院、机场、火车站、汽车站、旅游景点等公共场合免费提供出借轮椅服务	100.00

续表

备案时间	信托名称	委托人	受托人	监察人	期限（年）	慈善目的	信托规模（万元）
2017年11月23日	紫金信托·厚德7号慈善信托	南京市慈善总会	紫金信托	立信会计师事务所江苏分所	不少于1年	为捐助、救助困难家庭中的罹患大病的儿童和残障儿童等慈善用途	100.00
2017年11月24日	广东省扶贫开发协会粤财扶贫慈善信托	广东省扶贫开发协会	粤财信托	北京大成（广州）律师事务所	3	信托财产运用于扶贫公益事业	100.00
2017年11月27日	全国金融青联东方爱心慈善信托计划	李佳芮	大业信托	北京市中伦文德（广州）律师事务所	10	《慈善法》规定范围的慈善项目以及金融行业开展的慈善活动	10.00
2017年12月4日	兴辰慈善信托	涤业兴及李辰美夫妇	深圳市社会公益基金会	叶大伟	永续	以慈善资助方式推动教育、医疗、科技等领域的创新项目和青年行动	10.00
2017年12月4日	外贸信托2017年度·中国银行·满堂红教育慈善信托	未披露	外贸信托	北京市中咨律师事务所	永续	奖励优秀教师员工、品学兼优的学生，改善教学条件，促进基础教育	724.90
2017年12月8日	百瑞仁爱·金庚慈善信托合同	北京长江科技扶贫基金会、汝州市金庚康复医院	百瑞信托	北京大成（郑州）律师事务所	30	与脑瘫患儿、困境儿童救助、脑瘫医护人员培训、脑瘫救治研究和医学交流以及与脑瘫儿童、困境儿童救助相关的其他慈善活动	294.00

续表

备案时间	信托名称	委托人	受托人	监察人	期限（年）	慈善目的	信托规模（万元）
2017 年 12 月 19 日	中航信托·天启 2017 408 号爱飞客公益集合信托计划二期	中航信托股份有限公司以及中航爱飞客基金管理有限公司	中航信托	北京六明律师事务所	5	用于慈善公益领域，慈善事业范围为航空培训教育、航空科普、精准扶贫、弘扬社会正义、绿色环保等	70.00
2017 年 12 月 21 日	昆仑信托 2017 年·昆仑爱心二号助困慈善信托	未披露	昆仑信托	宁波市鄞州区慈善总会	10	扶贫、济困、帮扶困难群众、致力于困难家庭实现脱贫致富等其他符合《中华人民共和国慈善法》规定的慈善活动	67.82
2017 年 12 月 21 日	昆仑信托 2017 年·昆仑爱心三号助医慈善信托	未披露	昆仑信托	宁波市鄞州区慈善总会	10	助医，为患病的困难群众提供医疗救助资金、资助特殊疾病的治疗等符合《中华人民共和国慈善法》规定的慈善活动	36.77

续表

备案时间	信托名称	委托人	受托人	监察人	期限（年）	慈善目的	信托规模（万元）
2017年12月21日	昆仑信托2017年·昆仑爱心一号助学慈善信托	未披露	昆仑信托	宁波市鄞州区慈善总会	10	助学、助教、资助贫困学生完成学业，奖励优秀学生和教师，提高校园设施水平等其他符合《中华人民共和国慈善法》规定的慈善活动	81.22
2017年12月27日	五矿信托—三江源精准扶贫1号慈善信托	北京中维房地产开发有限公司	五矿信托	无	3	信托财产将用于支持青海省扶贫开发工作，包括但不限于教育扶贫项目、产业扶贫项目，及技能培训项目，以实现发展青海省扶贫事业的慈善目的	100.00

续表

备案时间	信托名称	委托人	受托人	监察人	期限（年）	慈善目的	信托规模（万元）
2017 年 12 月 27 日	五矿信托—三江源精准扶贫2 号慈善信托	五矿证券有限公司	五矿信托	无	2	信托财产将用于支持甘肃省扶贫开发工作，包括但不限于投向产业扶贫项目、教育扶贫项目等扶贫开发项目，以实现发展甘肃省扶贫事业的慈善目的	50.00
2017 年 12 月 27 日	五矿信托—三江源思源 1 号慈善信托	三江源生态保护基金会	五矿信托	无	10	信托财产用于保护和改善生态环境，具体用于资助三江源国家试验区内综合试验区生态保护与生态保护项目，支持和资助促进三江源生态保护事业发展的宣传项目，支持和资助促进三江源生态保护事业发展的科学研究与技术开发项目	50.00

续表

备案时间	信托名称	委托人	受托人	监察人	期限（年）	慈善目的	信托规模（万元）
2017年12月27日	长安慈—老牛基金会教育慈善信托	老牛基金会	长安信托	无	长期	旨在促进内蒙古自治区教育事业发展	100.00
2017年12月28日	山西信托·晋善慈善信托	山西省慈善总会	山西信托	山西省慈善总会	无固定期限	信托财产用于《中华人民共和国信托法》《中华人民共和国慈善法》《慈善信托管理办法》规定的慈善用途。包括省内的扶贫、济困扶老、优抚、救孤、恤病、救助自然灾害、事故灾难和公共卫生事件等突发事件造成的损害，促进教育、科学文化体育等事业的发展，防治污染和其他公害，保护改善生态环境及慈善法规定的其他公益活动	100.00

续表

备案时间	信托名称	委托人	受托人	监察人	期限（年）	慈善目的	信托规模（万元）
2017 年 12 月 28 日	天信世嘉·信德大田集团爱心助学慈善信托	天津大田集团有限公司	天津信托、天津市福老基金会	上海锦天城（天津）律师事务所	5	发展天津市教育事业，帮助品学兼优或贫困学生完成学业	30.00
2017 年 12 月 28 日	天信世嘉·信德大田集团见义勇为慈善信托	天津大田集团有限公司	天津信托、天津市福老基金会	上海锦天城（天津）律师事务所	5	对不负有法定职责、法定义务或约定义务，为保护国家利益、社会公共利益或者他人人身财产安全，挺身而出，同正在实施的违法犯罪行为做斗争，或者抢险、救灾、救人，事迹突出的公民进行优抚	20.00

193

续表

备案时间	信托名称	委托人	受托人	监察人	期限（年）	慈善目的	信托规模（万元）
2018年1月4日	厦门信托—重庆园林中国传统文化保护传承慈善信托	重庆中瑞思成古建筑文化研究院（有限公司）	厦门信托	上海锦天城（厦门）律师事务所刘璇	20	信托利益定向运用于中国传统文化保护传承项目及从事传统文化保护传承的专业机构	100.00
2018年1月9日	四川信托—中民慈善信托	中民慈善捐助信息中心	四川信托	泰和泰律师事务所	10	①支持开展善信息采集、分析、发布工作。②开展善学有关课题的研究、撰写、出版。③建立慈善教育基地。④开展促进慈善行业发展的培训交流活动	350.00

194

续表

备案时间	信托名称	委托人	受托人	监察人	期限（年）	慈善目的	信托规模（万元）
2018 年 1 月 19 日	中融信托·苏州高新区女企业家协会关爱妇女儿童慈善信托	苏州高新区女企业家协会	苏州高新区（虎丘区）狮山街道社区发展基金会、中融信托	北京市汉坤律师事务所	5	委托人基于对受托人的信任，自愿将其合法所有的财产委托给受托人进行管理、运用和处分，由受托人按照信托文件约将信托财产用于扶贫、济困、扶老、救孤、恤病、助残、优抚，用于促进教育、科学、文化、卫生、体育等事业的发展，妇女儿童事业发展和其他治理与发展和符合《慈善法》规定的公益活动。本信托在信托投向、信托财产运用方式、受托人责任范围等方面符合社会责任要求	146.60

195

续表

备案时间	信托名称	委托人	受托人	监察人	期限（年）	慈善目的	信托规模（万元）
2018年1月19日	苏信·慈心1号慈善信托	苏州市慈善基金会	苏州信托	江苏新天伦律师事务所	10	实现委托人关爱和资助教育扶贫公益事业的愿望，对贵州铜仁思南教育改革和发展进行扶持，改善学校基础设施条件、助学家庭经济困难学生、扶助教师队伍建设等	1.00
2018年1月19日	苏信·善举1号慈善信托	苏州市慈善基金会	苏州信托	江苏新天伦律师事务所	10	支持苏州市姑苏区扶贫、教育等领域公益项目，实现委托人关爱和资助教育扶贫公益事业的愿望	1.00
2018年1月19日	苏信·善举2号慈善信托	苏州市慈善基金会	苏州信托	江苏新天伦律师事务所	10	支持苏州市吴中区扶贫、教育等领域公益项目，实现委托人关爱和资助教育扶贫公益事业的愿望	1.00
2018年1月30日	大鹏半岛生态文明建设慈善信托	深圳市大鹏新区管理委员会	深圳市社会公益基金会	王引	永续	推动深圳大鹏半岛生态文明建设	1000.00

续表

备案时间	信托名称	委托人	受托人	监察人	期限（年）	慈善目的	信托规模（万元）
2018 年 2 月 6 日	中国信托业·长安慈·四川慈善总会·定点扶贫慈善信托	四川省慈善总会、北京长安信托公益基金会	长安信托	锦天城律师事务所	5	旨在促进甘肃省临洮县、和政县扶贫事业的发展	90.00
2018 年 2 月 11 日	北京信托 2018 年度艺术梦想 001 号教育慈善信托	天津常青藤文化传播有限公司	北京信托	北京市环球律师事务所	10	以促进美术教育事业发展，推动文化艺术领域进步为目的，将信托财产用于奖励在美术艺术领域表现突出的学生及人才等	100.00
2018 年 3 月 15 日	中航信托·天顺 2018 86 号中扶贫临洮百百百家慈善信托	中航信托股份有限公司	中航信托、中国扶贫基金会	北京六明律师事务所	固定期限	以受托人的名义，将资金或委托人缴付的信托资金或信托资产用于中国扶贫事业，具体为由管委会确定的扶贫慈善项目	30.00

197

续表

备案时间	信托名称	委托人	受托人	监察人	期限（年）	慈善目的	信托规模（万元）
2018年3月23日	成都一壹基金青少年与未来防灾体验馆设备设施维护与更换基金慈善信托	未披露	平安信托	无	10	通过对成都一壹基金青少年与未来防灾体验馆的设备设施维护的资助，支持地震、防灾和自救等方面的教育事业	1000.00
2018年3月26日	国投泰康信托·2018甘肃临洮产业扶贫慈善信托	临洮县扶贫开发办公室	国投泰康信托	北京市中盛律师事务所	5	扶贫济困，通过支持甘肃临洮贫困地区特色产业发展，对当地困难群众生活、教育困难群众帮扶，帮助当地困难群众实现脱贫	320.00
2018年3月26日	金谷信托2018丝绸之路（科研）1号慈善信托	深圳丹枫科技投资有限公司	金谷信托	北京市中盛律师事务所	10	支持"一带一路"领域研究项目，服务"一带一路"建设	600.00
2018年3月28日	国资惠农 慈善信托	未披露	山东信托	无	永续	资助山东省菏泽市巨野县扶贫开发或救助等扶贫、救助慈善项目	2000.00

续表

备案时间	信托名称	委托人	受托人	监察人	期限（年）	慈善目的	信托规模（万元）
2018 年 4 月 2 日	中融信托·花见爱心公益慈善信托	未披露	中融信托	浙江花见资产管理有限公司、北京市汉坤律师事务所	50	为贫困群众提供扶贫济困、医疗救助、教育体育发展支持	50.00
2018 年 4 月 8 日	中信信托 2018 光华科技基金会扶贫助困慈善信托	中国光华科技基金会	中信信托	北京大成律师事务所	永续	资助贫困家庭、帮助贫困户脱贫、防止贫困户脱贫后返贫等	124.26
2018 年 4 月 27 日	华润信托·和园文化保育慈善信托计划	广东省和的慈善基金会	华润信托	无	永续	支持和园文化发展中心、由和园文化发展中心执行和园的运营管理和文化营造，助力和园园成为岭南传统文化承载平台，促进岭南文化的传统、再造和发扬	2000.00
2018 年 4 月 27 日	山东信托 招行私行彬彬慈善信托	未披露	山东信托	无	永续	自主教育、扶贫、赈灾等公益慈善事业	500.00

续表

备案时间	信托名称	委托人	受托人	监察人	期限（年）	慈善目的	信托规模（万元）
2018年5月16日	深圳壹基金公益基金会—林氏家族慈善信托	云南柏丰投资（集团）有限公司	深圳壹基金公益基金会	无	10	为潮汕地区（潮州市、汕头市、揭阳市及汕尾市，含地级市代管的县级市）的儿童提供支持和资助	1500.00
2018年6月21日	万向信托—明月律师助学慈善信托	高明月	万向信托	上海复恩社会组织法律研究与服务中心	永续	委托人出于慈善目的，基于对受托人的信任，自愿将其合法所有或管理的资金以信托的方式委托受托人进行管理、运用和处分，用于资助贫困学生学业、资助困难项目开发、促进教育水平提高	10.00

续表

备案时间	信托名称	委托人	受托人	监察人	期限（年）	慈善目的	信托规模（万元）
2018 年 6 月 29 日	鲁冠球三农扶志基金慈善信托	鲁伟鼎	万向信托	无	永续	为"让农村发展、让农业现代化、让农民富裕，以影响力投资、以备斗者为本、量力而行做实事"，开展扶贫、济困、扶老、救孤、恤病、助残、优抚、救灾等慈善活动，促进教育、科技、文化、卫生、体育、环保等事业发展	60000.00
2018 年 7 月 3 日	新华信托·华恩 5 号西藏民族教育扶贫慈善信托	重庆市慈善总会	新华信托	无	10	重点着力于支持我国西藏民族教育扶贫事业	15.00
2018 年 7 月 4 日	中国民生信托 2018 甘肃临洮民生精准扶贫慈善信托	甘肃省临洮县扶贫开发办公室	民生信托	北京市中盛律师事务所	5	用于支持甘肃省临洮县困难群众帮扶及助学等	100.00
2018 年 7 月 9 日	中诚信托 2018 年度善爱扶贫慈善信托	临洮县扶贫开发办公室	中诚信托	北京市中盛律师事务所	5	扶贫济困，支持甘肃贫困地区特色产业发展、文化教育帮扶等，帮助当地尽快实现脱贫	100.00

201

续表

备案时间	信托名称	委托人	受托人	监察人	期限（年）	慈善目的	信托规模（万元）
2018年7月12日	西部信托·精准扶贫1号	未披露	西部信托	北京金城同达（西安）律师事务所	2	为了促进慈善事业发展，对陕西省渭南市白水县杨武村实施精准扶贫	10.00
2018年7月23日	天信世嘉·信德扶老助困01期	天津信托有限责任公司	天津信托、天津市福老基金会	上海锦天城（天津）律师事务所	2	通过为天津市境内低保低收入老年人投保老年人健康意外险等形式提高其基础社会保障水平	50.00
2018年7月31日	陕西上市公司助力脱贫攻坚	陕西省国际信托股份有限公司等共计62名委托人	陕国投	北京大成（西安）律师事务所	10	将信托资金捐助给陕西省贫困学生或失学青少年，以缓解他们家庭经济困难、改善学习条件，帮助他们完成学业并重获希望	186.51
2018年8月24日	上信上善慈善信托	上海国际信托有限公司、刘慧	上海信托	上海邦信阳中建中汇律师事务所	无固定期限	教育助学、医疗救助、艺术文化、绿色环保、济贫教困、助残救灾等公益领域	600.80

续表

备案时间	信托名称	委托人	受托人	监察人	期限（年）	慈善目的	信托规模（万元）
2018 年 8 月 27 日	中信信托·农银 2018 玉爱慈善信托	李玉爱	广东省一心公益基金会、中信信托	无	永续	主要用于救助广东省内患有先天性心脏病的儿童，以及资助广东省内贫困家庭孩子上学	3000.00
2018 年 8 月 28 日	天信世嘉·信德精准帮扶 01 期慈善信托	天津信托有限责任公司	天津信托、天津市福老基金会	上海锦天城（天津）律师事务所	1	信托资金用于天津市静海区中旺镇镇东小屯村精准帮扶	40.00
2018 年 8 月 28 日	天信世嘉·信德精准帮扶 02 期慈善信托	天津信托有限责任公司	天津信托、天津市福老基金会	上海锦天城（天津）律师事务所	1	对天津市静海区中旺镇西小屯村进行精准扶贫	40.00
2018 年 8 月 28 日	天信世嘉·信德精准帮扶 03 期慈善信托	天津信托有限责任公司	天津信托、天津市福老基金会	上海锦天城（天津）律师事务所	1	对天津市静海区唐官屯镇亚庄村进行精准帮扶	40.00
2018 年 8 月 28 日	中航信托·创青春扶贫慈善信托	中国青年创业就业基金会、新疆青年创业就业基金会	中航信托、中国青年创业就业基金会	无	无固定期限	资助和开展促进中国青年创业就业及扶贫事业发展的活动项目等	50.00

203

续表

备案时间	信托名称	委托人	受托人	监察人	期限（年）	慈善目的	信托规模（万元）
2018年8月30日	重庆信托·春蕾圆梦慈善信托	重庆国际信托股份有限公司、重庆路桥股份有限公司、重庆渝涪高速公路有限公司	重庆信托	无	5	重点着力于扶贫助学，帮助贫困女大学生、女大学生完成学业，提高女性受教育程度	24.00
2018年9月3日	杭工信·之江1号生态保护慈善信托	中建投信托股份有限公司、万向信托股份有限公司、杭州工商信托股份有限公司	杭工商信托	无	3	用于捐助中国境内从事生态环境保护公益事业的个人、组织或法人机构	75.00
2018年9月3日	绿色阳光慈善信托	北京绿色阳光环保公益基金会	万向信托	无	永续	用于符合国家相关法律规定的、与生态建设、自然保护、绿色低碳、生态文明等相关的公益事业，以及与扶贫济困、教育助学、医疗卫生等相关的慈善事业	1.00

续表

备案时间	信托名称	委托人	受托人	监察人	期限（年）	慈善目的	信托规模（万元）
2018 年 9 月 3 日	中建投信托·银信封慈善信托 1 号	金铭、韩东思、里佐丹、李亮、龚培、邱旭天、童幻毅、吴建梅	中建投信托	无	2	支持落后地区的学校在科教文卫方面的发展，包括但不限于向"银信封计划"所选定的学校、老师或学生提供经济资助，如直接或委托其他组织向选定受益人捐赠款项，或用以购买服务和物品（如培训课程、书籍等）后捐赠给选定受益人等	13.20
2018 年 9 月 4 日	建信信托 建信联合精准扶贫慈善信托	未披露	建信信托	无	3	支持陕西省安康市及邻近地区的医疗、教育、民生保障等领域的扶贫帮教困工作	1000.00

续表

备案时间	信托名称	委托人	受托人	监察人	期限（年）	慈善目的	信托规模（万元）
2018年9月4日	金谷信托 2018 信达大爱 1 号（扶贫及教育）慈善信托	中国信达资产管理股份有限公司	金谷信托	北京市中盛律师事务所	5	改善贫困地区群众生活、教育支持	347.00
2018年9月7日	中航信托·中慈联科技扶贫慈善信托	中国慈善联合会、中航信托股份有限公司、蔡概还、李红成、李佳、李宪明、刘福清、刘景峰、高传捷	中航信托	无	无固定期限	资助和开展促进中慈联相关扶贫就业及扶贫事业发展的活动及项目	34.00
2018年9月18日	百瑞仁爱·黄河爱心基金慈善信托	河南省慈善总会	百瑞信托	北京大成（郑州）律师事务所	永续	自闭症患儿救助慈善活动	10.00

续表

备案时间	信托名称	委托人	受托人	监察人	期限（年）	慈善目的	信托规模（万元）
2018 年 9 月 19 日	厦门信托临夏希望之旅慈善信托	林远东、余晓露、郭韶红、蔡晨曦、吴尊重、黄丹萍、林茹菲、斯、蒋悦茜、林如韩晓嵩、刘琛、姚睿、陈素缘、吴莉芳、杨慧燕、庄榕楦、熊俊、郑华、张彦宇、李牧宇、李倩、罗牧宇、留念、臧磊、刘颂函、郭韶红	厦门信托	上海锦天城（厦门）律师事务所	无固定期限	组织委托人（或其近亲属）亲临临夏进行扶贫济困的慈善活动，支持帮助该地区的慈善事业和项目及经济发展	15.60

续表

备案时间	信托名称	委托人	受托人	监察人	期限（年）	慈善目的	信托规模（万元）
2018 年 9 月 20 日	五矿信托—三江源精准扶贫 3 号慈善信托计划	五矿证券有限公司、五矿国际信托有限公司、五矿经易期货有限公司、中国外贸金融租赁有限公司	五矿信托	无	3	委托人基于对受托人的充分信任，自愿将其合法拥有的资金委托给受托人，由受托人设立本信托，将信托财产用于支持云南省镇雄县、湖南省花垣县、云南省威信县、贵州省德江县精准扶贫事业，包括但不限于投向教育扶贫、基础设施建设、就业扶贫、产业扶贫等扶贫开发项目，以实现发展区域扶贫事业的慈善目的	1000.00

续表

备案时间	信托名称	委托人	受托人	监察人	期限（年）	慈善目的	信托规模（万元）
2018年9月27日	北京联益慈善基金会2018年度益善1号-健康梦想慈善信托	冯长林	北京联益慈善基金会	北京市安杰律师事务所	20	由委托人基于推动扶贫开发及国民健康教育、健康保障工作而设立，全部信托财产用于支持健康扶贫长效机制建立与完善、健康保障体系研究与实践及相关公益慈善事业	1000.00
2018年9月28日	新华信托·华恩6号西部生态扶贫慈善信托	重庆明天公益基金会	新华信托	无	10	重点着力于支持我国西部生态扶贫建设事业	20.00
2018年9月28日	长安慈——平安天年方舟慈善信托	不公开	长安信托	无	无固定期限	本信托旨在扶老助幼、为老人、儿童等困难群体提供慈善服务，优先支持青岛市崂山区的老人帮扶事业	30.00

续表

备案时间	信托名称	委托人	受托人	监察人	期限（年）	慈善目的	信托规模（万元）
2018年10月12日	厦门信托—临夏希望之旅第二期慈善信托	成都市慈善总会	厦门信托	上海锦天城（厦门）律师事务所	不设固定期限	组织委托人亲临临夏进行扶贫济困的慈善活动，支持帮助该地区所困项目及经济发展	7.20
2018年10月29日	浙金·露笑科技—阿拉善生态保护慈善信托	露笑科技股份有限公司	阿拉善生态基金会	上海市锦天城律师事务所	3	支持中国生态环境保护相关事业，促进绿色生态事业发展	50.00
2018年10月29日	中城银信·阿拉善生态保护慈善信托	中城银信控股集团有限公司	阿拉善生态基金会	上海市锦天城律师事务所	3	委托人基于对受托人的信任，将自己的合法所有的资金委托给受托人，由受托人按委托人的意愿以自己的名义为信托受益人的利益，将慈善信托财产用于支持中国生态环境保护相关事业，促进绿色生态事业发展之信托目的	100.00

续表

备案时间	信托名称	委托人	受托人	监察人	期限（年）	慈善目的	信托规模（万元）
2018 年 10 月 29 日	光大信托上善若水慈善信托	深圳市梓盛发实业集团有限公司、深圳市科名达投资有限公司、深圳市康居投资发展有限公司、深圳市誉德控股有限公司、深圳市隆泰投资集团有限公司、龙浩集团有限公司	光大信托	北京大成（上海）律师事务所	永续	在中国境内用于救济贫困、扶老、救孤、恤病、助残、优抚，发展教育、科技、医疗卫生、环境保护等相关社会公益事业	2000.00

续表

备案时间	信托名称	委托人	受托人	监察人	期限（年）	慈善目的	信托规模（万元）
2018年10月29日	川信·尊悦豪生慈善信托2号	成都市慈善总会	四川信托	泰和泰律师事务所	2年	委托人基于对受托人的信任，同意将其可合法处置的财产委托给受托人设立慈善信托，由受托人依据信托合同的约定以自己的名义进行投资管理，并将信托收益于上一年度信托收益的100%投向符合信托文件约定的我国各类企业贫困职工、贫困家庭以及相关慈善救助、文化、教育、医疗、和社会服务等领域，包括但不限于成都市慈善总会推荐并经受托人和相关主管部门认可的扶贫项目	100.00

212

续表

备案时间	信托名称	委托人	受托人	监察人	期限（年）	慈善目的	信托规模（万元）
2018年10月31日	中航信托·青年返乡创业扶贫慈善信托	中航信托	中航信托	北京中盛律师事务所	无	鼓励青年返乡创业等	20.00
2018年11月6日	五矿信托—三江源精准扶贫6号慈善信托	青海省红十字会	五矿信托	无	2	信托财产用于支持四川省凉山彝族自治州美姑县井叶特西乡（以下简称"井叶特西"）精准扶贫事业，包括但不限于教育扶贫、基础设施建设扶贫、就业扶贫、产业扶贫等扶贫开发项目，以实现发展井叶特西扶贫事业的慈善目的	46.34

续表

备案时间	信托名称	委托人	受托人	监察人	期限（年）	慈善目的	信托规模（万元）
2018 年 11 月 6 日	五矿信托—三江源精准扶贫7号慈善信托	青海省红十字会	五矿信托	无	2	信托财产用于支持四川省凉山彝族自治州美姑县井叶特西乡（以下简称"井叶特西"）精准扶贫事业，包括但不限于投向教育扶贫、基础设施建设扶贫、就业扶贫、产业扶贫等扶贫开发项目，以实现发展井叶特西扶贫事业的慈善目的	46.34
2018 年 11 月 6 日	五矿信托—三江源精准扶贫8号慈善信托	青海省红十字会	五矿信托	无	2	信托财产用于支持四川省资阳市精准扶贫事业，包括但不限于投向教育扶贫、基础设施建设扶贫、就业扶贫、产业扶贫等扶贫开发项目，以实现发展资阳市扶贫事业的慈善目的	4.48

续表

备案时间	信托名称	委托人	受托人	监察人	期限（年）	慈善目的	信托规模（万元）
2018 年 11 月 8 日	天信世嘉·信德大通集团爱心助学慈善信托	天津大通投资集团有限公司	天津信托、天津市慈善协会	上海锦天城（天津）律师事务所	1	促进天津市教育事业发展	600.00
2018 年 11 月 9 日	"上善" 系列上信汉鸣中西部地区（贵州）教育助学慈善信托	温州市瓯海区慈善总会（张汉鸣慈善公益基金）、上海国际信托有限公司及 1 名自然人	上海信托	上海邦信阳中建中汇律师事务所	3	信托资金定向用于"上善·情·同心梦－贵州省农村中小学校长赴沪培训项目"，支持贵州地区基础教育发展，搭建多地中小学校长交流互动的桥梁和平台，助力贵州地区基础教育质量的提升	500.00
2018 年 11 月 9 日	紫金信托 小银星女童助学慈善信托	南京小银星艺术培训学校	紫金信托	上海市锦天城（南京）律师事务所	不短于 1 年	用于为老少边穷地区和城市困难家庭弱势女童提供求学方面的必要资金等慈善用途	10.00

续表

备案时间	信托名称	委托人	受托人	监察人	期限（年）	慈善目的	信托规模（万元）
2018 年 11 月 19 日	川信—临洮定向扶贫慈善信托	成都市慈善总会、临洮县扶贫开发办公室	四川信托	泰和泰律师事务所	永续	委托人基于对受托人的信任，同意将其可合法处置的财产委托给受托人设立慈善信托，由受托人依据信托合同的约定以自己的名义进行投资管理，并将不低于上一年信托财产余额的 8% 投向甘肃省临洮县需要援助的群体（包括但不限于需扶贫、济困、救助自然灾害及促进当地教育、科学、文化、卫生、体育事业发展等及符合《中华人民共和国慈善法》规定的其他公益活动）	40.00

续表

备案时间	信托名称	委托人	受托人	监察人	期限（年）	慈善目的	信托规模（万元）
2018年11月19日	粤财信托·2018润泽慈善信托计划	不公开	粤财信托	广东四方三和律师事务所	无固定期限	医疗及其他类公益项目，包括但不限于中山大学生物医药中心胃肠道健康与疾病相关技术微生物组研究项目等医疗研究建设项目，或用于公益项目的符合委托人指定的《慈善法》规定的慈善用途	500.00
2018年11月19日	中信登·长安慈·定点扶贫慈善信托	中国信托登记有限公司，中共临洮县委农村工作部	长安信托	上海市锦天城律师事务所	3	促进甘肃省临洮县、和政县扶贫事业的发展	30.00
2018年11月23日	紫金信托·厚德8号	南京慈善总会	紫金信托	立信会计师事务所（特殊普通合伙）江苏分所	不短于12个月	救助困难家庭中罹患大病的儿童及残障儿童	100.00

续表

备案时间	信托名称	委托人	受托人	监察人	期限（年）	慈善目的	信托规模（万元）
2018年11月29日	陕国投·小小志愿者在行动慈善信托计划	高羚、龚恒妮	陕国投	北京市京大律师事务所	10	举办少年儿童素质教育、健康成长、残障儿童救助、儿童志愿者教育等方向的"小小志愿者在行动"公益活动	0.82
2018年12月5日	吴黎文慈善信托	毛积孝	南京市慈善总会	周明、马茂明、蒋勇	永久存续	用于捐助、救助贫困学生及患重大疾病的贫困少年儿童等慈善等用途	904.84
2018年12月5日	新华信托·华恩8号重庆青年志愿服务组织精准帮扶慈善信托	重庆市青年志愿服务基金会	新华信托	重庆市志愿服务工作指导中心	10	重点着力于重庆市青年社会组织的发展及重庆市青年志愿服务事业，包括但不限于向支持或从事重庆市内青年社会组织及青年志愿服务的企业、个人、科研单位或其他相关组织等进行公益活动	10.00

续表

备案时间	信托名称	委托人	受托人	监察人	期限（年）	慈善目的	信托规模（万元）
2018年12月10日	绿芽乡村慈善信托	广东省绿芽乡村妇女发展基金会	万向信托	无	永续	用于援助中国乡村贫困人群，促进中国乡村地区教育、卫生、科学、文化、体育等事业的发展，保护及改善乡村生态环境，提高乡村人民生活状况，建设妇女儿童友好乡村，为乡村人民发挥潜能，参与公共事务等提供资源条件及行动提供支持	100.00

续表

备案时间	信托名称	委托人	受托人	监察人	期限（年）	慈善目的	信托规模（万元）
2018年12月10日	万向信托—公益金融联盟慈善信托	陈普昔、陈颖、杭州全垒投资管理有限公司、杭州道生投资管理有限公司、杭州永续企业管理咨询有限公司、浙江秘银投资管理有限公司、上海博将投资管理有限公司、上海莱魏爵供应链管理有限公司	万向信托	无	永续	资助致力于推动公益金融领域的教育文化事业发展的自然人、法人或者社会组织，开展针对影响力投资、公益创投、普惠金融、慈善信托等公益金融领域的调查研究、传播教育等活动	40.00

续表

备案时间	信托名称	委托人	受托人	监察人	期限（年）	慈善目的	信托规模（万元）
2018 年 12 月 14 日	湖畔魔豆慈善信托	浙江省湖畔魔豆公益基金会	万向信托	无	永续	困境母亲扶助、困境儿童扶助（救助）、儿童抚育、助学等符合以困境母亲和困境儿童作为主要帮扶对象，旨在推动性别平等、教育公平，倡导公民社会责任，推动进步为宗旨的其他公益慈善项目	26600.00
2018 年 12 月 14 日	浙金·乌兰察布市察哈尔右翼后旗精准扶贫慈善信托	察右后旗扶贫开发办公室	浙金信托	北京市竞天公诚律师事务所	1	扶贫、济困等符合《中华人民共和国慈善法》《中华人民共和国信托法》和《慈善信托管理办法》规定的公益慈善事业	50.00
2018 年 12 月 17 日	中诚信托·中国信托业保障基金公司·2018 内蒙古察右中旗扶贫慈善信托	察右中旗扶贫发展中心	中诚信托	北京市中盛律师事务所	3	扶贫攻坚，对内蒙古察右中旗的贫困群众提供帮扶	50.00
2018 年 12 月 18 日	中诚信托·中国信托业保障基金公司·2018 内蒙古察右后旗扶贫慈善信托	察右后旗扶贫开发办公室	中诚信托	北京市中盛律师事务所	3	扶贫攻坚，对内蒙古察右后旗的贫困群众提供帮扶	50.00

221

续表

备案时间	信托名称	委托人	受托人	监察人	期限（年）	慈善目的	信托规模（万元）
2018 年 12 月 19 日	陕国投·实地集团扶贫济困慈善信托	广州实地房地产开发有限公司	广州市慈善会、陕国投	广东岭南律师事务所	5	将信托资金用于包括"长者饭堂"等扶贫、济困、扶老、救孤、恤病、助残、优抚的项目以及符合《慈善法》规定的其他公益项目	2000.00
2018 年 12 月 20 日	光大一振兴慈善信托	河南振兴房地产（集团）有限公司	光大信托	无	永续	用于捐助中国境内符合中国扶贫与对口帮扶相关法律、法规及政策规定的个人、组织或者法人机构或者其他公益慈善目的，慈善目的的范围包括不限于教育、医疗、卫生、环保、社会公益设施，以及特殊群体的救助等	100.00

续表

备案时间	信托名称	委托人	受托人	监察人	期限（年）	慈善目的	信托规模（万元）
2018年12月20日	华信信托—六盘水市钟山区大湾镇海嘎小学教育专项基金公益信托	华信信托股份有限公司、大连东北振兴基金管理有限公司	华信信托	无	1	委托人基于对受托人的信任，委托人将其自有资金委托给受托人，由受托人按照本合同的约定进行管理、运用和处分。通过信托的实施，由受托人将信托财产全部无偿捐赠给大连市妇女儿童发展基金会"六盘水市钟山区大湾镇海嘎小学教育专项基金"，最终用于海嘎小学教学设施、设备的更新和补充，教师培训培养、教学活动支持在职贫困教师和在校贫困学生的救助等	50.00

223

续表

备案时间	信托名称	委托人	受托人	监察人	期限（年）	慈善目的	信托规模（万元）
2018年12月20日	粤财信托·2018爱蕾慈善信托计划	中共广东粤财信托有限公司委员会	粤财信托	北京大成（广州）律师事务所	3	符合《慈善法》规定的公益活动，为困难儿童提供基本生活保障、重大疾病医疗和教育等方面资助或服务	6.00
2018年12月20日	粤财信托·2018扶贫济困慈善信托计划	中共广东粤财信托有限公司委员会	粤财信托	北京大成（广州）律师事务所	3	用于《慈善法》规定的公益活动，以及金融扶贫的方式推动定点扶贫济困工作，促进定点扶贫地区农户脱贫致富	6.00
2018年12月21日	百瑞仁爱·沃特节能慈善信托	郑州沃特节能科技股份有限公司、北京博能志愿公益基金会	百瑞信托	王丽	永续	开展扶贫项目，救助困难人群及家属，资助公益组织及公益人才培养，发展环境保护事业，维护生态环境	32.00
2018年12月21日	光大信托—秦晤士教育慈善信托	江苏建宁府置业有限公司	光大信托	无	永续	发展教育、医疗、卫生、环保、社会公益设施，以及对特殊群体的救助等	100.00

续表

备案时间	信托名称	委托人	受托人	监察人	期限（年）	慈善目的	信托规模（万元）
2018 年 12 月 25 日	百瑞仁爱·春晖慈善信托	北京博能志愿公益基金会	百瑞信托	北京大成（郑州）律师事务所	10	对特定的贫困县、贫困村或者学校的贫困儿童、留守儿童进行定点持久资助	73.34
2018 年 12 月 26 日	华宝信托·农银 2018 纵联慈善信托	安徽纵联置业有限公司	华宝信托	上海勤理律师事务所	5	中国贫困或偏远地区一至九年级义务教育阶段的学校和师生的公益事业发展	50.00
2018 年 12 月 26 日	五矿信托—三江源精准扶贫 10 号慈善信托	五矿证券有限公司	五矿信托	无	2	信托财产 33 万元将用于支持贵州省六枝特区精准扶贫事业，包括但不限于投向教育扶贫、基础设施建设、就业扶贫、产业扶贫等扶贫开发项目，以实现发展区域扶贫事业的慈善目的	33.00

续表

备案时间	信托名称	委托人	受托人	监察人	期限（年）	慈善目的	信托规模（万元）
2018 年 12 月 26 日	五矿信托—三江源精准扶贫 11 号慈善信托	五矿证券有限公司	五矿信托	无	2	信托财产 30 万元将用于支持甘肃省临洮县精准扶贫事业，包括但不限于投向教育扶贫、基础设施建设、就业扶贫、产业扶贫等扶贫开发项目，以实现发展区域扶贫事业的慈善目的	30.00
2018 年 12 月 26 日	五矿信托—三江源精准扶贫 9 号慈善信托	五矿证券有限公司	五矿信托	无	2	信托财产 37 万元将用于支持甘肃省西和县精准扶贫事业，包括但不限于投向教育扶贫、基础设施建设、就业扶贫、产业扶贫等扶贫开发项目，以实现发展区域扶贫事业的慈善目的	37.00

续表

备案时间	信托名称	委托人	受托人	监察人	期限（年）	慈善目的	信托规模（万元）
2018 年 12 月 28 日	光大陇善行 2 号慈善信托计划	光大兴陇信托有限责任公司、解冰华、石永和	光大信托	无	2	基于定点扶贫和对口帮扶目的，扶持甘肃迭部、临洮三县的教育文化公益慈善事业发展	9.70
2018 年 12 月 28 日	紫金信托 小银星女童助学 2 号	南京市慈善总会	紫金信托	上海锦天城（南京）律师事务所	不短于 12 个月	向老少边穷地区和城市困难家庭弱势女童提供求学方面的求学生活资金、所需物资、助学服务等慈善目的	20.00
2018 年 12 月 29 日	华润信托·润心慈善信托计划	深圳市社会公益基金会	华润信托	无	5	受托人于信托生效后，按照信托文件的约定，将委托人委托的信托财产用于各华润希望小镇的扶贫和教育项目，或其他符合《慈善法》规定的公益活动	100.00

备案时间	信托名称	委托人	受托人	监察人	期限（年）	慈善目的	信托规模（万元）
2018年12月30日	北京信托·2018光彩扶贫慈善信托001号	北京光彩公益基金会	北京信托	北京京益社会组织服务中心	永续	以扶贫济困为目的，将信托财产用于贫困群众等困难群体，或者产业扶贫等慈善活动	475.00

附录 2　慈善信托的典型创新案例

首单股权慈善信托

国投泰康信托 2017 年真爱梦想 2 号教育慈善信托

"国投泰康信托 2017 年真爱梦想 2 号教育慈善信托"（以下简称"真爱梦想 2 号"）是国内首单以股权设立的慈善信托。"真爱梦想 2 号"由爱心人士张唯先生担任委托人，国投泰康信托担任受托人，于 2017 年 4 月 21 日在北京市民政局完成备案。信托财产为 1 万股上海承泰信息科技股份有限公司股权，交付时估值为 48 万元，股权财产未来分红、增值及处置收益将全部用于支持全国素养教育研究与推广项目。此单股权慈善信托由上海真爱梦想公益基金会担任慈善项目执行人，北京市中盛律师事务所担任信托监察人，渤海银行担任资金保管人（见附表 1）。

"真爱梦想 2 号"作为全国首单股权慈善信托，突破了以往慈善信托全部以货币财产设立的模式，对于扩大慈善信托财产范围、满足社会各界多样化的慈善需求具有重要的创新和探索意义。当前，以股权为代表的非货币性财产逐渐成为社会公众持有的重要财产类型，因此，以股权设立慈善信托的创新探索，不仅为我国慈善事业引入多样化的财产来源，也为社会公众参与慈善活动提供了全新方式。此外，与货币型慈善信托相比，股权等非货币类慈善信托更能发挥信托制度持久的优势，推动慈善活动从传统消耗型模式向自生型路径转变，促进慈善活动的可持续发展。

自"真爱梦想 2 号"成立以来，累计支出 10 万元，用于资助"梦想力"课程开发项目第一阶段——"梦想力"基础理论研究项目，促进梦想课程的持续创新，帮助孩子成为真正的"求真、有爱的追梦人"。其中，2017 年 11 月，"真爱梦想 2 号"根据项目执行人上海真爱梦想公益基金会的推荐，资助由华东师范大学课程与教学研究所所长崔允漷教授领衔的"梦想力"课程研发项目第一阶段——"梦想力"基础理论研究，支持金额 5 万元，为青少年学生、教师、课程专家以及决策部门参与和推动素养教育发展提供理论基础。

附表 1　国投泰康信托 2017 年真爱梦想 2 号教育慈善信托备案要素

慈善信托名称	国投泰康信托 2017 年真爱梦想 2 号教育慈善信托
信托目的	支持全国素养教育研究和推广
备案时间	2017 年 4 月 21 日
备案期限	5 年
备案机关	北京市民政局
委托人	自然人
受托人	国投泰康信托有限公司
监察人	北京市中盛律师事务所
财产总规模	48 万元

资料来源：慈善中国网站。

科技手段在慈善信托中的运用案例

中航信托·中慈联科技扶贫慈善信托

2018 年 9 月 3 日,民政部在印发的关于《"互联网 + 社会组织(社会工作、志愿服务)"行动方案(2018～2020 年)》中指出,"探索区块链技术在公益捐赠、善款追踪、透明度管理等方面的运用,构建防篡改的慈善组织信息查询体系,增强信息发布与搜索服务的权威性、透明度与公众信任度"。以大数据、区块链等为代表的新一代信息科技的运用可以有效解决慈善项目运行过程中的信息不对称问题,可以助力实现慈善信息的透明化、规范化和保持慈善事业的社会公信力,将慈善项目各运行环节的信息公开,并且以其不可篡改的特性,使慈善项目运行真正实现规范化、阳光化运行,提升公众对慈善组织的信任度(见附图 1)。

2018 年 8 月"中航信托·中慈联科技扶贫慈善信托"成立。本慈善信托由中国慈善联合会、中航信托及 7 位自然人共同设立,中航信托担任受托人,遂川县慈善会担任慈善信托服务机构,深圳前海益链网络科技有限公司担任技术支持。本慈善信托项目利用区块链技术将慈善项目背景、主要当事人、项目执行情况、受益人等信息在区块链上共享,便于委托人、项目执行机构、监管机构实时知悉慈善项目的真实进展情况。区块链技术基于其分布式、匿名性、信息不可篡改等特点,可以有效解决慈善事业项目过程中不公开、不透明这一痛点,保障慈善项目的透明化、规范化运作(见附表 2)。

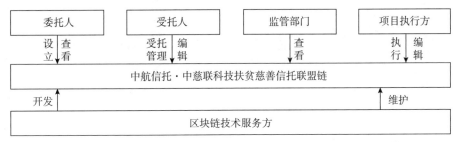

附图 1　"中航信托·中慈联科技扶贫慈善信托"区块链平台权限与分工结构

资料来源:中航信托。

231

本慈善信托聚焦中慈联科技扶贫建设，特别是中慈联对口扶贫地区——江西遂川县等深度贫困地区，创新扶贫工作载体，通过"区块链技术"的运用及辅助，协助乡村脱贫致富和开展生态建设。扶贫资金主要通过产业扶贫、基础设施扶贫、教育扶贫、安居扶贫等多种方式，用于国家脱贫攻坚重点区域。慈善信托首期资金34万元，主要用于江西省吉安市遂川县深度贫困村相关扶贫项目建设。

附表2　中航信托·中慈联科技扶贫慈善信托备案要素

慈善信托名称	中航信托·中慈联科技扶贫慈善信托
信托目的	资助和开展促进中慈联相关扶贫就业及扶贫事业发展的活动及项目
备案时间	2018年9月7日
备案期限	不固定
备案机关	南昌市民政局
委托人	中国慈善联合会、中航信托股份有限公司、蔡概还、李红成、李佳、李宪明、刘福清、刘景峰、高传捷
受托人	中航信托股份有限公司
监察人	无
财产总规模	34万元

资料来源：慈善中国网站。

家族股权慈善信托案例

鲁冠球三农扶志基金慈善信托

鲁冠球三农扶志基金慈善信托的初始信托财产是万向三农集团有限公司全部股权。通过股权慈善信托的模式设立鲁冠球三农扶志基金慈善信托，进一步拓展了慈善信托的财产来源（见附图 2）。

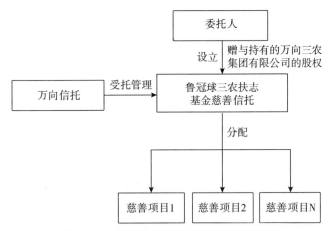

附图 2　鲁冠球三农扶志基金慈善信托交易结构

2018 年 6 月，鲁冠球三农扶志基金慈善信托正式成立，委托人以万向三农 6 亿元出资额对应的全部股权无偿授予鲁冠球三农扶志基金慈善信托，鲁冠球三农扶志基金慈善信托的宗旨是：让农村发展、让农业现代化、让农民富裕，以影响力投资、以奋斗者为本、量力而行做实事。信托财产及收益将全部用于扶贫、济困、扶老、救孤、恤病、助残、优抚、救灾等慈善活动，促进教育、科技、文化、卫生、体育、环保等事业发展（见附表 3）。

万向信托作为受托人设立"鲁冠球三农扶志基金慈善信托"，是我国规模最大的股权慈善信托和单笔慈善信托，据估计万向三农股权的价值超过 60 亿元。

附表 3　鲁冠球三农扶志基金慈善信托备案要素

慈善信托名称	鲁冠球三农扶志基金慈善信托
信托目的	为"让农村发展、让农业现代化、让农民富裕，以影响力投资、以奋斗者为本、量力而行做实事"，开展扶贫、济困、扶老、救孤、恤病、助残、优抚、救灾等慈善活动，促进教育、科技、文化、卫生、体育、环保等事业发展
备案时间	2018 年 6 月 29 日
备案期限	永续
备案机关	杭州市民政局
委托人	鲁伟鼎
受托人	万向信托股份公司
监察人	无
财产总规模	60000 万元

资料来源：慈善中国网站。

　　鲁冠球三农扶志基金慈善信托通过万向三农间接享有三家上市公司——万向德农、承德露露、航民股份的分红收益。通过信托架构的设计，进一步保障了资金的专款专用，结合培训班、组织科技人员现场指导等方法，提高农民的技术水平和管理水平，同时与高等院校、科研单位合作，开发新产品，延长产业链，进一步带领更多的农村和农民脱贫致富。

　　鲁冠球三农扶志基金慈善信托根据《鲁冠球三农扶志基金宪章》《鲁冠球三农扶志基金章程》《鲁冠球三农扶志基金慈善信托合同》的约定运行，建立了完善、有效、长期的董事会决策、受托人管理、监察人监督的制度。在万向三农的投资、运营、管理等方面，慈善信托决定万向三农的董事人选提名或委派，作为万向三农股东表决意见。万向信托作为受托人，依照设立人的意愿和信托文件的规定来行使管理权，承担信托财产的管理、运用和资助等具体事务，以信托为载体明确财务管理制度和信息披露等规范，保证鲁冠球三农扶志基金慈善信托专业、稳定的运营（见附表 4）。

附表 4　鲁冠球三农扶志基金股权捐赠程序

时间	进展
2018 年 6 月 27 日	委托人与万向信托签署慈善信托文件
2018 年 6 月 29～30 日	万向三农所持上市公司（万向德农、承德露露、航民股份）披露设立慈善信托的提示性公告
2018 年 7 月 2～3 日	万向德农、承德露露披露收购报告书，申请证监会豁免要约收购义务
2018 年 9 月 30 日	证监会核准豁免要约收购义务
2018 年 9 月 30 日	完成万向三农股东工商变更登记
2018 年 10 月 8 日	承德露露、万向德农披露证监会意见及收购报告书等相关文件

资料来源：万向信托。

艺术品慈善信托案例

万向信托——艺酷慈善信托

2017年9月，全国首单艺术品慈善信托"万向信托—艺酷慈善信托"成立。"万向信托—艺酷慈善信托"由一位机构委托人及一位自然人委托人共同设立，首期信托财产为委托人收藏的著名画家曹彬画作41幅，用于包括但不限于发展教育、科学、文化、体育、卫生、环境及其他社会公益事业，扶贫、济困、扶老、救孤、恤病、助残、救助灾害事件及其他公益活动。

"万向信托—艺酷慈善信托"可接纳新增委托人追加信托财产。万向信托拟将"万向信托—艺酷慈善信托"打造为个人及机构通过艺术品开展慈善活动的品牌，个人及机构可通过委托艺术品作为信托财产的形式加入信托，由万向信托统一进行管理，通过艺术品市场另类投资、慈善画展、艺术品慈善拍卖的形式实现信托财产的保值增值，真正实现永续慈善（见附表5）。

"万向信托—艺酷慈善信托"的成立及备案，标志着信托公司在慈善信托领域的发展进入了一个新的阶段，即从管理现金类信托财产逐渐转变为同时管理现金类信托财产及另类信托财产。

附表5　万向信托——艺酷慈善信托备案要素

慈善信托名称	万向信托——艺酷慈善信托
信托目的	包括但不限于发展教育、科学、文化、体育、卫生、环境及其他社会公益事业，扶贫、济困、扶老、救孤、恤病、助残、救助灾害事件及其他公益活动
备案时间	2017年9月11日
备案期限	永续
备案机关	杭州市民政局
委托人	未披露
受托人	万向信托股份公司
监察人	无
财产总规模	含资金和财产权共计不低于10万元

资料来源：慈善中国网站。

多家信托公司共同设立的慈善信托案例

杭工信·之江 1 号生态保护慈善信托

2018 年，杭州工商信托与万向信托、中建投信托共同设立"杭工信·之江 1 号生态保护慈善信托"。该信托计划规模 75 万元，期限 3 年，由阿拉善生态基金会担任慈善信托项目顾问，信托资金将用于捐助中国境内从事生态环境保护公益事业的个人、组织以及法人机构，首批资金用于帮助阿拉善地区开展生态文明建设。"杭工信·之江 1 号生态保护慈善信托"为国内首单由多家信托公司共同设立的生态保护慈善信托。三家信托公司合作，为共同推动慈善信托事业发展，投资改善阿拉善生态环境，搭建金融机构合作交流新平台（见附表 6）。

2018 年 12 月 8 日，阿拉善生态基金会运作的"乌兰布和生态保护公益纪念林项目"作为备选项目，拟以慈善信托资金 20.04 万元专款用于冠名林地的认养及种植五型林地共计 67.5 亩，包括冠名认养林地的树苗购买、机械化耕种以及植树绿化工程等，同时由基金会在认养林地设立冠名纪念标志。信托计划慈善信托委员会于 2018 年 12 月 29 日通过了该项捐赠计划，并于 2019 年 1 月 23 日向阿拉善生态基金会拨付了 20.04 万元捐赠资金。

附表 6　杭工信·之江 1 号生态保护慈善信托备案要素

慈善信托名称	杭工信·之江 1 号生态保护慈善信托
信托目的	用于捐助中国境内从事生态环境保护公益事业的个人、组织或法人机构
备案时间	2018 年 9 月 3 日
备案期限	3 年
备案机关	杭州市民政局
委托人	中建投信托股份有限公司、万向信托股份有限公司、杭州工商信托股份有限公司
受托人	杭州工商信托股份有限公司
监察人	无
财产总规模	75 万元

资料来源：慈善中国网站。

生态保护系列慈善信托案例

五矿信托 — 三江源思源 1 号慈善信托

　　五矿信托与三江源生态保护基金会合作发起五矿信托—三江源思源 1 号慈善信托（以下简称"思源 1 号"），信托存续期 10 年，信托规模不设上限，采用分期方式发行。信托财产将用于改善与维持三江源地区生态稳定性，具体用于资助三江源国家生态保护综合试验区内资源与生态保护项目，支持和资助促进三江源生态保护事业发展的宣传项目，支持和资助促进三江源生态保护事业发展的科学研究与技术开发项目（见附表 7）。

　　信托资金全部用于资助三江源国家生态保护综合试验区内资源与生态保护项目、宣传项目及科研项目，是目前国内首个也是唯一一个投向三江源地区环保事业的慈善信托。黄河源区位于青藏高原东北部，流域面积为 12.2 万平方公里，占黄河流域总面积的 16%。黄河源区平均海拔为 3000 米左右，源头地区高达 4400 米以上，是世界上生物多样性最丰富的高海拔地区之一，对黄河流域的水生态环境有着重要的影响。本次由思源 1 号支持的科学考察，联合了黄河水利科学研究院、北京大学、青海省水利厅、青海省水文水资源勘测局等 7 家科研单位和企业。考察线路全程大约 3500 公里，跨越青海、四川、甘肃 3 省的 6 个州，将对阿尼玛卿冰川、鄂陵湖、扎陵湖等源头区最核心区域、若尔盖湿地及源区各水文站和相关生态环境变化进行观测研究。

　　目前，思源 1 号资助"直播斑头雁"及"三江源科学考察"两个项目，资金总金额为 50 万元，前者执行方为国内领先的环保组织绿色江河，后者执行方为青海大学—清华大学三江源研究院。"直播斑头雁"项目于 2018 年 4 月 22 日开始，以"世界上飞得最高的鸟"斑头雁为对象，直播斑头雁飞越喜马拉雅到达长江源冰封的班德湖，交配、产卵、孵化，一直到 6 月 5 日"世界环境日"出壳。45 天的直播是环保形式的创新，让更多人了解斑头雁，唤醒大众对三江源乃至大自然的关注。"三江源科学考察"项目由清华大学及青海大学有关专家及研究人员以及有关社会研究人员发起，将对长江源区沱沱河、当曲、楚玛尔河和黄河源区扎陵湖、鄂陵湖等进行实地查勘及沿途河湖水文水资源现状测量，通过此次对考察区域水文水资源、生态等作全面了解及数据收集，科学补充此区域部分本底数据，最终形成科学考察报告，希望能够为三江源管理决策、科学研究等起到参考作用，以更好地宣传三江源地区的保护工作。

附表 7　五矿信托 — 三江源思源 1 号慈善信托备案要素

慈善信托名称	五矿信托—三江源思源 1 号慈善信托
信托目的	信托财产用于保护和改善生态环境，具体用于资助三江源国家生态保护综合试验区内资源与生态保护项目，支持和资助促进三江源生态保护事业发展的宣传项目，支持和资助促进三江源生态保护事业发展的科学研究与技术开发项目
备案时间	2017 年 12 月 27 日
备案期限	10 年
备案机关	青海省民政厅
委托人	三江源生态保护基金会
受托人	五矿国际信托有限公司
监察人	无
财产总规模	50 万元

资料来源：慈善中国网站。

"保险金信托＋慈善信托"双层架构慈善信托案例

万向信托—明月律师助学慈善信托

2018年6月，国内首单教育领域"保险金信托＋慈善信托"双层架构案例"万向信托—明月律师助学慈善信托"完成备案。

万向信托—明月律师助学慈善信托系国内首单"由律师发起成立并由律师冠名"的慈善信托，信托财产初始规模为10万元，总资产规模不超过200万元。此外，万向信托—明月律师保险金信托按约定将50%的信托财产捐赠给万向信托—明月律师助学慈善信托（见附表8）。

附表8　万向信托—明月律师助学慈善信托备案要素

慈善信托名称	万向信托—明月律师助学慈善信托
信托目的	委托人出于慈善目的，基于对受托人的信任，自愿将其合法所有或管理的资金以信托的方式委托受托人进行管理、运用和处分，用于资助贫困学生学业，资助教育项目开发，促进教育水平提高
备案时间	2018年6月21日
备案期限	永续
备案机关	杭州市民政局
委托人	高明月
受托人	万向信托股份公司
监察人	上海复恩社会组织法律研究与服务中心
财产总规模	10万元

资料来源：慈善中国网站。

（一）治理机制

万向信托—明月律师助学慈善信托的委托人委托上海复恩社会组织法律研究与服务中心作为监察人，以有效监督受托人，保护社会公众利益、确保社会公益资产不被滥用，促进慈善信托的健康发展。

上海复恩于 2012 年 9 月在民政部门登记成立，是中国第一家也是目前上海唯一一家民间自主设立的从事非营利组织法律研究的社会智库，也是一家专门针对非营利组织提供专业法律支持的支持型非营利组织。作为公益慈善法律研究与支持的专业型社会组织，上海复恩以法律类社会组织、非营利组织的身份担任"明月律师助学慈善信托"的监察人，开创了国内慈善信托实践的一个宝贵先例。上海复恩有机结合了"公益慈善属性"和"法律专业属性"，更好地履行慈善信托监察人之职责。

（二）慈善效果发挥

万向信托—明月律师助学慈善信托已成功资助两个慈善项目：

1. 爱之启航项目

万向信托—明月律师助学慈善信托向"爱之启航"项目资助 5 万元，受益人为爱之启航项目执行人上海微驹教育科技有限公司，由该公司为临汾红丝带学校的艾滋病患儿提供仿生机器人体验课程，包括仿生机器人课程研发资料及机器人材料包，帮助学生探究仿生机器人的结构和机械原理，开拓学生的视野，培养学生对新技术的兴趣和好奇心。

2. 社会监护人游学项目

社会监护人游学项目由民办非企业单位北京百行宜众助残法律服务与研究中心发起，旨在提高针对心智障碍者的监护能力，推广社会化、专业化监护制度与服务。万向信托—明月律师助学慈善信托资助经济条件有限的特殊儿童家长参与社会监护人香港游学项目，以便更好地关怀特殊儿童的日常生活和身心健康。

参考文献 | references

1. 陈励伟.论公益信托的法律监管［D］.复旦大学硕士学位论文，2009.

2. 陈林.公益信托研究［R］.清华大学博士后工作报告，2005.

3. 程汉大，李培锋.英国司法制度史［M］.清华大学出版社，2007.

4. 褚蓥.美国公共慈善组织法律规则［M］.知识产权出版社，2015.

5. 褚蓥.美国私有慈善基金会法律制度［M］.知识产权出版社，2012.

6. 丁建定.1870~1914年英国慈善事业［J］.南都学坛：南阳师范学院人文社会科学学报，2005（25）.

7. 都海燕.论慈善信托备案的法律性质［J］.成都理工大学学报，2018（9）.

8. 葛雅璇.我国慈善信托法律制度研究［D］.河北经贸大学硕士学位论文，2019.

9. 何宝玉.信托法原理研究［M］.中国政法大学出版社，2005.

10. 何勤华，李秀清.外国法制史［M］.复旦大学出版社，2002.

11. 何勤华.英国法律发达史［M］.法律出版社，1999.

12. 何雨晴.论我国慈善信托法律制度的完善［D］.中国矿业大学硕士学位论文，2018.

13. 胡卫平，田田.慈善资金的信托运用研究［J］.企业经济，2012（9）.

14. 贾康，刘军民，王桂娟.各国慈善捐赠优惠财税政策掠影［J］.经济视角（中国纳税人），2007（1）.

15. 解锟.英国慈善信托制度研究［M］.法律出版社，2011.

16. 解锟.英国慈善信托制度研究［D］.华东政法大学博士学位论文，2010.

17. 解锟.英国慈善组织监管的法律构架及其反思［J］.东方法学，2011.

18. 金锦萍.慈善信托的规制之道——兼评《慈善信托管理办法》［J］.中国社会组织，2017（8）.

19. 金锦萍.公益信托法律制度研究［R］.中国社会科学院法学研究所博士后

工作报告，2006.

20. 阚珂．中华人民共和国慈善法释义［M］．法律出版社，2016.

21. 孔维迪．我国慈善信托监管法律问题研究［D］．辽宁大学硕士学位论文，2018.

22. 李芳．慈善性公益法人研究［D］．山东大学博士学位论文，2008.

23. 李青云．我国公益信托发展中存在的问题及对策［J］．经济纵横，2007（16）．

24. 李露露．我国公益信托受托人制度完善［D］．西南政法大学硕士学位论文，2014.

25. 李韬．慈善基金会缘何兴盛于美国［J］．美国研究，2005（19）．

26. 龙迎湘．慈善信托与公益信托之辨析［J］．法治与社会，2019（2）．

27. 楼秋然．理解慈善信托中的"近似原则"：美国经验与中国借鉴［J］．中国政法大学学报，2019（5）．

28. 罗茜．对中国公益信托发展的思考［J］．法治与社会，2013（21）．

29. 吕其潞．慈善信托税收优惠法律问题研究［D］．山西财经大学硕士学位论文，2018.

30. 马石．基于慈善法视角的慈善信托发展研究［J］．中国社会组织，2018（7）．

31. 齐树洁．英国司法制度［M］．厦门大学出版社，2007.

32. 石来伟．论我国公益信托监察人制度的完善［D］．西南政法大学硕士学位论文，2015.

33. 孙洁丽．慈善信托法律问题研究［M］．法律出版社，2019.

34. 谭凤彬．我国公益信托法律制度研究［D］．湖南大学硕士学位论文，2012.

35. 王金东．英美慈善信托法律制度研究［D］．大连海事大学博士学位论文，2012.

36. 王学琴．慈善法人研究［D］．武汉大学博士学位论文，2010.

37. 魏艳．慈善信托政府监管权配置研究［J］．国家行政学院学报，2018（12）．

38. 夏雨．论慈善信托备案的法律效力［J］．江西科技师范大学学报，2018（10）．

39. 徐彤武．英国慈善法体系中公益性定义的演进发展［J］．中国社会科学院报，2008（12）．

40. 许岑．公益信托监察人法律制度研究［D］．辽宁大学硕士学位论文，2014.

41. 薛智胜．论我国公益信托监管机制的完善——以提升公益信托的公信力为

核心 [J] . 政法学刊，2011（6）.

42. 杨娟 . 我国慈善信托所得税优惠制度探析 [J] . 财经问题研究，2017（8）.

43. 杨思斌 . 中华人民共和国慈善法实用问答 [M] . 法律出版社，2016.

44. 余辉 . 英国信托法：起源、发展及其影响 [M] . 清华大学出版社，2007.

45. 张子砚 . 我国公益信托法律制度研究 [D] . 华东政法大学硕士学位论文，2014.

46. 赵磊 . 公益信托法律制度研究 [D] . 西南政法大学博士学位论文，2007.

47. 赵俐 . 完善我国公益信托制度的法制环境 [J] . 中共中央党校学报，2012（14）.

48. 郑亦清，王建文 . 我国慈善信托税收优惠制度的完善方案 [J] . 经济研究参考，2018（6）.

49. 中国信托业协会 . 慈善信托研究 [M] . 中国金融出版社，2016.

50. 周小明 . 财产权的革新——信托法论 [M] . 贵州人民出版社，1995.

51. 周小明 . 信托制度：法理与实务 [M] . 中国法制出版社，2012.

52. 周小明 . 信托制度比较研究 [M] . 法律出版社，1996.

53. Alexander A.Bove,Jr.The Trust Protector: Watchdog or Expensive Exotic Pet [Z] .2007.

54. Alastair Hudson.Equity and Trusts,5th ed [J] . London:Routledge-Cavendish,2007.

55. James J.Fishman.The Faithless Fiduciary and the Quest for Charitable.

56. Best C,Wayburn L A. America's private forests: Status and stewardship [M] . Island Press,2013.

57. Dennis R. Hower,Peter T. Kahn.Will,Trust,and Administration [M] .6th ed.,Thomson Delmar Learning,2007.

58. Edward C.Halbach,Jr.Uniform Acts，Restatements，and Trend in American Trust Law at Century's End:Lawyers Cooperation [Z] .1997.

59. Fowler.The Law of Charitable Uses: Trusts and Donations in New York [M] .1896.

60. G.G.Bogert. Handbook of the Law of Trust.5th ed [M] . West Pub.Co.,1973.

61. Galle B .D.Keep Charity Charitable[J].Texas Law Review,2010（88）.

62. J.G.Riddal. The Law of trusts,London: Butterworths [M] . 1987.

63. Myles Mcgrega-lowndes ed,Modernising charity law: Recent developments and future directions [M] . Edward Elgar Publishing,2010.

64. Smillie I.Minear L.The charity of nations:humanitarian action in a calculating world[M].Bloomfield,CT:Kummarian Press,2004.

65. The National Trust. The National Trust Handbook[M].U.K. : National Trust Published,2005.

66. Underhill and Hayton.Law of Trusts and Trustees [M]. London : Sweet & Maxwell,2003,57.

67. Edward C.Halbaech. Trusts,Hareout Bare Joranovich Legald and Professional Publcation,Inc., 1990.